全套系统首度公开，经典实战牌例
重现大师风采

原生态
范托内斯体系

郑初◎编著

图书在版编目（CIP）数据

原生态范托内斯体系 / 郑初编著. -- 成都：成都时代出版社，2019.1
ISBN 978-7-5464-2245-9

Ⅰ.①原… Ⅱ.①郑… Ⅲ.①桥牌－基本知识 Ⅳ.①G892

中国版本图书馆CIP数据核字(2018)第263824号

原生态范托内斯体系
YUANSHENGTAI FANTUONEISI TIXI

郑初 ◎ 编著

出 品 人	李文凯
责任编辑	李　林
责任校对	樊思歧
装帧设计	原创动力
责任印制	唐莹莹
出版发行	成都时代出版社
电　　话	（028）86619530（编辑部）
	（028）86615250（发行部）
网　　址	www.chengdusd.com
印　　刷	四川华龙印务有限公司
规　　格	165mm×230mm
印　　张	33.5
字　　数	617千
版　　次	2019年1月第1版
印　　次	2019年1月第1次印刷
印　　数	4000册
书　　号	ISBN 978-7-5464-2245-9
定　　价	68.00元

著作权所有·违者必究。
本书若出现印装质量问题，请与工厂联系。电话：（028）87781035

前 言

本书的牌例（包括其相应的叫品或叫牌过程），都是福尔维奥·范托尼（Fulvio Fantoni）和克劳迪奥·努内斯（Claudio Nunes）的实战场景（仅有的例外：1♣开叫后二盖一应叫的牌例虽然也是真实的，但有些叫牌过程是按照转移叫的方式构建的，因为比赛的当时还未使用转移叫）。

在叙述过程中使用了一些术语：

"m"代表任意低花，"M"代表任意高花，"x"代表任意花色。

"4432型"指符合这种形状的任意牌，"5m332型"指5张是低花的5332形状的牌，而"持牌4342"指准确地持有4张♠、3张♥、4张♦和2张♣。"持牌33（43）"中的低花长度是可以互换的。"55型"指两门花色都至少5张以上，并不都是准确的5张。

"4+♠"表示4张以上♠，"4张♠"表示仅有4张♠，"10+点"表示10点以上牌力，没有上限。

"♣短门"指持有0-2张♣，"♣单缺"指持有0或1张♣。

"人为叫品"指强制性赋予某种含义，与所叫花色或牌型无自然性关联的叫品。

"多义叫品"指一个叫品包含多种持牌类型，是当代叫牌的发展趋势。多义风格是范托内斯体系的主流理念，相关进程随处可见。

"接力"是一个人为叫品，同伴必须按照既定的规则回答，这些规则通常也包含很多人为叫品。它和某一逼叫叫品（比如第四花色等）的区别在于后者同伴通常按照自然的方式展开，没有严格的规则，在答叫中也鲜有人为叫品。多义叫品通常需要接力来澄清牌情。

"设定♥"指确认♥为将牌,邀请进入满贯叫牌。体系使用特博(Turbo),它和意大利扣叫(显示第二轮以上控制的扣叫)共同组成满贯叫牌,所以设定将牌尤为重要。

本书力求历久弥新,但难免仍有疏漏。如有意见和建议,可邮件至:zhengchu_fantunes@outlook.com,笔者将认真回复。

目 录

1. 开叫 …………………………………………………… 001
2. 1♣开叫及第一应叫 …………………………………… 010
3. 1♣-1♦后开叫人的再叫 ………………………………… 018
4. 1♣-1♦-1♥后的发展 …………………………………… 024
5. 1♣-1♦-1♠后的发展 …………………………………… 035
6. 1♣-1♦-1NT后的发展 ………………………………… 038
7. 1♣-1♦-2♣后的发展 …………………………………… 051
8. 1♣-1♦-2♦后的发展 …………………………………… 058
9. 1♣-1♦-2♥后的发展 …………………………………… 060
10. 1♣-1♦-2♠后的发展 ………………………………… 063
11. 1♣-1♦-2NT后的发展 ……………………………… 065
12. 1♣-1♦-3♣后的发展 ………………………………… 069
13. 1♣-1♥后开叫人的再叫 ……………………………… 071
14. 1♣-1♥-1♠后的发展 ………………………………… 073
15. 1♣-1♥-1NT后的发展 ……………………………… 078

16. 1♣-1♥-2♣后的发展 …………………………………… 084

17. 1♣-1♥-2♦后的发展 …………………………………… 089

18. 1♣-1♥-2♥后的发展 …………………………………… 091

19. 1♣-1♥-2♠后的发展 …………………………………… 095

20. 1♣-1♥-2NT后的发展 ………………………………… 098

21. 1♣-1♥-3♣后的发展 …………………………………… 099

22. 1♣-1♠后的发展 ………………………………………… 100

23. 1♣-1NT后的发展 ……………………………………… 115

24. 1♣-2♣后的发展 ………………………………………… 129

25. 1♣-2♦后的发展 ………………………………………… 138

26. 1♣-2♥后的发展 ………………………………………… 147

27. 1♣-2♠后的发展 ………………………………………… 151

28. 1♣-2NT后的发展 ……………………………………… 154

29. 1♣-3x后的发展 ………………………………………… 156

30. 1♣开叫被干扰后的处理 ……………………………… 160

31. 1♦开叫及第一应叫 …………………………………… 188

32. 1♦-1♥后的发展 ………………………………………… 192

33. 1♦-1♠后的发展 ………………………………………… 206

34. 1♦-1NT后的发展 ……………………………………… 214

35. 1♦开叫二盖一应叫后的发展 ………………………… 222

36. 1♦开叫2NT以上应叫后的发展 ……………………… 229

37．1♦开叫被干扰后的处理 …………………………………… 231

38．1♥开叫及第一应叫 …………………………………………… 248

39．1♥-1♠后的发展 ……………………………………………… 254

40．1♥-1NT后的发展 …………………………………………… 265

41．1♥-2♣后的发展 ……………………………………………… 273

42．1♥-2♦后的发展 ……………………………………………… 283

43．1♥-2♠后的发展 ……………………………………………… 290

44．1♥开叫后的加叫结构 ……………………………………… 292

45．1♥开叫被干扰后的处理 …………………………………… 301

46．1♠开叫及第一应叫 …………………………………………… 316

47．1♠-1NT后的发展 …………………………………………… 319

48．1♠-2♣后的发展 ……………………………………………… 326

49．1♠-2♦后的发展 ……………………………………………… 330

50．1♠-2♥后的发展 ……………………………………………… 334

51．1♠开叫后的加叫结构 ……………………………………… 338

52．1♠开叫被干扰后的处理 …………………………………… 341

53．1NT开叫及第一应叫 ………………………………………… 349

54．1NT-2♣后的发展 …………………………………………… 355

55．1NT-2♦后的发展 …………………………………………… 372

56．1NT-2♥后的发展 …………………………………………… 379

57．1NT-2♠后的发展 …………………………………………… 382

58．1NT-2NT后的发展 …………………………………… 384

59．1NT-3♣后的发展 ……………………………………… 385

60．1NT开叫的其他应叫 …………………………………… 389

61．1NT开叫被干扰的处理 ………………………………… 391

62．2♣开叫后的发展 ……………………………………… 406

63．2♦开叫后的发展 ……………………………………… 422

64．2♥开叫后的发展 ……………………………………… 444

65．2♠开叫后的发展 ……………………………………… 453

66．二阶花色开叫被干扰后的处理 ………………………… 462

67．2NT开叫 ………………………………………………… 464

68．3NT开叫 ………………………………………………… 475

69．抢先花色开叫 …………………………………………… 478

70．设定将牌 ………………………………………………… 486

71．扣叫 ……………………………………………………… 505

72．特博 ……………………………………………………… 512

1. 开叫

历史背景

范托内斯体系（Fantunes，以下简称体系）最早的创意来自于意大利牌手卡尔拉·莫斯卡（Carlo Mosca），他希望以较高的牌力做自然的逼叫性一阶花色开叫。一旦用较强的牌开叫，叫牌的局势往往被我方掌控，对手几乎无法实施有效的干扰。这一理念在竞叫越来越激烈的现代桥牌背景下具有强大的优势。福尔维奥·范托尼（Fulvio Fantoni）和达尼洛·德·保利（Danilo De Pauli）采纳了这一创意并建立了原型框架。2000年开始福尔维奥和搭档克劳迪奥·努内斯（Claudio Nunes）摈弃了原有的罗马梅花叫牌法（Roman Club system），开始在这一框架上构建被他们命名为"Fly"（后来粉丝们把他们的名字组合成新的名称：范托内斯）的体系。在随后的十来年中，福尔维奥和克劳迪奥通过比赛实践逐渐完善体系，直至2013年才相对成熟。期间他们一直以本身的功力弥补体系的不足，却神奇地取得了辉煌的战绩。

定义牌型

体系把牌型分为三类：

均型	4333型、4432型、5m332型。
4441型	准确的3门花色各4张，1门花色单张。
非均型	不符合以上两种类型的牌。

我们看到，5m332型属于均型，5M332型当成非均型处理。这可能和其他体系不同。

14+点非均型

14+点非均型自然地在一阶开叫，没有上限，逼叫。

♠ AK53
♥ 43
♦ AQJT8
♣ J8

开叫1♦。5422型属于非均型，只要有14+点，不管牌力多高，都开叫一阶花色。

♠ AQ987
♥ K62
♦ KQ3
♣ A8

开叫1♠。5M332型也属于非均型，虽然不一定所有人都认同，但体系有其自身的逻辑。

10-13点非均型

10-13点非均型情况稍显复杂。很多牌可以自然地在二阶开叫，但不包括5422型和5332型，也不包括双高花：

第1、第2家二阶花色开叫

2♣	10-13点5+♣非均型，非5422型
2♦	10-13点5+♦非均型，非5422型
2♥	10-13点5+♥非5332型，非5422型，否认4+♠
2♠	10-13点5+♠非5332型，非5422型，否认4+♥

被排除的11-13点高花54以上开叫1♥/♠，其他被排除的5422型和5332型开叫1NT。

♠ AQT
♥ 6
♦ J653
♣ KQT73

开叫2♣。显示10-13点5+♣非均型，非5422型。

♠ K8632
♥ 6
♦ KQ52
♣ A92

开叫2♣。显示10-13点5+♠，非5422型，非5332型，否认4张♥。

♠ K2
♥ A9
♦ KJT6
♣ K8763

开叫1NT。5422型不能开叫2♣。

♠ KT3
♥ AQ843
♦ A54
♣ T3

开叫1NT。5M332属于非均型，但不能开叫2♥。不足14点也不能开叫1♥。

♠ A532
♥ KJT84
♦ A
♣ 765

开叫1♥。开叫2♥否认4+♠，所以11-13点双高花54以上开叫一阶高花。

值得留意的是其他体系可以开叫弱二高花的牌在第一、第二家只能不叫或在三阶开叫。

均型

12-14点均型开叫1NT，但1NT开叫还包括其他类型的牌。
15-20点或23+点均型开叫1♣，但1♣开叫还包括其他类型的牌。
21-22点均型开叫2NT，但2NT还包括20-21点5M332型。

♠ KQ
♥ T74
♦ AQJ9
♣ AQ32

开叫1♣。15+点均型。开叫1♣没有上限，无论均型还是非均型。

| ♠ AJT
♥ A6
♦ AJ763
♣ AJT | 开叫1♣。5m332型属于均型，不能开叫1♦。15+点开叫1♣，如果11-13点则开叫1NT。 |

| ♠ K932
♥ AJ96
♦ A75
♣ 62 | 开叫1NT。12-14点的4432型或4333型。 |

| ♠ JT
♥ 842
♦ AKQT4
♣ QJ6 | 开叫1NT。5m332型属于均型，有5张套的均型11-13点开叫1NT。 |

| ♠ AKQ7
♥ AK43
♦ 53
♣ KQ5 | 开叫2NT。21-22点均型。 |

| ♠ AKJ72
♥ AQ
♦ QJ8
♣ K54 | 开叫2NT。20-21点5M332型也开叫2NT。 |

4441型

12-13点4441型开叫1NT，14+点4441型红花色单张开叫1♣，黑花色单张开叫1♦。

| ♠ A983
♥ QT65
♦ K
♣ KQ53 | 开叫1NT。克劳迪奥将单张大牌做减值处理。 |

♠ KJ54
♥ Q
♦ KQ83
♣ A763

开叫1♣。克劳迪奥在单张大牌减值后仍然认为有14+点牌力。

♠ J
♥ AKJ4
♦ AQT6
♣ AK94

开叫1♦。

多义的1♣开叫

我们从上文看到，1♣开叫是多义的，它包含下列牌：

1♣　　14+点5+♣非均型
　　　15+点均型
　　　14+点4441型，红花色单张

1♣开叫不保证♣套，但保证2张♣。其他一阶花色开叫都是真实自然的：1♦开叫至少保证4张♦，1♥/♠开叫保证5张高花。体系继承并发展了意大利的5542风格。

♠ A843
♥ AJT
♦ AKJ2
♣ AK

15+点均型牌开叫1♣。

♠ A96
♥ KQ
♦ 73
♣ AKJ765

14+点5+♣非均型开叫1♣。

```
♠ A873
♥ AQT7
♦ 5
♣ AKQ4
```

14+点4441型红花色单张开叫1♣。

1NT开叫包含各式各样的牌

1NT开叫包含：

12-14点4432型或4333型；

11-13点5M332型；

11-13点5m332型；

11-13点5422型（非双高花）；

12-13点4441型。

```
♠ K876
♥ A6
♦ 754
♣ AJT2
```

12-14点的4432型开叫1NT。

```
♠ QJ2
♥ T8
♦ A74
♣ AT742
```

5m332型属于均型，有5张套11-13点就可以开叫1NT。

```
♠ A4
♥ KT742
♦ KT5
♣ Q76
```

5M332型属于非均型，但没有14点不能开1♥，开叫2♥否认5♥332型，只能开叫1NT。

```
♠ T7
♥ AJ
♦ KT83
♣ AJ986
```

二阶花色开叫否认5422型，虽然是11-13点，只能开叫1NT。

♠ KQT64
♥ 73
♦ AQ62
♣ 54

即使是5张高花的5422型也只能开叫1NT。

♠ A983
♥ 8
♦ QJT4
♣ AQT5

不足14点的4441型开叫1NT也是无奈之举。

♠ AK43
♥ T987
♦ KJ5
♣ T5

有时候在局况有利时可以拿11点4432型或4333型开叫1NT。福尔维奥持这手牌在局况有利时第三家开叫1NT，但这属于战术处理，与体系逻辑无关。

第三、第四家的变化

第三、第四家非均型可以用好的12点做一阶花色轻开叫，开叫高花时也不需要有另一门高花。不叫过同伴的二盖一应叫由逼局变为邀请，其他发展保持原意。

第三、第四家的二阶花色开叫对下限和牌型没有特殊的要求（通常是5-12点任意牌型），而且后续取消所有的约定叫（接力等），叫牌回归自然。

第三、第四家开叫：

♠ KQJ2
♥ 95
♦ KQJ942
♣ T

开叫1♦。

♠ A93
♥ AJ965
♦ 3
♣ KJ62

开叫1♥。

| ♠ J62
| ♥ AQ976
| ♦ 752
| ♣ 73

开叫2♥。第三、第四家二阶花色开叫对牌力和牌型没有任何要求。

3NT开叫

3NT开叫虽然也是赌博叫，但和是否持有低花坚固套无关。依据是持7-8张坚固套总是可以做逼叫性的一阶花色开叫，不怕同伴不叫而丢局。体系的3NT开叫只是想打，允许在任何形式的比赛中，在任何局况下的任何位置，以任何牌力和牌型做这种赌博。

| ♠ AQ974
| ♥ 764
| ♦ AQ6
| ♣ A3

在第11届欧洲杯赛上，克劳迪奥在本方单有局的情况下持这手牌第一家开叫3NT。

抢先花色开叫

三阶以上花色开叫多为阻击叫，但和常规的阻击策略稍有不同，第69节有详细论述。

总结

福尔维奥·范托尼在谈到对体系的感受时这样描述："体系最先进的部分是持14+点的牌在一阶开叫，对手最头疼的地方是我们持10-13点的牌在二阶开叫，体系最薄弱的环节是1NT开叫，因为包含太多的牌型，但是同时也逼迫对手在更高的阶次叫牌。"

果真如此吗？读完本书，经过实践后你一定有自己的看法。

叫品结构表

表1 开叫

开叫		第三、第四家变化	不叫过的应叫人
1♣	14+点5+♣非均型	12+点非均型或4441型	二盖一邀请
	15+点均型		
	14+点4441型，红花色单张		
1♦	14+点5+♦非均型	12+点	
	14+点4441型，黑花色单张		
1♥	14+点5+♥	12+点，无需另一高花	
	11-13点5+♥4♠		
1♠	14+点5+♠		
	11-13点5+♠4♥		
1NT	12-14点4432型或4333型	无局时可能11+点均型	
	11-13点5m332型		
	11-13点5M332型		
	11-13点5422型（非双高花）		
	12-13点4441型		
2♣	10-13点5+♣非均型，非5422型	5-12点，不限牌型	取消所有约定
2♦	10-13点5+♦非均型，非5422型		
2♥	10-13点5+♥非5332型，非5422型		
2♠	10-13点5+♠非5332型，非5422型		
2NT	21-22点均型		
	20-21点5M332型		
3♣以上	阻击叫		
3NT	任意想打的牌		

2. 1♣开叫及第一应叫

逼叫性的1♣开叫包括三类牌：

14+点，5+♣非均型；

15+点，均型；

14+点，4441型红花色单张。

1♣开叫均型牌出现的概率超过60%，而4441型比较少见。所以总体认识应该是"14点以上均型或者♣套的牌，均型的可能性略大"，在竞叫的局势中这种认识十分重要。

1♣开叫的第一应叫有弱应叫、逼局和强牌弱应叫三种类型。

弱应叫

同伴1♣是逼叫的，你必须叫牌。当你持有0-9点不足以逼局的牌时，不必在乎牌型，只要简单地用转移的方式叫出高花，无高花时叫1♠，高花等长时，44显示♥，55先显示♠。

转移方式是典型的意大利风格：

1♣-?

1♦：0-9点4+♥。

1♥：0-9点4+♠。

1♠：0-9点无高花。

♠ 9
♥ 52
♦ AKJ642
♣ J964

叫1♠。这是弱应叫的最高限，应设为标准。如果6张套换成高花，应该用二盖一逼局。

逼局

同伴开叫1♣，如果你持有10+点，意味着在同伴非均型时，你们联手至少24点；如果他是均型牌，你们联手至少25点。这两种情况都必须成局。这也是为什么1♣开叫均型牌的牌力（15+点）和非均型（14+点）错位的原因。

逼局的渠道有四种：

1♣–?

1NT	均型牌逼局
2x	二盖一逼局
2NT	5M332型逼局
3x	10-14点55型逼局

当你持有10+点均型牌时，应叫1NT。1♣–1NT也包括13+点的4441型。10-12点的4441型在强牌弱应叫中讨论。

1♣–?

♠ A72
♥ 95
♦ AQ5
♣ QJ832

叫1NT。在我们的体系里5m332型属于均型牌，不能用二盖一逼局。

♠ AJ53
♥ KT53
♦ KQJ2
♣ 9

叫1NT。13+点的4441型和均型强牌一样处理。10-12点的4441型用强牌弱应叫。

如果应叫人持10+点非均型牌，通常做二盖一应叫。和弱应叫一样，二盖一也是以转移的方式显示长套，请留意持♣套做二盖一逼局时，否认同时持有高花套：

1♣–?

2♣　　10+点，5+♦非均型

2♦　　10+点，5+♥非5332型

2♥　　10+点，5+♠非5332型

2♠　　10+点，5+♣非均型，无高花

♠ J83
♥ AK
♦ 93
♣ AQJT32

叫2♠。持♣套逼局，同时否认持有高花套。

♠ 6
♥ KJ63
♦ K3
♣ AKT752

叫1♦。10+点5+♣4M不能用二盖一，原因见后。

如果你刚好拿着10+点5M332型，应叫2NT：

1♣–?

♠ KT
♥ AJT52
♦ KJ4
♣ AT8

叫2NT。很强的牌，同伴又是至少14点，有多种可能性，但是不要想太多，先叫2NT显示5M332逼局牌，同伴会用问叫探查你的高花套和牌力。

直接叫三阶花色表示10–14点55型逼局，更高牌力的55型先二盖一应叫。请注意3♥和3♠显示的是另一高花套，这样做缘于满贯叫牌的需要。

1♣–?

3♣　　10–14点，55型，♣和另一套

3♦　　10–14点，55型，♥和♠套

3♥　　10–14点，55型，♠和♦套

3♠　　10–14点，55型，♥和♦套

| ♠ QJT92
| ♥ A
| ♦ AQ986
| ♣ J9

叫3♥。表示♠和♦套55型，中性牌力（10-14点）。

强牌弱应叫

当你持有均型逼局的牌时，多半应叫1NT。可是如果持有10-12点均型牌又不想成为无将定约的庄家，你也可以叫1♠/♥/♦，因为这些叫品都是逼叫，所以不必担心停叫。更高的牌力则不必考虑庄位问题，尽快显示强牌更为重要：

1♣-?

| ♠ K6
| ♥ QT2
| ♦ T753
| ♣ KQ98

叫1NT。无将定约时适合自己做庄。

| ♠ K982
| ♥ A8
| ♦ KT53
| ♣ 863

叫1♥。虽然有10点可以叫1NT表示均型牌逼局，但是不适合做庄。

| ♠ KQT4
| ♥ AK9
| ♦ 754
| ♣ A93

叫1NT。强牌不必考虑庄位，尽快显示牌型和实力，不要用模糊的叫品。

如果你持有4441型逼局的牌，由于有单张，10-12点时显然不适合你来做庄打无将定约，所以只能在一阶显示高花套。更高的牌力则应该和均型牌一样应叫1NT：

1♣–?

♠ AJ97
♥ J
♦ A765
♣ Q743

叫1♥。10–12点的4441型总是先做一阶弱应叫。

强牌弱应叫的另外一种情形是应叫人持10+点5+♣4M的牌：

1♣–1♦　　10+点5+♣4♥
1♣–1♥　　10+点5+♣4♠
1♣–1♠　　10+点持牌4405

1♣–?

♠ AQ64
♥ Q6
♦ J5
♣ AQT87

叫1♥。有高花套，不能叫2♠表示♣套逼局。只能先做弱应叫，以后再逼局。

总结

1♣–?

第一应叫有很清晰的脉络："一阶弱应叫，二阶逼局，三阶55型。"体系其他一阶花色开叫也采用同样思路。

一阶和二阶应叫都是以转移的方式显示长套。

有时候出于庄位的考虑，10–12点的均型牌采用弱应叫，更强的牌则不必有这种考虑。

0–12点的4441型都采用弱应叫1♦/1♥，13+点时把它当成均型牌处理，应叫1NT。

10+点5+♣4M是很特殊的情况：采用弱应叫1♦/1♥，以后再择机逼局。

亡羊补牢

现在你有个问题，为什么让10+点5+♣4M的强牌做弱应叫呢？直接叫2♠逼局不好吗？

在回答这个问题之前，我们先来看一副福尔维奥和克劳迪奥早期打的牌。当时1♣开叫后5+♣4M的强牌正像你说的那样，直接用二盖一逼局，只不过当时二盖一应叫不是转移的：

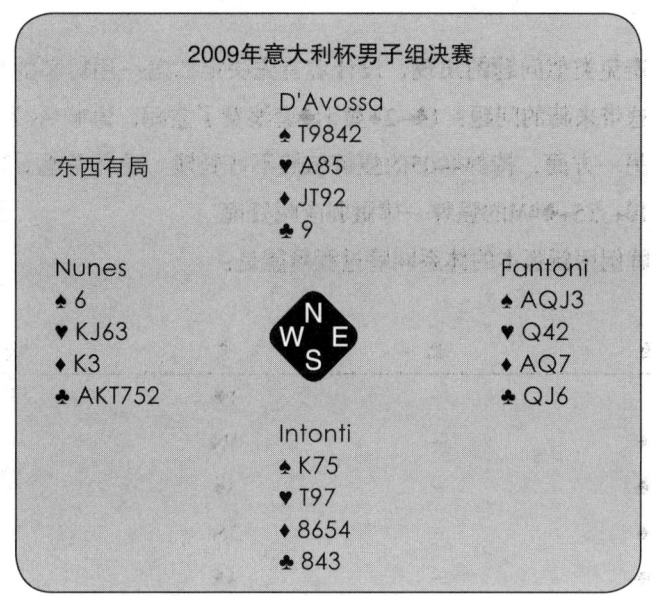

西	北	东	南
		1♣	—
2♣	—	2♦	
2♥	—	2♠	
3♠	—	4♦	
4♠	—	—	

结果：东西4♠宕一。另一桌：东西6♣做成。

1♣：14+点，多种牌。

2♣：5+♣非均型逼局。

2♦：人为叫品，表示15+点均型。

2♥：自然。

2♠：自然。

3♠：设定♣的扣叫，可能续叫3♠更好点。

4♦：3♠被理解成持牌4405加叫♠，所以4♦是对♣配合的扣叫。

4♠：理解4♦是对♣配合的扣叫，继续扣叫♠表示额外牌力。

不叫：同伴示弱了，就打4♠。

为了避免类似问题的出现，设计者首先决定二盖一用转移的方式显示长套。但这带来新的问题：1♣–2♣显示♣套浪费了空间，影响后续寻找高花的配合；另一方面，持牌4405的强牌依然不好处理。统筹考虑了这一系列问题后，10+点5+♣4M的强牌一律做弱应叫处理。

上一牌例用新版本的体系叫牌过程可能是：

西	北	东	南
	—	1♣	—
1♦	—	1N	—
3♣	—	3♦	—
3♠	—	3N	—
4♣	—	4♦	—
6♣			

1♣：14+点，2+♣，多种牌。

1♦：4+♥，多种牌，这里是10+点5+♣4♥。

1N：15–18点均型，否认4张♥。

3♣：5+♣4♥逼局。

3♦：♠有支持扣叫或♠无挡，同伴没叫1♠，不可能是持牌4405，不需要显示♠套。

3♠：第四花色试探。

3N：♠有挡，所以♣有支持。

4♣：设定♣。

4♦：特博，偶数关键张（♣为将牌时4♦是特博，而不是4NT）。

6♣：最终定约。

叫品结构表

表2 1♣开叫后的第一应叫

1♣		逼叫
	1♦	0-9点4+♥
		10-12点均型4张♥
		10-12点4441型4张♥
		10+点5+♣4♥
	1♥	0-9点4+♠
		10-12点均型4张♠
		10-12点持牌4144
		10+点5+♣4♠
	1♠	0-9点无高花
		10-12点均型无高花
		10+点持牌4405
	1NT	10+点均型
		13+点4441型
	2♣	10+点，5+♦非均型
	2♦	10+点，5+♥非5332型
	2♥	10+点，5+♠非5332型
	2♠	10+点，5+♣非均型，无高花
	2NT	10+点，5M332型
	3♣	10-14点，55型，♣和另一套
	3♦	10-14点，55型，♥和♠套
	3♥	10-14点，55型，♠和♦套
	3♠	10-14点，55型，♥和♦套

3. 1♣–1♦后开叫人的再叫

你开叫1♣，同伴应叫1♦表示4+♥，现在轮到你叫牌：

1♣–1♦–?

同伴可能是弱牌，也可能是强牌弱应叫。通常情况下你应该认为他是0-9点的弱牌。这时你的首要任务是显示是否有4张♥，如果有，就顺势叫出1♥（19-20点均型叫3♥）。

如果你不能再叫1♥或3♥，那就表示你没有4张♥，这时你的任务是告诉同伴是否持均型牌，这是他最关心的。

所以，1♣–1♦后你的再叫有四种类型：

有4张♥；

均型，没有4张♥；

非均型，没有4张♥；

跳叫3♣。

有4张♥

1♣–1♦–?

如果你有4张♥，通常顺势叫出1♥，除了持19-20点均型叫3♥以外：

♠ AQ7
♥ Q985
♦ J8
♣ AQ97

叫1♥。有4张♥顺势叫出1♥，即使持非均型牌也一样。

♠ AKJ6
♥ A532
♦ KQ
♣ QJ2

叫3♥。表示19-20点均型4张♥邀请。

均型，没有4张♥

如果你持没有4张♥的均型牌，有多个叫品可供选择，这些叫品显示不同的牌力范围，限制性高限（19-20点）时还可以同时显示是否有3张♥支持：

1♣–1♦–?

1♥	23+点均型，伪装有4张♥，以后再叫无将澄清
1NT	15-18点，均型
2♥	19-20点均型3张♥（没有4张♠的4333除外）
2NT	19-20点均型2张♥，或持牌33（43）

♠ AJ95
♥ A6
♦ AK6
♣ J853

叫1NT。虽然有4张♠，但是同伴更关心你是否均型，所以先叫1NT表示15-18点均型没有4张♥。体系后续有很多手段寻找♠配合。

♠ AT32
♥ K87
♦ AKQ7
♣ K3

叫2♥。表示限制性高限的均型3张♥。

♠ KJ82
♥ QJ
♦ A52
♣ AKJ8

叫2NT。也是限制性高限，但没有3张♥支持。不否认4张♠。

职业选手考虑问题可能更细致，比如下面两手牌：

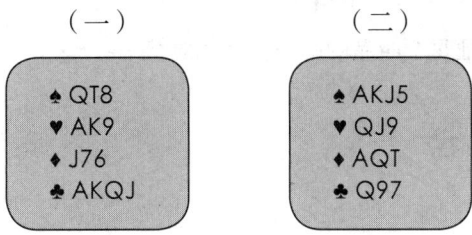

（一）
♠ QT8
♥ AK9
♦ J76
♣ AKQJ

（二）
♠ AKJ5
♥ QJ9
♦ AQT
♣ Q97

两手都是限制性高限4333型，第一手叫2NT。没有4张♠，虽然有3张♥，叫2NT却很自然。第二手叫2♥。有4张♠，不能叫2NT。叫2♥通常略有牌型，或者有4张♠。而叫2NT表示"从我的牌看，希望打无将定约"。这样处理的另一个目的是可以在后续的接力中显示更准确的牌型。

非均型，没有4张♥

如果是非均型，你要同时考虑形状和牌力，问题变得有点复杂，不能尽善尽美。体系根据第二套是什么做了不同的处理：

如果持5+♠4♣，那么以21点为界将牌力分为两段：

1♣–1♦–?

14–20点5+♠4♣　　　　叫1♠

21+点5+♠4♣　　　　　叫2♠

如果持5+♠4♦，因为1♣–1♦–2♦是逆叫，所以低限牌只能叫2♣：

1♣–1♦–?

低限（14–17点）5+♠4♦　　叫2♣

高限（18+点）5+♠4♦　　　叫2♦

如果持单套♣，我们把18–20点放在2♦，21+点放在2♠，这样既能使牌力和叫品的高度相对应，又能准确描述限制性高限（18–20点）的牌力：

1♣–1♦–?

14–17点♣单套　　　叫2♣

18–20点♣单套　　　叫2♦

21+♣单套　　　　　叫2♠

这样处理保证每个叫品的牌力范围相对统一：

1♣–1♦–?

2♣　　14–17点

2♦　　18+点

2♠　　21+点

带来的问题是2♦、2♠成了多义的叫品，但这对意大利人毫无困扰，在多义叫品之后设计接力来澄清牌情是他们的专长。

如果你是4441型，又没有应叫1♥，一定是持牌4144，那么你可以把牌力分为两段：

1♣-1♦-?

持牌4144中低限（14-20点）　　　1♠

持牌4144的强牌（21+点）　　　　2♠

下面用一些牌例体验一下上述叫品的含义：

1♣-1♦-?

♠ AQ65
♥ A
♦ 85
♣ A86543

叫1♠。14-20点，这一叫品并不逼叫，这一叫品也包含20以下4441型。

♠ Q
♥ A92
♦ A965
♣ KQ852

叫2♣。低限♣单套，或低限5+♣4♦。

♠ AKQ
♥ 9
♦ AK96
♣ AKJ75

叫2♦。1♣-1♦-2♦并没有上限，只有开叫人以后显示了单套♣后才表示18-20点。

♠ A54
♥ AJ
♦ K4
♣ AKJT72

叫2♦。表示18+点5♣4♦或者18-20点♣单套，同伴如果叫2♠接力，就可以叫3♣表示18-20点的单套♣且没有3张♥支持。

```
♠ K5
♥ AQ
♦ A8
♣ AKJ9754
```

叫2♠。表示21+点，单套♣或4+♣4+♠，牌力类似标准制开叫2♣的牌。

跳叫3♣

1♣-1♦-3♣牌力范围很宽，表示8-10赢墩的独立♣套，至少一门未叫花色无挡。这个叫品并不成熟，也不尽合理，后续的叫牌很难驾驭。但是为了保持体系的原貌，仍然采用。

```
♠ 5
♥ T
♦ AKQ9
♣ AQJT963
```

叫3♣。表示8-10赢墩的独立♣套，至少一门未叫花色无挡。

总结

1♣-1♦-？

开叫人再叫的思路是首先表示是否有4张♥。如果没有，转而显示是否均型。

持4441型时，如果有4张♥就叫1♥；如果没有，就一定是持牌4144，这种牌和5+♣4♠的牌一样处理。

5+♣4♦低限只能叫2♣，高限才能逆叫2♦；持单套♣时，体系把18-20点放在2♦，21+点放在2♠。上述处理使2♣、2♦、2♠都成了多义的叫品。

叫品结构表

表3　1♣–1♦后开叫人的再叫

1♣–1♦			说明
			应叫人显示4+♥的多种牌,逼叫
	1♥	逼叫	4+♥（19–20点均型牌除外）
			23+点均型
	1♠		14–20点,4张♠非均型
			14–20点,持牌4144
	1NT		15–18点均型
	2♣		14–17点,♣单套
			14–17点,5+♣4♦
	2♦	逼叫	18–20点,♣单套
			18+点,5+♣4♦
	2♥		19–20点均型3张♥（没有4张♠的4333除外）
	2♠	逼叫	21+点,5+♣4♠
			21+点,♣单套
			21+点,持牌4144
	2NT		19–20点均型2张♥
			19–20点均型,持牌33（43）
	3♣		8–10个赢墩的独立长♣,至少一门未叫花色无挡
	3♥		19–20点均型4张♥

4. 1♣–1♦–1♥后的发展

1♣–1♦–1♥开叫人显示4+♥，或23+点均型。由于开叫人的牌没有上限，所以这个进程逼叫。

你是应叫人，开始思考目前的局势：同伴持23+点均型时可能没有4张♥，但这种情况不常出现，即使出现，体系后续也有澄清装置。所以完全可以先假定同伴有4张♥支持。

牌力的局势比较有趣，同伴牌力没有上限，而你的牌力没有下限。你的首要任务是显示是否是弱牌：2♥表示弱牌，通常0–5点，不能确定♥的张数。这也是唯一显示弱牌的叫品。

如果不是弱牌，你的任务转为告诉同伴是否持有6+♥，这在同伴23+点均型只有2–3张♥时非常重要。显示6+♥试探的是人为叫品1NT。

如果不是以上两种情形，即持有4–5张♥的非弱牌，就叫新花做短套邀请；如果是5张♥有缺门，还可以（但非必须）跳叫新花显示缺门。

所以，1♣–1♦–1♥后你有四种类型的再叫：弱牌、6+♥试探、短门试探和缺门试探。

弱牌

关键是弱牌的上限在哪里，这不是用"通常0–5点"这句话可以回答的。以下两手牌克劳迪奥是这么叫的：

1♣–1♦–1♥–?

♠ J7
♥ AT832
♦ T63
♣ T96

叫2♥。表示弱牌。

♠ 9
♥ T653
♦ J86
♣ A9873

叫1♠。表示♠短门或持牌3433试探。

以下是福尔维奥的选择：

♠ T86
♥ A8754
♦ QT6
♣ 86

叫2♣。表示♣短门试探。

你是否发现他们对弱牌的上限很有默契并从中得到了启发？

1♣–1♦–1♥–?

有5张套时	持双张6+点可以试探
	持单张5+点可以试探
没有5张套时	持双张7+点可以试探
	持单张6+点可以试探
持牌3433时	7+点可以试探

Nunes
♠ 3
♥ J764
♦ QT765
♣ 863

Fantoni
♠ A876
♥ KQ93
♦ AK9
♣ Q2

西	北	东	南
–	–	1♣	–
1♦	–	1♥	–
2♥	–	2♠	–
3♦	–	3♥	–
4♥	–	–	–

东家持18点均型牌，他了解同伴弱牌的上限，认为成局仍有可能，所以自然地邀请。从西家的角度看，同伴的牌力没有上限，有义务进一步描述自己的♦套。东家前期的邀请已经十分进取了，看到♣Q的价值不确定，叫3♥示弱。西家现在知道同伴仅仅是邀请牌力，凭借良好的牌型进局。

```
Nunes            Fantoni
♠ 83             ♠ T972
♥ T852           ♥ KQ96
♦ T763           ♦ AKQ
♣ J64            ♣ AQ
```

西	北	东	南
—	—	1♣	—
1♦	—	1♥	—
2♥	—	2♠	—
3♥	—	—	—

这次东西方的总牌点和上例一样，却连3♥都打不成。东家的2♠邀请和放过3♥都是照章办事。实战中3♥宕一非战之罪。

6+♥试探

1♣–1♦–1♥–1NT（人为叫品）表示6+♥试探。后续开叫人可以直接叫4♥成局，或者叫新花邀请（2♣除外），叫2NT表示23+均型且两小张♥；当然，也可以叫2♥示弱，或者叫3♥设定♥。

如果开叫人有满贯兴趣，想了解应叫人更多的持牌信息，可以叫2♣接力：

1♣–1♦–1♥–1NT–2♣（接力问单缺，逼局）–?

2♦	♣单缺或无单缺
2♥	♦单缺
2♠	♠单缺

在应叫人回答单缺后开叫人再叫2NT表示23+点均型且♥两张带一大牌支持，同时设定♥。所以当开叫人持23+点均型时，他可以：

1♣–1♦–1♥–1NT–2♣–2x–2NT　　通过接力再叫2NT否认两小张♥，同时设定♥

1♣–1♦–1♥–1NT–2NT　　　　　直接叫2NT警示只有两小张♥

1♣–1♦–1♥–1NT–3♥　　　　　　包含但不全是23+点均型，好支持，设定♥

```
                      2013年斯拉瓦杯决赛
                         Fantoni
                         ♠ K9
         东西有局        ♥ AKQ4
                         ♦ KJ52
                         ♣ AKJ

   Fisher                                Schwartz
   ♠ Q7                                   ♠ J52
   ♥ T9763        N                       ♥ 2
   ♦ Q76        W   E                     ♦ A984
   ♣ 975          S                       ♣ T8432

                         Nunes
                         ♠ AT8643
                         ♥ J85
                         ♦ T3
                         ♣ Q6
```

西	北	东	南
–	1♣	–	1♥
–	1♠	–	1N
–	2♣	–	2♦
–	2N	–	3♠
–	4♣	–	4♠
–	5♣	–	6♠
–	–		

结果：北6♠宕一。另一桌：南5♠宕一。

1NT：6+♠试探。

2♣：接力问单缺，逼局。

2♦：♣单缺或无单缺。

2NT：23+点均型，♠至少两张带1大牌。设定♠。

3♠：越过♦和♥表示它们没有第二轮以上控制。

4♣：扣叫。低限3NT更好，同伴如果♣单缺，可以叫4♣澄清。

4♠：红花色连Q都没有。

5♠：红花色有控制，奇数关键张，怀疑将牌质量的满贯邀请。

6♠：同伴的做庄水平名扬天下，有"深飞"的别号，还是博一博。

这是2013年斯拉瓦杯决赛上的一副满贯叫牌，虽然属于1♣–1♥–1♠框架，但原理相同。南北方用到2♣接力。由于♣点力重复导致整体牌力不足，实战中6♠宕一。另一桌打5♠，东家是挪威国宝海海组合中的海尔格莫（Helgemo），他拔♦A再攻单张♥，庄家在将牌上采用"安全打法"，导致♥被将吃，结果5♠宕一。

著名的桥牌软件"深飞"可以在复杂的局势下分析出致胜的四明手做庄路线，福尔维奥·范托尼经常能找出和深飞软件一样的路线，久而久之，别人送给他一个"深飞"雅号。

上文提到的"低限3NT"是高花配合后控制牌力的装置：如果高花在三阶将牌或以下确定，任意一方平叫3NT都是"低限3NT"，它表示低限牌力，但如果同伴的牌合适，依然有满贯的可能。如果越过低限3NT进行扣叫，表示鼓励满贯。♥为将牌时越过♠叫3NT或扣叫都表示♠没有第二轮以上的控制。

短门试探

1♣–1♦–1♥–1♠/2♣/2♦，这三个叫品都是短门试探，它遵循"最短最低"原则：首先叫最短的花色，如果短门等长，叫最低的花色。"最短最低"原则对后续同伴的读牌至关重要。

1♣–1♦–1♥–1♠是多义的，它包含了♠短门和持牌3433两种牌。因为后续的1NT要留给23+点均型牌，所以2♣是逼局的接力：

1♣-1♦-1♥-1♠-2♣（接力，逼局）-?

2♦	持牌1444
2♥	5张♥，后续2♠还是接力
2♠	6张低花单张♠，后续2NT接力问低花
2NT	低限（7-9点）持牌3433
	否认5张套和单张
3♣	5♣4♥
3♦	5♦4♥
3NT	高限持牌3433

♣/♦短门试探后开叫人最便宜的新花也是逼局的接力，开叫人可以寻找应叫人的5张♥或6张低花（特别是持均型强牌时），后续可能还有一次接力（详见叫品结构表）；短门试探后开叫人立即平叫无将总是显示23+点均型。

```
    Nunes              Fantoni
    ♠ AQ7              ♠ 6
    ♥ Q985      N      ♥ K643
           W         E
    ♦ J8        S      ♦ AQ763
    ♣ AQ97             ♣ T63
```

西	北	东	南
1♣	—	1♦	—
1♥	—	1♠	—
2♥	—	4♥	—
—			

西家叫1♥有两种情形：4张♥或23+点均型。东家1♠是短门试探，也有两种情形：♠短门或持牌3433。西家并不关心同伴是哪种情形，只想停在2♥。东家了解实情后叫到局。

Fantoni
♠ AJ4
♥ AJ75
♦ 7
♣ KQ974

Nunes
♠ Q76
♥ KQT8
♦ 532
♣ JT3

西	北	东	南
—	—	—	—
—	1♣	—	1♦
—	1♥	—	1♠
—	4♥		

北家有漂亮的牌型,并不在意同伴是均型还是♠短门,直接叫到局。

Nunes
♠ AQJ3
♥ K854
♦ AT4
♣ A4

Fantoni
♠ T98
♥ AQJ2
♦ Q2
♣ 9762

西	北	东	南
1♣	—	1♦	—
1♥	—	2♦	—
2♠	—	2N	—
4♥	—		

东家做♦短门试探,西家开始想入非非:如果同伴♦单张,可能有天仙配满贯,于是用2♠接力。东叫2NT同时否认单张,5张套和4张♠。克劳迪奥希望破灭(他希望东持:♠K98　♥AQ742　♦2　♣9762)回到现实。

缺门试探

1♣-1♦-1♥后跳叫显示缺门是专门为边缘局和边缘满贯准备的,往往是竞技的胜负手。应叫人只有在持有邀请以上牌力的准确5张♥时才直接显示缺门，但叫品显示的花色并不是缺门花色：

1♣–1♦–1♥–?

  2♠ ♣缺门

  3♣ ♠缺门

  3♦ ♠缺门

后续开叫人顺势叫缺门花色为设定♥的满贯试探；叫3♥不逼叫；叫无将警示♥不配合（跳叫4NT有附加牌力）；叫非缺门低花也是23+点均型不配合♥，但有5张所叫低花。

Fantoni
♠
♥ KT982
♦ QJ84
♣ QT53

Nunes
♠ AJ5
♥ A654
♦ K53
♣ A86

西	北	东	南
–	–	–	1♣
–	1♦	–	1♥
–	3♦	–	4♥
–			

北家非寻常地跳叫3♦表示♠缺门的邀请以上牌力，对南家来说已足够进局。

总结

1♣–1♦–1♥–?

应叫人可以叫2♥示弱，叫1NT显示6+♥，叫新花是短门试探（1♣–1♦–1♥–1♠是多义的，表示♠短门或持牌3433），跳叫新花是缺门试探。后续开叫人立即平叫无将总是表示23+点均型，短门试探后最便宜的新花都是逼局的接力。

"低限3NT"是高花配合后控制牌力的一个重要装置。

接力是体系的重要组成部分，对接力的理解有三大要素：你首先要知道询问的是哪些特征，其次要清楚是否是逼局的接力，最后，还要明白什么时候使用接力，什么时候不能或没有必要使用接力。如果你的目标明确，就直奔主题，不要使用接力。

叫品结构表

表4 1♣–1♦–1♥后的发展

1♣–1♦–1♥					4+♥或23+点均型
	1♠				♠短门试探，4-5张♥
					7+点，持牌3433
		1NT			23+点均型
		2♣			接力，逼局
			2♦		持牌1444
			2♥		5张♥，后续2♠还是接力
			2♠		6张低花单张♠，后续2NT接力问低花
			2NT		低限（7-9点）持牌3433
					否认5张以上套和单张
			3♣		5♣4♥
			3♦		5♦4♥
			3NT		高限持牌3433
		2♦			进一步试探
		2♥			没兴趣，试图止叫
		3♥			设定♥
	1NT				6+♥试探
		2♣			接力问单缺，逼局
			2♦		♣单缺或无单缺

4. 1♣–1♦–1♥后的发展

					2NT	23+点均型,否认♥两小张,设定♥
				2♥		♦单缺
				2♠		♠单缺
			2♦			叫新花是自然邀请
			2♥			试图止叫
			2NT			23+点均型,♥两小张
			3♥			设定♥
		2♣				♣短门试探,4-5张♥
			2♦			接力,逼局
				2♥		5张♥
					2♠	接力
						2NT 5332型
						3♣ 持牌2551
						3♦ 持牌3541
						3♠ 持牌4531
				2♠		4♠4♥(可能持牌4441)
				2NT		同时否认单张,4张♠,5张以上套
				3♣		6张♦单张♣
				3♦		5♦4♠
			2♥			试图止叫
			2NT			23+点均型
			3♥			设定♥
		2♦				♦短门试探,4-5张♥
			2♥			试图止叫

		2♠				接力，逼局
			2NT			同时否认单张，4张♠，5张以上套
			3♣			5♣4♥
			3♦			6张♣单张♦
			3♥			5张♥
			3♠			4♣4♥（可能持牌4414），后续4♣设定♥，4♦设定♣
		2NT				23+点均型
		3♥				设定♥
	2♥					弱牌（0-5点）
		2♠				叫新花是自然邀请
		2NT				23-24点均型，否认4张♥
		3NT				25-27点均型，否认4张♥
	2♠					♣缺门试探，准确的5张♥
	3♣					♦缺门试探，准确的5张♥
	3♦					♠缺门试探，准确的5张♥

5. 1♣–1♦–1♠后的发展

1♣–1♦–1♠表示14-20点4张♠，承诺非均型或持牌4144，这个进程不逼叫。

这是个简单的局势，双方已经显示了三门花色。应叫人平叫这三门花色都是倾向停叫；第四花色2♦为人为逼叫，表示邀请以上牌力（二阶第四花色不逼局）；其他叫品也都属于邀请。

应叫人不必为同伴的宽幅牌力困扰。叫牌还处于一阶，你们有足够的空间探讨成局。1♣–1♦–1♠后应叫人邀请牌力的参考值是7-9点，你完全可以持较好的弱牌做停叫建议，不必担心错失成局，同伴有配合时持中性牌会继续邀请。

```
Fantoni              Nunes
♠ 876                ♠ KJ54
♥ AJT874             ♥ Q
♦ 62                 ♦ KQ83
♣ J5                 ♣ A763
```

西	北	东	南
—	—	—	—
—	—	1♣	—
1♦	—	1♠	—
2♥	—	—	—

西家的2♥可能0点，也可能是现在这种几乎可以直接跳叫3♥邀请的牌。但是他不担心丢局，同伴如果♥有配合会尽量维持叫牌。实战中东家低限无配合，自然选择不叫。

以下三副牌例前两副是福尔维奥打的,第三副是克劳迪奥的选择,可以看出开叫人宽幅的牌力并不会给叫牌带来多少困扰:

1♣–1♦–1♠–?

♠ QT42
♥ AJ654
♦ 64
♣ J4

叫4♠。有5张♥的8点牌直接成局,在合理范围内进取的叫品。

♠ 9873
♥ T942
♦ AKT
♣ J9

叫3♠邀请。同样的8点,没有5张套,支持又不好,叫3♠恰如其分。

♠ 9632
♥ A753
♦ T94
♣ K5

叫3♠邀请。7点牌4张♠必须做出邀请,如果♣K换成♣Q,叫2♠示弱。

欧洲冠军杯公开团体赛

双方无局

Fantoni
♠ AJ94
♥ K73
♦ A
♣ AK943

Bausback
♠ T
♥ 65
♦ KJT8763
♣ 852

Lofgren
♠ Q7653
♥ QJ42
♦ 42
♣ Q7

Nunes
♠ K82
♥ AT98
♦ Q95
♣ JT6

西	北	东	南
–	1♣	–	1♦
–	1♠	–	2♦
X	XX	–	3N
–	–		

结果：南3NT超一。另一桌：北4♠宕三。

在例行的1♣–1♦–1♠进程后，南家用第四花色2♦逼叫。北家的再加倍表示♦有第一轮控制，南家跳叫3NT是形象叫牌，表示10-12点均型。北家这时必须决定是否做满贯邀请，福尔维奥考虑了40秒之后正确地选择了不叫。

叫品结构表

表5　1♣–1♦–1♠后的发展

1♣–1♦–1♠			
		14-20点4张♠非均型	
		14-20点持牌4144	
	1NT	6-7点，不逼叫	
	2♣	弱牌	
	2♦	第四花色逼叫，邀请以上牌力	
	2♥	弱牌	
	2♠	弱牌	
	2NT	8-9点邀请	
	3♣	♣支持邀请	
	3♦	6+♦邀请	
	3♥	6+♥邀请	
	3♠	♠支持邀请	

6. 1♣-1♦-1NT后的发展

1♣-1♦-1NT开叫人表示15-18点均型,没有4张♥,可能有4张♠。我们在第二节曾经提到,1♣开叫均型牌出现的概率超过60%,所以这是个频繁出现的进程。

开叫人可能有4张♠。因为1♣-1♦后的1♠承诺非均型或4441型,所以开叫人有4张♠的均型牌只能叫1NT。

开叫人不可能是4441型。因为他如果持4441型,一定是红花色单张。♦单张时已有4张♥支持,不会叫1NT;♥单张时会再叫1♠或2♣。

应叫人的再叫分弱牌、2♣接力、2♦转移和无意重询四种情形。

弱牌

如果应叫人持弱牌(0-6点),觉得没有成局机会,通常简单地不叫。想改善定约时有三个装置可以使用:

1♣-1♦-1NT-?

2♦ 转移,5+♥,在同伴叫2♥后不叫

2♥ 转移性应叫,4♥4♠想停在两阶高花

2♠ 逼迫同伴叫2NT,准备停在三阶6+低花

```
Nunes              Fantoni
♠ Q9               ♠ 8653
♥ QJ2              ♥ AT97
♦ J732             ♦ QT95
♣ AKQ5             ♣ 7
```

西	北	东	南
1♣	—	1♦	—
1N	—	2♥	—
—			

东家用2♥表示44高花的弱牌，停在了4-3配合。东家也可以认为自己有邀请的牌力，但桥牌是个概率的游戏。

2♣接力

1♣–1♦–1NT–?

应叫人叫2♣通常有重询高花的需求：想知道开叫人是否有3张♥或者4张♠，除非后续应叫人立即显示持牌1444。开叫人会一直认定应叫人有这种需求，并按照这一假定读牌。

接力后，开叫人回答如下：

1♣–1♦–1NT–2♣–?

2♦		人为叫品，高限（17-18点）逼局
	2NT	接力，坚持重询高花
2♥		低限3张♥
2♠		低限，4张♠，否认3张♥
2NT		低限，否认高花特征

开叫人显示高限后，应叫人叫2NT坚持重询高花，开叫人回答：

1♣–1♦–1NT–2♣–2♦–2NT–?

3♣	4-5张♣，否认高花特征，暗示♠薄弱
3♦	4-5张♦，否认高花特征，暗示♠薄弱
3♥	3张♥
3♠	4张♠，否认3张♥
3NT	否认高花特征

我们来看进一步的发展。你是应叫人，假设同伴在2♣接力后回答2♥表示低限3张♥：

1♣-1♦-1NT-2♣-2♥-?

如果你原本是想询问♥，现在得偿所愿。否则，一定有4张♠在做重询。这时，你应该叫无将而不是2♠，同伴能推出你持有4张♠。如果你直接叫2♠，那表示持牌44（14）。

假设同伴在你的2♣重询后叫2♦表示高限牌，你续叫2NT是坚持询问高花，后续应叫人的逻辑与上述相同。

```
         Nunes              Fantoni
         ♠ QJ52              ♠ KT83
         ♥ J932              ♥ KQ7
         ♦ KJ6               ♦ AT4
         ♣ T6                ♣ KQ2
```

西	北	东	南
	—	1♣	—
1♦	—	1N	—
2♣	—	2♦	—
2N	—	3♥	—
3N	—	4♠	—
—			

西家叫2♣承诺有重询需求，所以后续的3NT暗示4♥4♠的均型牌，东家相信同伴的承诺，叫出4♠。

西	北	东	南
			1♣
—	1♦	—	1N
—	2♣	—	2♠
—	4♠		
—			

Fantoni
♠ T952
♥ KQT42
♦ AT3
♣ T

Nunes
♠ QJ87
♥ 73
♦ KQ92
♣ AK7

北家持5♥4♠型，同时拥有两个重询需求，显然要用2♣重询。南家的2♠否认了3张♥，北家直达目标。如果南家叫2♥，北家不要叫2♠寻找44配，直接叫4♥进局为宜，因为1♣-1♦-1NT-2♣-2♥-2♠表示持牌44（41）。

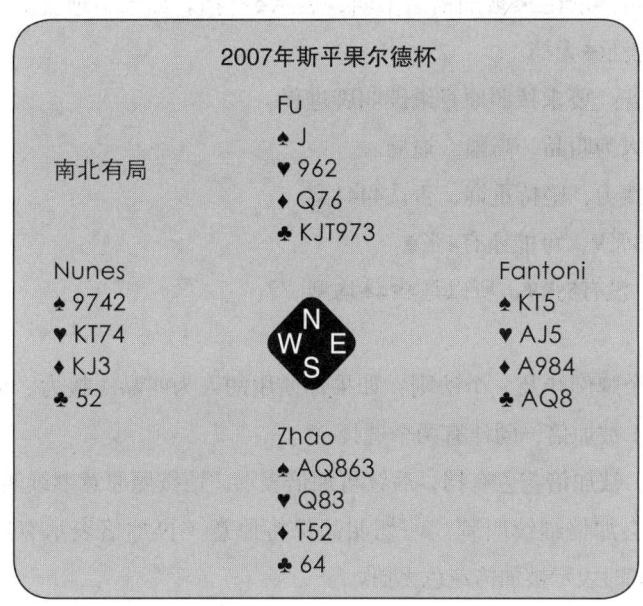

2007年斯平果尔德杯

南北有局

Fu
♠ J
♥ 962
♦ Q76
♣ KJT973

Nunes
♠ 9742
♥ KT74
♦ KJ3
♣ 52

Fantoni
♠ KT5
♥ AJ5
♦ A984
♣ AQ8

Zhao
♠ AQ863
♥ Q83
♦ T52
♣ 64

西	北	东	南
		1♣	—
1♦	—	1N	—
2♣	X	—	—
XX	—	2♦	—
2N	—	3♥	—
3N	—	—	

结果：东3NT超一。另一桌：东3NT宕一（做庄线路不同）。

2♣：接力，想知道同伴高低限和有没有4张♠，牌型不明

东不叫：东在2♣被加倍后不叫，表示♣有挡。如果不理会加倍继续接力进程，表示♣无挡。

再加倍：要求按照原意继续叫牌进程。

2♦：人为叫品，高限，逼局。

2N：接力，坚持重询，否认4441型。

3♥：3张♥，可能还有4张♠。

3NT：没有5张♥，所以是4♥4♠均型。

上一个牌例涉及一个法则：如果你使用的人为叫品（接力、斯台曼、第四花色）被加倍，同伴有两个选择：

不叫。被加倍花色有挡，后续再加倍表示"请按照原意继续叫牌"。

不理会加倍继续叫牌。一切叫品保持原意（再加倍表示有第一轮控制），但同时表示被加倍花色无挡。

如果对方对人为叫品做花色争叫，则取消所有的答叫，叫牌立即回归自然。

6. 1♣-1♦-1NT后的发展

Fantoni
♠ 8432
♥ AJ74
♦ Q
♣ A765

Nunes
♠ AQJ
♥ K62
♦ KJ876
♣ J4

西	北	东	南
—	—	—	1♣
—	1♦	—	1N
—	2♣	—	2♥
—	3N	—	—

北家是4441型，在同伴开叫1♣后采用强牌弱应叫。在同伴显示低限3张♥后，他可以叫2♠表示持牌44（14）逼局。但是福尔维奥觉得小号码♠和单张♦Q更像打无将的牌，决定不显示4441型。注意，他叫3NT依然显示了4张♠。

Nunes
♠ A863
♥ T75
♦ AK
♣ KQ63

Fantoni
♠ KJ95
♥ K843
♦ 2
♣ A974

西	北	东	南
—	—	—	—
1♣	—	1♦	—
1N	—	2♣	—
2♥	—	2♠	—
3♠	—	4♠	—

这次福尔维奥既不是小号码♠也没有单张大牌，所以用2♠表示持牌44（14），找到了♠配合。这两个牌例体现出大师级牌手对叫品的选择是十分讲究的。

2♦转移

1♣–1♦–1NT–?

应叫人叫2♦逼迫同伴转移到2♥。和用2♣接力主导叫牌不同，应叫人2♦转移自己是描述人，通常暗示5张♥较为平均的牌，准备后续叫2NT邀请或3NT选局。5♥4♣的牌也偏爱转移，因为2♣重询后再叫3♣有时候暗示4441型。应叫人也可能持弱牌转移，然后在同伴叫2♥后不叫。

如果持6+♥，总是使用转移叫，因为开叫人是"纯净"的1NT，至少有两张♥，将牌已经配合。

在转移后叫新花是自然不逼叫，理由是如果应叫人原本是逼局的牌，他在1♦后应该做显示5+♥的二盖一应叫（例外：1♣–1♦–1NT–2♦–2♥–2♠：5♥4♠逼叫，但不完全逼局）。

西	北	东	南
			—
1♣	—	1♦	—
1N	—	2♦	—
2♥	—	4♥	—
—			

东家知道同伴是"纯净"的1NT，至少有两张♥，转移后直接成局。

无意重询

如果应叫人既没有5张♥也没有4张♠，他无意重询，只要简单地选择2NT或3NT，或者叫三阶花色表示某类特殊的牌。

1♣–1♦–1NT–?

2NT	邀请
3♣	5+♣4♥逼局
3♦	6♦4♥邀请
3NT	想打

我们看到，3♣和3♦是不对称的：3♣逼局，表示原先是5+♣4♥强牌弱应叫；而3♦仅仅是6♦4♥邀请。应叫人持6♦4♥邀请的牌只能当成弱牌或逼局处理。

Fantoni
♠ KJ2
♥ K5
♦ AKQ4
♣ QT54

Nunes
♠ 76
♥ A932
♦ 7532
♣ KJ7

西	北	东	南
–	1♣	–	1♦
–	1N	–	2N
–	3N	–	–
–			

南家没有5张♥或4张♠，所以无意重询。体系没有好的手段探查♠挡张，只能直接2NT邀请，同伴高限加到3NT。在首攻♠的情况下定约宕一。

Fantoni
♠ Q32
♥ T973
♦ KQJT5
♣ 3

Nunes
♠ KJ7
♥ AK6
♦ 63
♣ KQJ85

西	北	东	南
–	–	–	1♣
–	1♦	–	1N
–	2N	–	3N

北家持5m4♥31型，由于没有重询的需求，不能叫2♣。只能叫2NT。桥牌有时候简单比复杂更容易致胜，福尔维奥一点都不为自己的单张困扰。如果单张是高花，依然不能影响你的决策。

总结

1♣–1♦–1NT是体系重要的进程。在这个局势下开叫人的信息相对精确,但也要看到应叫人也排除了大多数非均型逼局的牌,因为这种牌他会做逼局的二盖一应叫。认识到这点,你就不会把标准制的"双路重询"拼接到这个进程中,因为他们的背景截然不同。

应叫人如果持弱牌可以不叫或者试图改善定约。如果持邀请以上牌力,首先要考虑是否有重询需求。如果想知道同伴的高花特征,可以用2♣接力,也可以用2♦转移后再描述自己的牌。如果无意重询,就直接叫无将或者其他叫品。特别地,如果应叫人持5♥4m,可以弹性地选择2♣或2♦,体系并没有定式。通常情况下,转移暗示较平均的牌型,而用2♣接力更倾向有将定约。

八面玲珑

同伴开叫1♣,你应叫1♦,同伴叫1NT,对方没有加入叫牌。现在轮到你:1♣–1♦–1NT–?

从概率讲,你可以不叫,但可能错失3NT定约。你也可以叫2NT,但同伴低限时极可能打不成2NT。

还有一种方法可以试试:你叫2♣接力。同伴会认为你有重询高花的需求,不过没有关系。如果他叫2♥/♠,你就不叫,打高花4-3配通常比2NT的机会好。他如果叫2NT,你也不叫,你本来就想用2NT邀请的。如果同伴叫2♦显示高限,你就跳叫3NT,同伴看见你没有用2NT坚持重询,不会妄动的。

6. 1♣–1♦–1NT后的发展

Fantoni
- ♠ QJ8
- ♥ K7
- ♦ AJ86
- ♣ KJ94

Nunes
- ♠ AK9
- ♥ T942
- ♦ 9753
- ♣ 72

西	北	东	南
	1♣	—	1♦
—	1N	—	2♣
—	2N	—	—
—			

结果：2NT宕二。另一桌：北打1NT宕一。

克劳迪奥希望在同伴低限时停在4-3配的二阶高花，然而事与愿违，南北还是逃脱不了2NT宕二的命运。

无需记忆

你开叫1♣；同伴应叫1♦，你再叫1NT表示15-18点均型；接着，同伴用2♣接力重询你的高花，你叫2♥表示低限3张♥，可能还有4张♠。你早就知道这种进程不是打高花定约就是打无将，一切只是例行公事而已。这时，同伴叫3♣，这有点出乎你的意料，你陷入了思考。叫牌过程是这样的：

	你		同伴
	1♣	—	1♦
—	1N	—	2♣
—	2♥	—	3♣
—	?		

同伴没有叫3♥或4♥意味着他没有5张♥，他也没有叫2NT或3NT显示4张♠。看来是在没有重询需求的情况下叫的接力。他也不是持牌44（41），因为那样的牌可以叫2♠。

只有一种可能，同伴是持牌1444。

你已经显示了低限，他在持牌1444时有机会放过你的2♥，现在却没有这么做，说明原先他就是逼局的牌，在你的1♣开叫后做强牌弱应叫。

原来上述进程同伴是10-12点持牌1444逼局。

以上推理是4441型在某个进程中的体现。那么1♣-1♦-1NT后应叫人怎么在不同的进程中处理4441型呢？

除了持牌1444外，应叫人都有4张♠，所以都有重询需求，用2♣接力恰如其分。应叫人持牌1444时则伪装有重询需求叫2♣接力，根据同伴不同的答叫分别处理：

1♣-1♦-1NT-2♣-2♦-?

叫3♣专门表示持牌1444

1♣-1♦-1NT-2♣-2♥-?

叫3♣专门表示持牌1444

1♣-1♦-1NT-2♣-2♠-?

叫2NT或3NT，但这个叫品不仅仅表示持牌1444，也包括其他牌。

可以看出，2♣接力后再叫3♣有时候暗示4441型，所以，应叫人持5♥4♣时会尽量使用转移，持5♥4♦时一般用接力。

叫品结构表

表6　1♣–1♦–1NT后的发展

					说明
1♣–1♦–1NT					15-18点均型，可能有4张♠
	2♣				接力，承诺重询需求
					接力，持牌1444
		2♦			人为叫品， 高限（17-18点）逼局
			2♠		持牌44（14）
			2NT		接力，坚持重询高花
				3♣	4-5张♣，暗示♠薄弱
				3♦	4-5张♦，暗示♠薄弱
				3♥	3张♥
				3♠	4张♠，否认3张♥
				3NT	否认高花特征
		3♣			持牌1444
		2♥			低限3张♥
			2♠		持牌44（41）逼局
			2NT		4张♠邀请
			3♣		持牌1444逼局
			3NT		4张♠
		2♠			低限，4张♠，否认3张♥
			2NT		想停
			3♣		5♥4♣邀请
			3♦		5♥4♦邀请
			3NT		想打

		2NT			低限,否认高花特征
	2♦				转移,保证5+♥
		2♥			接受转移
			2♠		5♥4♠逼叫,不完全逼局
			2NT		邀请
			3♣		4+♣不逼叫
			3♦		4+♦不逼叫
			3♥		6+♥邀请
			3NT		让同伴选局
			4♥		想打
	2♥				弱牌,4+♥4♠
	2♠				傀儡2NT,6+m停叫
	2NT				邀请
	3♣				5+♣♥逼局
	3♦				6♦4♥邀请
	3NT				想打

7. 1♣–1♦–2♣后的发展

1♣–1♦–2♣是个多义的叫品，它表示14–17点♣单套，或14–17点5+♣4♦。

开叫人否认高花套（所以也不会是4441型）和均型，显示面向低花的非均型，双方牌力均有上限。这些信息使局势明朗许多，应叫人可以选择弱牌，2♦接力，无意重询三种类型的再叫。

弱牌

如果应叫人觉得成局无望，只有两种选择：不叫或持6+♥时叫2♥改善定约。

2♦接力

1♣–1♦–2♣–?

这一进程成局定约通常是4♥或3NT，应叫人持邀请以上牌力时有两种情形需要用2♦接力：一是有5张♥想知道同伴是否有3张支持；二是只有4张♥想打3NT，想试探♠挡张（通常♦有挡）。无论哪种情形，应叫人都是想知道同伴的高花特征，所以2♦是重询高花的接力，如果没有这种需求，不能用2♦接力。

有时候应叫人持比邀请实力略低（6–7点）的5张♥，在同伴高限3张♥是仍有成局可能。他不能叫2♥（停叫）或3♥（6+♥邀请），只能用2♦接力，所以开叫人对接力进行答叫时要考虑到同伴"轻接力"的情形。

1♣–1♦–2♣–2♦–?

如果开叫人有3张♥，应该优先显示：低限叫2♥，高限叫3♥。

如果没有3张♥，要预防同伴的"轻接力"。低限54型时一律叫2♥，即使你只有单张♥，因为2♥可能是失配牌的唯一避风港。高限54型时显示♠挡张：叫2♠/2NT表示♠无/有挡。

如果持没有3张♥的单套，同样需要显示♠挡张：2NT/3♣表示♠有/无挡。

1♣-1♦-2♣-2♦-?

2♥	低限54型
	低限3张♥
2♠	高限54型，♠无挡
2NT	♠有挡
3♣	单套，♠无挡
3♦	64型
3♥	高限3张♥

1♣-1♦-2♣-2♦-2♥-?

开叫人答叫2♥虽然不能确定牌型和♥支持与否，但传递了低限信息。后续应叫人只有4张♥时可以叫不逼叫的3阶低花，再叫无将承诺有5张♥。应叫人也可以用2♠继续接力，仍不逼局：

1♣-1♦-2♣-2♦-2♥-2♠-?

2NT	54型♠有挡
3♣	单套
3♦	54型♠无挡
3♥	54型3张♥

Fantoni
♠ A54
♥ QJ
♦ T4
♣ AKJT72

Nunes
♠ 97
♥ A9642
♦ K982
♣ 63

西	北	东	南
—	1♣	—	1♦
—	2♣	—	2♦
—	2N	—	3♣
—	3N	—	—
—			

2♦：轻接力。

2N：♠有挡，高限54型或不限牌力的单套，否认3张♥。

3♣：试图停叫。

3NT：同伴♣略有配合，有赢墩来源，♥QJ也有用。

```
                    2012欧洲团体锦标赛
                         Fantoni
                         ♠ 98
          东西有局       ♥ A98
                         ♦ J9
                         ♣ AKQJ64

          Smirnov                      Piekarek
          ♠ J6                         ♠ KT742
          ♥ J64         N              ♥ K3
          ♦ AK863     W   E            ♦ T75
          ♣ 932         S              ♣ 875

                         Nunes
                         ♠ AQ53
                         ♥ QT752
                         ♦ Q42
                         ♣ T
```

西	北	东	南
	1♣	—	1♦
—	2♣	—	2♦
—	2♥	—	3N
—	4♥	—	—
—			

结果：北4♥超一。另一桌：南做成3NT。

2♦：接力，有重询高花的需求（这里是寻找3张♥）。

2♥：低限54型，或低限3张♥。

3N：叫无将承诺5张♥，让同伴选局。

4♥：选择4♥。

```
摩纳哥巴顿杯决赛
              Fantoni
              ♠ KJ7
东西有局        ♥ 9
              ♦ KQ74
              ♣ AJ653

Gierulski              Skrzypczak
♠ A862                 ♠ QT4
♥ 7653      N          ♥ K82
♦ T5      W   E        ♦ AJ9
♣ 874       S          ♣ KQT9

              Nunes
              ♠ 953
              ♥ AQJT4
              ♦ 8632
              ♣ 2
```

西	北	东	南
—	—	—	—
—	1♣	—	1♦
—	2♣	—	2♦
—	2♥	—	—
—			

结果：北做成2♥。另一桌：南做成2♥。

从南家的角度看，显然不喜欢停在2♣。另外，只要同伴高限。成局依然有机会，所以用2♦轻接力。北家的2♥总是低限，克劳迪奥知道即使同伴有3张♥，成局机会也不大，选择不叫。

无意重询

如果应叫人不需要关注♠挡张和♥支持与否，就不能使用2♦接力：

```
Fantoni              Nunes
♠ QJ6                ♠ 742
♥ AK42               ♥ QJ
♦ T95                ♦ KJ
♣ 863                ♣ AKQJT7
```

西	北	东	南
			—
—	—	1♣	—
1♦	—	2♣	—
2♠	—	3N	—
—	—		

西家关心的是♦挡张，没有重询高花的需求，所以不能用2♦接力。直接叫2♠是半实叫，暗示♦无挡，但尚未完全逼局。东持高限牌自然跳叫进局。如果西家的♦和♠互换，只能从2♦接力起步。

```
Fantoni
♠ 8
♥ A73
♦ KJ83
♣ AQ964

Nunes
♠ KJ75
♥ Q852
♦ 765
♣ K3
```

西	北	东	南
			—
—	1♣	—	1♦
—	2♣	—	2♠
—	2N	—	3N

同样的道理，南家用2♠邀请传递了很多信息：没有5张♥，♠有挡，暗示♦无挡。北家低限♦有挡叫2NT，南家加叫进局。

总结

1♣–1♦–2♣是简单而有趣的进程。应叫人持邀请以上牌力（可能略轻）时按照是否有重询高花的需求（关心开叫人是否有3张♥或♠挡张）选择叫品：如果有则用2♦接力，否则选择其他叫品。

1♣–1♦–2♣–2♦–2♥传递了低限信息，但可能没有♥支持。后续应叫人叫2♠还是不逼局的接力；叫三阶低花明确只有4张♥；叫无将承诺5张♥。

叫品效率

如果存在更有效率的叫品，有5张♥时也可以不使用接力：

Fantoni
♠ KJ8
♥ QT862
♦ K952
♣ 3

Nunes
♠ AT7
♥ 9
♦ T6
♣ AKQJ854

西	北	东	南
			1♣
–	1♦	–	2♣
–	2N	–	3N
–			

南家可以在1♦后叫3♣显示8-10个赢墩，至少一门未叫花色无挡（见第12节），但克劳迪奥没有这么做。北家持5张♥，有重询的需求，但福尔维奥觉得♥套很弱，而抢叫2NT表示邀请牌力且未叫花色有挡更有效率。南家如果有3张♥，可以叫3♥表示接受邀请另有3张♥，依然可以打4♥定约。

叫品结构表

表7　1♣–1♦–2♣后的发展

1♣–1♦–2♣						说明
						14–17点♣单套
						14–17点5+♣4♦
		2♦				接力，5张♥重询♥
						接力，4张♥重询♠挡张
			2♥			低限54型
						低限3张♥
				2♠		接力，尚未逼局
					2NT	54型♠有挡
					3♣	单套
					3♦	54型♠无挡
					3♥	54型3张♥
				2NT		♠有挡，5张♥
					3♣	4张♥不逼叫
					3♦	5♦4♥不逼叫
					3NT	♠有挡，5张♥
			2♠			高限54型，♠无挡
				2NT		♠有挡
				3♣		单套
				3♦		64型
				3♥		高限3张♥
		2♥				6+♥弱牌
		2♠				邀请以上，半实叫，暗示♦无挡
		2NT				邀请，保证♦和♠挡张
		3♣				邀请，暗示♦和♠都无挡
		3♦				6♦4♥邀请
		3♥				6+♥好套邀请

8. 1♣-1♦-2♦后的发展

1♣-1♦-2♦是个多义的叫品，表示18+点5+♣4♦，或18-20点♣单套。

表8 1♣-1♦-2♦后的发展

1♣-1♦-2♦			
			18+点5+♣4♦
			18-20点♣单套
	2♥		弱牌
	2♠		接力逼局（6+点）
		2NT	♠有挡
		3♣	单套
		3♦	5+♣4♦
		3♥	3张♥
		3♠	持牌1345，3张好♥
		3NT	21-23点持牌3145
	2NT		弱牌，想停在3阶低花
	3♣		弱牌
	3♦		弱牌
	3♥		6+♥逼局

上表有四个叫品是弱牌（0-5点），除了2♥是6+♥弱牌外，另外三个都是面向低花的弱牌，要注意其中的区别：

1♣-1♦-2♦-?

2NT　　弱牌，通常4+♦2+♣，同伴是单套♣时打3♣，5+♣4+♦时同伴会叫3♦

3♣　　只能打♣定约

3♦　　通常♣单缺，另有6+♦，适合打♦定约的概率非常大

如果你持有逼局的牌，因为2♥要让位给弱牌6+♥，所以要用2♠接力：

```
              41届百慕大杯赛
                 Fantoni
                 ♠ AKQ
南北有局           ♥ 9
                 ♦ AK96
                 ♣ AKJ75

   Sacul                        Karwur
   ♠ 9762                       ♠ T85
   ♥ 753          N             ♥ AJT
   ♦ 73         W   E           ♦ 8542
   ♣ T963         S             ♣ Q84

                 Nunes
                 ♠ J43
                 ♥ KQ8642
                 ♦ QJT
                 ♣ 2
```

西	北	东	南
—	1♣	—	1♦
—	2♦	—	2♠
—	2N	—	3♥
—	3N	—	—
—			

结果：北3NT超二。另一桌：北6NT宕一。

福尔维奥觉得失配，大幅地低叫，这种低叫是概率背景下的赌博。另一个重要原因是同伴的风格，他知道一旦启动满贯叫牌，克劳迪奥持6张得体的♥时，低限也会叫满贯的。

9. 1♣–1♦–2♥后的发展

1♣–1♦–2♥表示19–20点3张♥的均型牌，如果是4333型，则一定有4张♠（否则叫2NT）。

开叫人已经对牌情做了精准的描述，应叫人马上要决定是否成局：他可以放过2♥，一旦叫牌则逼局，没有中间的邀请地带。如果拿不定主意，就选择进局。后续的叫牌分为两类：4张♥逼局和5+♥逼局。

4张♥逼局

1♣–1♦–2♥–?

应叫人通常只想成局。如果想打3NT，要用2♠逼迫同伴叫2NT，然后再加到3NT，以此保证同伴成为庄家。

如果想找♠配合，可以使用转移性叫品3♥，它表示4张♠逼局，但要注意这个叫品可能持有5+♥。

如果应叫人持4441型，即使有4张♠，也不要使用上一个3♥叫品，因为会给后续叫牌带来麻烦。4441型应该用2♠逼迫同伴叫2NT，然后按下列方式描述：

1♣–1♦–2♥–2♠–2NT–?

3♣		高限（10–12点）4441型
	3♦	问单张，回答3♥/3♠/3NT表示♣/♦/♠单张
3♦		低限持牌4441
3♥		低限持牌4414
3♠		低限持牌1444

有时候，应叫人持有长低花不适合打无将，或者有满贯兴趣（如：5+♣4♥在做强牌弱应叫），这时，就直接叫3♣/♦表示5+♣/♦逼局。

```
Nunes              Fantoni
♠ AK64             ♠ J982
♥ KQT              ♥ A762
♦ K75              ♦ QT2
♣ AT9              ♣ 73
```

西	北	东	南
		—	—
1♣	—	1♦	—
2♥	—	3♥	—
3♠	—	3N	—
4♣	—	4♠	—
—			

东家显示4+♥4♠逼局，在西家配合♠后叫3NT表示均型（非低限3NT）。因为东家可能有12点，克劳迪奥仍然意犹未尽。

5+♥逼局

1♣-1♦-2♥-?

现在应叫人持5+♥，因为没有做二盖一应叫，所以不会超过9点，满贯的可能性很小，通常直接叫4♥成局。如果应叫人持5♥332型，不要认为和同伴的均型配起来打3NT更好，悬殊的牌力推翻了你的理论。

如果应叫人有满贯兴趣，多半是5+♥带单缺。这时叫2NT正是表示这种想法，同时设定♥。后续开叫人会用3♣接力问单缺后重新评估自己的牌，然后把评估结果反馈给应叫人，让他做最后决定。

叫品结构表

表9　1♣-1♦-2♥后的发展

1♣-1♦-2♥					19-20点均型3张♥，如果是4333型，则一定是4张♠
	2♠				逼迫同伴叫2NT，准备加叫3NT或显示4441型
		2NT			遵命
			3♣		高限（10-12点）4441型
				3♦	问单张，回答3♥/3♠/3NT表示♣/♦/♠单张
			3♦		低限持牌4441
			3♥		低限持牌4414
			3♠		低限持牌1444
			3NT		通常的选择
	2NT				5+♥满贯试探，设定♥
		3♣			接力问单缺
			3♦		♣单缺或无单缺
				扣叫	没有浪费牌力
				3NT	有浪费牌力
			3♥		♦单缺
			3♠		♠单缺
	3♣				5+♣4♥逼局
	3♦				5+♦4♥逼局
	3♥				4+♥4♠逼局

10. 1♣–1♦–2♠后的发展

1♣–1♦–2♠是个多义的叫品,它表示21+点的三种牌：5+♣4♠,♣单套,持牌为4144。总体牌力类似标准制的2♣开叫,但在前期已经有很多信息得到了交换,应叫人很容易做出决定。他叫3♣二次示弱（0–3点）,2NT是逼局的接力,其他叫品也都逼局。

表10　1♣–1♦–2♠后的发展

1♣–1♦–2♠				
				21+点5+♣4♠
				21+点♣单套
				21+点,持牌为4144
	2NT			接力,逼局（4+点）
		3♣		单套
			3♦	红花色55型
		3♦		持牌为4144
		3♥		5+♣4♠
		3♠		64型
	3♣			二次示弱（0–3点）
	3♦			5+♦4♥逼局
	3♥			6+♥逼局

Fantoni
♠ AT63
♥ 4
♦ AK4
♣ AKQJ7

Nunes
♠ QJ5
♥ KT32
♦ QJ752
♣ 5

西	北	东	南
	1♣	—	1♦
—	2♠	—	3♦
—	4♦	—	4♥
—	4♠	—	5♦
—	6♦	—	—

南家没有用2NT接力，叫3♦显示5+♦4♥逼局（5♦5♥型逼局从接力起步）。设定将牌后双方通过扣叫与特博（南家不能扣叫同伴长套的单张，所以叫5♦显示奇数关键张）叫上小满贯。

下面一副牌例南家要决定是否使用接力：

Fantoni
♠ K5
♥ AQ
♦ A8
♣ AKJ9754

Nunes
♠ T
♥ KJT432
♦ KT653
♣ 3

西	北	东	南
—	1♣	—	1♦
—	2♠	—	2N
—	3♣	—	3♦
—	3N	—	—
—			

结果：南3NT宕二。另一桌：南4♥超三。

南家叫3♦显示红花色55型。同克劳迪奥在同伴的2♠后面临选择：使用接力还是先叫3♥显示6+♥逼局，如果选择叫3♥，在同伴3NT后再决定是否叫4♦就容易多了。

11. 1♣–1♦–2NT后的发展

1♣–1♦–2NT表示19–20点均型，2张♥，但也可能是4张低花的4333型。

开叫人的牌力很精确，应叫人可以马上决定是否成局。如果觉得成局无望，可以放过2NT，或者用3♦转移到3♥停叫。

开叫人虽然偶尔会有3张♥，但通常是两张。所以应叫人如果有6+♥，总是叫3♦转移。如果没有6+♥或4张♠，加叫3NT成局即可。

```
Fantoni              Nunes
♠ K97                ♠ AQ8
♥ A97652             ♥ KT
♦ 75                 ♦ AKQJT
♣ J9                 ♣ T32
```

西	北	东	南
		1♣	–
1♦	–	2N	–
3♦	–	3♥	–
4♥	–	–	–

1♣–1♦–2NT开叫人否认持牌4144。西家6张♥用3♦转移后成局。

1♣–1♦–2NT–?

应叫人有4张♠想找44配时，可以直接用转移性叫品3♥表示持4♥4♠逼局。5♥4♠的牌通常用逼局的3♣接力，因为可以同时寻找同伴的3张♥，4张♠和5张低花：

1♣–1♦–2NT–3♣–?

3♦	人为叫品，有5张低花
3♥	接力问低花
3♠	5张♣
3NT	5张♦
3♥	持牌33（34）
3♠	4张♠
3NT	持牌3244

Fantoni
♠ QT76
♥ QJT83
♦ 3
♣ T52

Nunes
♠ AK4
♥ A7
♦ AKT5
♣ J643

西	北	东	南
—	—	—	1♣
—	1♦	—	2N
—	3♦	—	3♥
—	4♥	—	—
—			

结果：南4♥宕一。另一桌：南3NT做成。

福尔维奥叫错牌了，5♥4♠应该叫3♣接力，可以找出同伴的3张♥或4张♠，甚至5张♣。本例中同伴会答叫3NT，成为最终定约，也不会损失10IMP。

1♣-1♦-2NT-？

应叫人如果想了解同伴的低花情况，一样可以用3♣接力，这通常意味着他有低花满贯的兴趣。

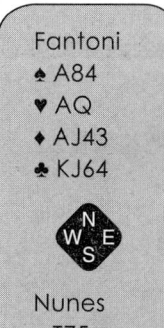

西	北	东	南
			—
—	1♣	—	1♦
—	2N	—	3♣
—	3N	—	—

　　南家用10-12点的均型牌做强牌弱应叫，所以在同伴的2NT之后想做点什么。他用3♣接力，如果同伴显示5张♣，就尝试低花满贯；否则就满足3NT。

总结

　　1♣-1♦-2NT是个简单的进程，值得留意的要点是1♣-1♦-2NT-3♥是转移性叫品，1♣-1♦-2NT-3♣-3♦是人为叫品，表示有5张低花，后续3♥接力问是哪门低花。

不可效仿

西	北	东	南
			1♣
—	1♦	—	2N
—	—		

　　南家持牌4144叫2NT，他觉得立即显示精准牌力的效益大于♥张数的偏差，2NT是合理的定约，甚至是个精准的定约，看起来没有任何问题。但是体系不建议这么做，原因有三：

同伴可能持6张♥转移，可能叫到错误的定约；

同伴可能用3♣接力，答叫结构没有包含这种牌，可能会误导同伴读牌；

跳叫2NT和叫1♠相比，浪费了巨大的空间，很容易扼杀低花满贯。

所以，19-20点持牌4144在1♣-1♦后应该叫1♠。

叫品结构表

表11　1♣-1♦-2NT后的发展

1♣-1♦-2NT					
					19-20点均型，2张♥
					19-20点持牌33（34）
	3♣				接力问4张♠和5张低花，逼局
		3♦			人为叫品，有5张低花
			3♥		接力问低花
				3♠	5张♣
				3NT	5张♦
		3♥			持牌33（34）
		3♠			4张♠
		3NT			持牌3244
	3♦				转移，6+♥
	3♥				转移性叫品，4♥4♠逼局
	4♣				设定♣
	4♦				设定♦

12. 1♣-1♦-3♣后的发展

1♣-1♦-3♣表示8-10赢墩的独立长♣，至少一门未叫花色无挡。

这个进程并不逼叫，但是如果应叫人有一门未叫花色有挡，无论什么牌力，都必须叫牌。而且一旦叫牌，意味着逼局：

表12　1♣-1♦-3♣后的发展

1♣-1♦-3♣		8-10赢墩的独立长♣，至少一门未叫花色无挡
	不叫	♠，♦均无挡
	3♦	♦有挡，♠没挡
	3♥	5+♥满贯企图
	3♠	♠有挡，♦没挡
	3NT	♠，♦都有挡
	4♣	设定♣

Fantoni
♠ 5
♥ T
♦ AKQ9
♣ AQJT963

Nunes
♠ A987
♥ AQ98
♦ 8743
♣ 2

西	北	东	南
	1♣	—	1♦
—	3♣	—	3N
—	4♣	—	4♥
—	4♠	—	4N
—	5♣	—	6♣
—	—		

开叫人的牌很有弹性，很难事先估计♣定约能打多高，通常应叫人不主动考虑满贯问题。南家显示了♦长度和高花实力，不像弱牌，但是福尔维奥的4♣仍然有赌博的成分。南家如果持：♠K987　♥9863　♦J743　♣2或5♣都成问题。

13. 1♣–1♥后开叫人的再叫

1♣–1♥应叫人通常表示0-9点4+♠，但他也可能在做多种类型的强牌弱应叫。

我们在第三节介绍过1♣–1♦后开叫人的再叫，1♣–1♥和它十分类似。但开叫人持另一高花套时处理方法不同：1♣–1♦后开叫人可以顺势叫1♠表示14-20点的4张♠，而1♣–1♥后开叫人叫2♥是逆叫，必须有额外牌力，所以低限5+♣4♥的牌就必须叫2♣。请看比较：

1♣–1♥–?

14-17点5+♣4♥　　　　叫2♣

18+点5+♣4♥　　　　　叫2♥

这导致1♣–1♥–2♣比1♣–1♦–2♣多了一个含义：

1♣–1♦–2♣　　　14-17点♣单套，或14-17点5+♣4♦

1♣–1♥–2♣　　　14-17点♣单套，或14-17点5+♣4♦，或14-17点5+♣4♥

开叫人持4441型的情形变得更简单，因为开叫人只能是红花色单张，所以他一定再叫1♠，这意味着如果开叫人选择其他叫品，一定不是4441型。

1♣–1♥–?

♠ A3
♥ AK42
♦ Q5
♣ KT543

叫2♣。14-17点不能逆叫2♥，只能先叫多义的2♣，后续有接力澄清。

♠ A76
♥ 9
♦ AK82
♣ AKJT6

叫2♦。这是逆叫：18+点，5+♣4♦。这个叫品也是多义的，它还包含18-20点♣单套。

♠ Q
♥ AKT3
♦ AK4
♣ AQT87

叫2♥。18+点5+♣4♥可以逆叫2♥了，这是逼叫，没有上限。

叫品结构表

表13　1♣-1♥后开叫人的再叫

1♣-1♥			应叫人显示4+♠的多种牌，逼叫
	1♠	逼叫	4+♠
			23+点均型
	1NT		15-18点均型
	2♣		14-17点，♣单套
			14-17点，5+♣4♦
			14-17点，5+♣4♥
	2♦	逼叫	18-20点，♣单套（21+点♣单套自行处理）
			18+点，5+♣4♦
	2♥	逼叫	18+点，5+♣4♥
	2♠		19-20点均型3张♠（没有4张♥的4333型除外）
	2NT		19-20点均型2张♠
			19-20点均型，持牌为33（43）
	3♣		8-10个赢墩的独立长♣，至少一门未叫花色无挡
	3♠		19-20点，4张♠邀请

14. 1♣-1♥-1♠后的发展

1♣-1♥-1♠是逼叫，表示4+♠，或23+点均型。

这一进程的后续发展和1♣-1♦-1♥基本一致。应叫人可以先假定同伴有4张♠，在持有弱牌时叫2♠。不是弱牌时持6+♠叫1NT，4-5张♠就做短门或缺门邀请。其中缺门邀请的情形略有区别，请看比较：

1♣-1♦-1♥采用转移性缺门试探，再叫2♠/3♣/3♦表示♣/♦/♠缺门试探

1♣-1♥-1♠由于没有空间，用真实花色做缺门试探，3♣/3♦/3♥分别表示♣/♦/♥缺门试探

Fantoni
♠ AT87
♥ QT8
♦ Q94
♣ 765

Nunes
♠ K962
♥ KJ76
♦ AK2
♣ Q4

西	北	东	南
—	—	—	1♣
—	1♥	—	1♠
—	2♣	—	2♠
—	—	—	

北家的2♣是多义的，表示是♣短门或4333型，不管是哪种类型，南家的牌都必须减值。南家叫2♠表示不超过17点的牌试图停叫。

```
天津滨海杯世界男子桥牌精英赛

                    Hampson
                    ♠ 42
双方无局              ♥ Q98
                    ♦ QJ32
                    ♣ QT65

    Nunes                          Fantoni
    ♠ AKJ9                         ♠ QT83
    ♥ KJ5          N               ♥ T6
    ♦ A          W   E             ♦ KT865
    ♣ AJ973        S               ♣ K4

                    Gitelman
                    ♠ 765
                    ♥ A7432
                    ♦ 974
                    ♣ 82
```

西	北	东	南
—	—	—	—
1♣	—	1♥	—
1♠	—	2♣	—
2♦	—	3♦	—
3♥	—	3N	—
4♣	—	4♦	—
4♠	—	—	—

结果：西4♠超二。另一桌：东6♠做成。

2♣：♣短门试探，或7+点持牌4333。遵循"最短最便宜"原则，短门等长叫便宜花色。

2♦：接力。

3♦：5♦4♣。

3♥：试探3NT或满贯扣叫。

3N：♣有挡。同伴可能是23+均型♣无挡在试探3NT。

4♣：设定♣的扣叫，鼓励。突破3NT扣叫保证♠配合，同时确认前期的3♥也是扣叫。

4♦：响应性扣叫。

4♠：同伴的套是自己的单缺，而且他不会超过9点，已经做过鼓励，现在可以示弱。克劳迪奥如果推理出同伴持有挡张的短门♣一定有♣K，一定会继续前进的。

自我接力

1♣-1♥-1♠-2♣是个多义的叫品，表示♣短门试探，或7+点持牌4333。开叫人可以用逼局的2♦接力让同伴澄清牌情。如果开叫人对成局没有兴趣，通常叫2♠建议停叫，这时应叫人仍然可以继续邀请：

1♣-1♥-1♠-2♣-2♠-?

2NT：5333型红花色有挡。

3♣：♣单张。

3♦：4333型暗示♥无挡。

3♥：4333型暗示♦无挡。

3♠：2张♣。

Fantoni
♠ K943
♥ AQ7
♦ 982
♣ JT4

Nunes
♠ AQT5
♥ J6
♦ J64
♣ AKQ6

西	北	东	南
–	–	–	1♣
–	1♥	–	1♠
–	2♣	–	2♠
–	3♥	–	4♠
–	–	–	

南家试图停在2♠。北叫3♥旨在越过♦，暗示4333型。南家在可能挡不住♦时没有理由不打4♠。

叫品结构表

表14　1♣-1♥-1♠后的发展

1♣-1♥-1♠					4+♠或23+点均型
	1NT				6+♠试探
		2♣			接力问单缺，逼局
			2♦		♣单缺或无单缺
				2NT	23+点均型，否认♠两小张，设定♠
			2♥		♦单缺
			2♠		♥单缺
		2♦			叫新花是自然邀请
		2♠			试图止叫
		2NT			23+点均型，♠两小张
		3♠			设定♠
	2♣				♣短门试探，4-5张♠
					7+点，持牌4333
		2♦			接力，逼局
			2♥		5♠4♥
			2♠		5张♠，后续2NT还是接力
			2NT		低限（7-9点）持牌4333
					否认5张以上套和单张
			3♣		6张♣单张♠
			3♦		5♦4♣
			3NT		高限持牌4333
		2♥			进一步试探
		2♠			没兴趣，试图止叫
		2NT			23+点均型

			3♠		设定♠
	2♦				♦短门试探，4-5张♠
		2♥			接力，逼局
			2♠		5张♠（后续无接力）
			2NT		否认5张以上套和单张
			3♣		5♣4♠
			3♦		6张♣单张♦
		2♠			试图止叫
		2NT			23+点均型
		3♠			设定♠
	2♥				♥短门试探，4-5张♠
		2♠			试图止叫
		2NT			23+点均型
		3♣			接力，逼局
			3♦		6张♦单张♥
			3♥		6张♣单张♥
			3♠		5张♠
			3NT		没有以上特征
		3♠			设定♠
	2♠				弱牌（0-5点）
		2NT			23-24点均型，否认4张♠
		3♣			叫新花是自然邀请
		3NT			25-27点均型，否认4张♠
	3♣				♣缺门试探，准确的5张♠
	3♦				♦缺门试探，准确的5张♠
	3♥				♥缺门试探，准确的5张♠

15. 1♣–1♥–1NT后的发展

1♣–1♥–1NT表示15-18点均型，没有4张♠，可能有4张♥。它的后续发展和1♣–1♦–1NT基本一样。开叫人不可能是4441型，因为红花色单张的4441型一定能支持♠，所以开叫人是"纯净"的1NT。应叫人的再叫分为弱牌、2♣接力、2♥转移和无意重询四种类型。

弱牌

应叫人持弱牌（0-6点）通常简单地不叫，改善定约时有三个装置可以使用：

1♣–1♥–1NT–?

2♦：转移性叫品，显示5♠4♥弱牌。

2♥：转移，5+♠准备停叫，但可能是强牌。

2♠：逼迫同伴叫2NT，准备停在三阶6张以上低花。

Fantoni
♠ 876
♥ AK4
♦ KQ8
♣ QJ32

Nunes
♠ AJT94
♥ J987
♦ 4
♣ 974

西	北	东	南
–	–	–	1♥
–	1♣	–	1♥
–	1N	–	2♦
–	2♠	–	–

南家的2♦是转移性叫品，表示有4张♥，他一定有5张♠，因为4♥4♠会应叫1♠。北家知道同伴持弱牌，选择2♠停叫。

2♣接力

1♣-1♥-1NT应叫人不会持4♥4♠，因为那样他在1♣后会叫1♦。这便得出两个结论：一是应叫人如果是4441型，只能是持牌4144；二是用2♣重询通常有5张♠，因为他承诺有高花重询需求。唯一的例外是应叫人持牌4144。这时，他会伪装有重询需求，先用2♣接力，在同伴任何答叫后叫3♣，这一叫品专门表示持牌4144。

西	北	东	南
		—	—
1♣	—	1♥	—
1N	—	2♣	—
2♥	—	3N	—
4♣	—	—	—

结果：4♣宕二。另一桌：西打3NT宕三。

东家担心♥，在没有重询需求的情况下违背逻辑叫2♣，同伴回答2♥表示低限4张♥后东家陷入尴尬的境地。在预感叫牌失控时跳叫封局是专家牌手通常的选择，但是西家不依不饶，他已经认定同伴持有5张♠了。如果东家心志坚定，叫牌可能是：1♣-1♥-1NT-2NT（全部不叫），这是得正分的最佳机会。

2♥转移

1♣-1♥-1NT-2♥为转移叫，保证5+♠。应叫人通常持较为平均的牌，准备后续叫2NT邀请或3NT选局。5♠4♣偏爱转移，因为2♣接力后不能再叫3♣，那表示持牌4144。

```
Nunes              Fantoni
♠ K75              ♠ QJT64
♥ K93              ♥ Q42
♦ AKQ8             ♦ 3
♣ 642              ♣ QJ83
```

西	北	东	南
			—
1♣	—	1♥	—
1N	—	2♥	—
2♠	—	3♣	—
3♠			

东家如果用2♣接力，西家将叫2♠表示低限3张♠。这时，东家不能叫3♣，那表示持牌4144。他只能叫3♠邀请，所以没有机会显示第二套♣了。牌例中的进程西家却知道同伴持5♠4♣邀请的牌，可以更好地评估点值。

无意重询

Fantoni
♠ AK9
♥ JT8
♦ AK2
♣ J652

Nunes
♠ Q543
♥ A3
♦ J
♣ QT8743

西	北	东	南
	1♣	–	1♥
–	1N	–	3N
–	–	–	

即使南家想用♣套进行邀请，体系也没有手段，因为跳叫3♣是5+♣4♠逼局。如果南家的6张低花是♦，跳叫3♦却是6♦4♠邀请。

物尽其用

请看一个1♣-1♥-1NT后应叫人持弱牌的进程：
1♣-1♥-1NT-2♦：弱牌，转移性叫品，显示5♠4♥。

虽然这一进程主要用来处理应叫人持弱牌的情形，但是由于2♦是逼叫，应叫人可以在同伴示选之后再叫牌来显示某种特殊的持牌：

1♣-1♥-1NT-2♦-2♥/2♠-3♥：应叫人并没有停叫而是续叫3♥表示6♥4♠邀请。

而1♣-1♦-1NT-2♥（弱牌，转移性叫品，显示4张♠）不逼叫，所以不能用作他途。

西	北	东	南
–	–	–	–
–	1♣	–	1♥
–	1N	–	2♦
–	2♠	–	3♥
–	4♠	–	–

Fantoni
♠ AJ6
♥ Q98
♦ AQ954
♣ A7

Nunes
♠ KT8543
♥ A762
♦ 86
♣ 4

南家叫2♦显示5♠4♥，北家选择2♠。南家续叫3♥表示6♠4♥邀请，北家接受。

叫品结构表

表15　1♣-1♥-1NT后的发展

1♣-1♥-1NT					
					15-18点均型，可能有4张♥
	2♣				接力重询，承诺5张
		2♦			人为叫品，高限（17-18点）
			2♠		持牌4144
			2NT		接力，坚持重询高花
				3♣	4-5张♣，暗示♥薄弱
				3♦	4-5张♦，暗示♥薄弱
				3♥	4张♥
				3♠	3张♠，否认4张♥
				3NT	否认高花特征
			3♣		持牌4144
	2♥				低限4张♥
			2♠		5张♠试图停叫

15. 1♣—1♥—1NT后的发展

				2NT	5张♠邀请
				3♣	持牌4144
				3NT	5张♠
			2♠		低限，3张♠，否认4张♥
				3♣	持牌4144
		2NT			低限，否认高花特征
				3♣	持牌4144逼局
	2♦				转移性叫品，显示5♠4♥弱牌
					6♠4♥邀请，后续再叫3♥
	2♥				转移，保证5+♠
		2♠			接受转移
				2NT	邀请
				3♣	4+♣不逼叫
				3♦	4+♦不逼叫
				3♠	6+♠邀请
				3NT	选局
	2♠				傀儡2NT，6+m停叫
	2NT				邀请
	3♣				5+♣4♠逼局
	3♦				6♦4♠邀请
	3NT				想打

16. 1♣-1♥-2♣后的发展

1♣-1♥-2♣表示三种类型的低限（14-17）牌：♣单套，或5+♣4♦，或5+♣4♥。

开叫人不可能是4441型，应叫人如果是4441型，一定是♥单张。开叫人和应叫人都可能持有4张♥，这使局势比1♣-1♦-2♣略为复杂。应叫人的再叫也分为弱牌、2♦接力、无意重询三种类型。

弱牌

如果应叫人持弱牌，当然可以不叫，开叫人否认4441型使他放过2♣时更加自信。再叫2♥和2♠也是改善定约的手段：

1♣-1♥-2♣-?

♠ QT943
♥ K654
♦ J63
♣ 2

叫2♥。表示弱牌5♠4♥，♣单张使你不想停在2♣。

♠ JT9872
♥ J5
♦ J82
♣ A4

叫2♠。无单缺加3个J促使你放弃成局试探。

2♦接力

2♦接力必须有重询高花的需求，不逼局。应叫人可能在找4张♥或3张♠，也可能只想试探♥挡张（这种情形通常♦有挡）。

1♣-1♥-2♣-2♦-?

2♥	4张♥，牌力不明
2♠	低限5♣4♦型
	低限3张♠
2NT	♥有挡
3♣	单套
3♦	6+♣4♦
3♥	高限5♣4♦，♥无挡
3♠	高限3张♠

开叫人答叫2♠总是低限，但牌型和是否有3张♠不能确定。后续应叫人没有空间继续接力：如果只有4张♠，可以叫不逼叫的3阶低花，或者有逼局实力时叫3♥；叫无将承诺5张♠。

西	北	东	南
—	—	1♣	—
1♥	—	2♣	—
2♦	—	2♥	—
4♥	—	—	—

西家持典型重询高花的逼局牌，东家有4张♥，无论高低限都答叫2♥。西家直接成局。

```
            Nunes                    Fantoni
            ♠ T764                   ♠ A52
            ♥ JT2                    ♥ AQ7
            ♦ AQT3                   ♦ 7
            ♣ AQ                     ♣ KJ9864
```

西	北	东	南
	—	1♣	—
1♥	—	2♣	—
2♦	—	2♠	—
3♥	—	3N	

1♥：强牌弱应叫。

2♣：14-17点，单套或红花色4张。

2♦：接力，有重询高花的需求（这里是试探♥挡张）。

2♠：低限54型，或低限3张♠。

3♥：4张♠逼局。

3NT：♥有挡。

无意重询

如果应叫人没有5张♠，也没有4张♥，而且♥有挡，他不想知道同伴任何高花信息，这种情况不能用2♦接力。应叫人5♠5♥型也不用接力，均型或准均型♥和♦都无挡时也不喜欢用2♦接力。应叫人采用以下方式邀请：

1♣-1♥-2♣-?

2NT	♥有挡
3♣	♥和♦都无挡
3♦	6+♦4♠
3♥	5♠5♥型
3♠	6+♠

总结

1♣–1♥–2♣的后续发展比1♣–1♦–2♣略为复杂，主要原因是它多了5+♣4♥的低限（14–17点）牌。另一方面，由于♥的级别比♠低，双方必须在更高的阶次试探另一高花的挡张。

1♣–1♥–2♣–2♦是重询高花的接力，应叫人承诺有重询高花的需求（关心开叫人是否有3张♠，4张♥或♥挡张）。后续的答叫和1♣–1♦–2♣类似，特别留意的是1♣–1♥–2♣–2♦–2后没有接力，应叫人只有4张♠时可以叫不逼叫的3♣/♦，或用3♥逼局；叫无将承诺5张♠。

过犹不及

1♣–1♥–2♣–2♦是接力，开叫人持4张♥无论高低限都答叫2♥。但有时候基于战术的考虑，开叫人低限持4张♥也可以答叫2NT：

Fantoni				
♠ AT874	西	北	东	南
♥ J6				1♣
♦ KT4	–	1♥	–	2♣
♣ QT6	–	2♦	–	2N
	–	3N	–	–

Nunes
♠ Q
♥ A954
♦ Q85
♣ AK984

南家低限有4张♥可以叫2♥，但克劳迪奥想成为无将定约的庄家，并且期望发挥两个Q的作用，所以积极地抢叫2NT。但要注意，开叫人高限4张♥时不宜做类似的处理。

叫品结构表

表16 1♣–1♥–2♣后的发展

1♣–1♥–2♣				说明
				14-17点♣单套
				14-17点5+♣4♦
				14-17点5+♣4♦
	2♦			接力，问♥套或♥挡张或♠支持
		2♥		4张♥，牌力不明
		2♠		低限5♣4♦型
				低限3张♠
		2NT		♥有挡，5张♣
		3♣		4张♠不逼叫
		3♦		5♦4♣不逼叫
		3♥		4张♠逼局
		3NT		♥有挡，5张♣
	2NT			♥有挡
		3♣		单套
		3♦		6+♣4♦
		3♥		高限5♣4♦，♥无挡
		3♠		高限3张♠
	2♥			弱牌5♠4♥
	2♠			6+♠弱牌
	2NT			邀请，♥有挡
	3♣			邀请，♦和♥都无挡
	3♦			6+♦4♣邀请
	3♥			5♠5♥型邀请
	3♠			6+♠邀请

17. 1♣–1♥–2♦后的发展

1♣–1♥–2♦是多义的逆叫，开叫人显示18+点5+♣4♦，或18–20点♣单套。这是个简单的进程，并且和1♣–1♦–2♦非常类似：

表17　1♣–1♥–2♦后的发展

1♣–1♥–2♦			18+点5+♣4♦
			18–20点♣单套
	2♥		接力逼局（6+点）
		2♠	3张♣
		2NT	♥有挡
		3♣	单套
		3♦	5+♣4♦
		3♠	持牌3145，3张好♣
		3NT	21–23点持牌1345
	2♠		弱牌
	2NT		弱牌，想停在3阶低花
	3♣		弱牌
	3♦		弱牌
	3♥		高花55逼局
	3♠		6+♣逼局

在1♣–1♥–2♦–2♥接力后，开叫人以"最优最便宜"的方式显示特征：

Fantoni
♠ AKQ
♥ 3
♦ A543
♣ AKJ52

Nunes
♠ T8653
♥ AK974
♦ 8
♣ 96

西	北	东	南
—	—	—	—
—	1♣	—	1♥
—	2♦	—	2♥
—	3♠	—	4♣
—	4N	—	5♦
—	6♣	—	—

福尔维奥认为♠AKQ是自己的"最优"特征，所以叫3♠。它同时也表明持牌3145，3♠是个非常有效率的叫品。

Nunes
♠ KT983
♥ AJT6
♦ 943
♣ 2

Fantoni
♠ A76
♥ 9
♦ AK82
♣ AKJT6

西	北	东	南
—	—	1♣	—
1♥	—	2♦	—
3N	—	—	—

克劳迪奥没有"科学"地使用接力，然后叫到4♠（也能打成，这正是另一桌的结果）。良好的中间张是直接选择3NT的重要原因。

18. 1♣-1♥-2♥后的发展

1♣-1♥-2♥是逆叫，逼叫，表示18+点5+♣4♥。应叫人只有弱牌（0-5点）和逼局两种情形。

弱牌

我们多次遇到过开叫人18+点对着应叫人0-5点的情形。应叫人在处理类似的局势时通常只有显示弱牌和逼局两种方式，没有显示邀请的中间地带。

1♣-1♥-2♥也是一样，应叫人再叫2♠和3♣都是表示弱牌，试图停叫。开叫人的牌力没有上限，持很强的牌时可以自己成局。尴尬的情形是持21-23点。运气好的话他有条件邀请，但通常没有邀请的手段，必须在不叫和直接成局间猜断。体系的原则是：如果你需要猜断，那么你就进局。下面的牌例用到了这一原则：

```
            2011年国际俱乐部锦标赛
                  Fantoni
                  ♠ T962
双方有局           ♥ J65
                  ♦ J953
                  ♣ J9

    Sebbane                      Rombaut
    ♠ J873          N            ♠ AK54
    ♥ Q742        W   E          ♥ 98
    ♦ QT            S            ♦ 8762
    ♣ K64                        ♣ 532

                  Nunes
                  ♠ Q
                  ♥ AKT3
                  ♦ AK4
                  ♣ AQT87
```

西	北	东	南
—	—	—	1♣
—	1♥	—	2♥
—	3♣	—	3N
—	—	—	

结果：南3NT宕一。另一桌：南1♣超二。

北家持弱牌试图停在3♣。南家不会指望同伴♣有多好的配合，所以他的牌尚不足以单独进局。但没有邀请手段，只有猜测。南家不可能放过3♣然后希望同伴持0-2点，克劳迪奥叫了3NT。实战中3NT以宕一告终，对方停在了1♣上，一个我们体系永远叫不到的定约。

逼局

1♣-1♥-2♥-?

你是应叫人并且持有♠套，同伴显示双色套后第四花色挡张备受关注。如果你想打无将又没有♦挡张，就直接叫第四花色3♦，试探3NT的前景。如果♦有挡，由于同伴的牌是没有上限的，你通常不会"速达"（参考第72节中的"速达原则"），而用2NT接力了解牌情。

1♣-1♥-2♥-2NT是逼局的接力，同时形成了DAG局势。DAG是逼局局势下针对双色套牌的接力，也是体系最重要，使用最广的通用工具，下面我们介绍这一工具。

2NT=DAG

"DAG（Double-suits Asking Gadget）"是体系的一个通用接力工具。无论开叫方还是应叫方在二阶显示明确的双色套后，在逼局的局势下，同伴的2NT总是"DAG"。

有两种局势可以形成DAG。一是在2NT叫出之前已经逼局。如：1♣-1NT-2♥-2NT：1NT已逼局，2♥明确显示了双色套，所以2NT是DAG。二是在2NT叫出之前尚未逼局,但是2NT本身是逼局的接力。如本节的进程:1♣-1♥-2♥-2NT:2♥显示18+点5+♣4♥,逼叫却不逼局。但2NT表示6+点逼局,所以2NT=DAG。

如果双方在2NT之前已经显示了三个花色,存在三种情形:

(一)在二阶叫第四花色(如果可以的话)是询问挡张的DAG,回答2NT表示第四花色有挡,同时停止DAG进程;越过2NT叫牌表示继续DAG进程,但第四花色无挡。

(二)直接叫2NT=DAG,同时表示第四花色有挡,或者已经知道不会打无将定约。

(三)第四花色无法在二阶叫出又无挡的情况下,如果无将定约仍有可能,多半在三阶叫第四花色,所以无法形成DAG的局势。

在2NT=DAG后,同伴按照以下规则回答:

3♣		高限54型
	3♦	接力问单缺
		3♥ 较低级别的花色单缺
		3♠ 较高级别的花色单缺
	3NT	5422型
	4NT	5422型附加一档牌力
3♦		低限5431型
	3♥	接力问单缺
		3♠ 较低级别的花色单缺
		3NT 较高级别的花色单缺
3♥		如果可能55型则是任意牌力的64型,否则是低限64型
3♠		任意牌力的55型,如果不可能55型则是高限64型
3NT		低限5422型

现在,我们可以根据"DAG"的定义把1♣-1♥-2♥-2NT的答叫写入下面的叫品结构表中。但以后就不必详细列出DAG的整个内容,只要标明"DAG"即可。

叫品结构表

表18　1♣-1♥-2♥后的发展

1♣-1♥-2♥				18+点,5+♣4♥
	2♠			弱牌（0-5点）
	2NT			DAG
		3♣		高限（21+点）54型
			3♦	问单缺
			3♥	♦单缺
			3♠	♠单缺
			3NT	5422型
			4NT	5422型附加一档牌力
		3♦		低限（18-20点）5431型
			3♥	问单缺
			3♠	♦单缺
			3NT	♠单缺
		3♥		低限64型
		3♠		高限64型
		3NT		低限5422型
	3♣			弱牌
	3♦			第四花色

19. 1♣-1♥-2♠后的发展

1♣-1♥-2♠表示19-20点均型3张♠，如果是4333型，则一定是4张♥。应叫人如果觉得成局无望，只要简单地放过2♠，一旦叫牌则逼局。

如果应叫人持4张♠，他不可能同时有♥套。这意味着高花都没有8张以上配合了，问题变得十分简单。通常只要叫3♠，逼迫同伴叫3NT。偶尔会叫3m表示5+m4♠逼局，探讨低花成局或满贯定约。持牌4144已经没有空间设计专门的装置了，只能见机行事。

```
Fantoni
♠ Q652
♥ 852
♦ K97
♣ K86

Nunes
♠ KJ4
♥ AJ93
♦ AQ43
♣ A5
```

西	北	东	南
			1♣
—	1♥	—	2♠
—	3♠	—	3N
—	—	—	

北家的3♠不是加叫，是逼迫同伴叫3NT，以保证同伴成为庄家。

如果你是应叫人并持有5+♠，通常会直接跳叫4♠成局，避免暴露更多信息。你通常不显示4张♥，但5+♥5+♠却需描述，以备不时之需。以下是应叫人持5+♠时的叫牌手段：

1♣-1♥-2♠-?

2NT   5+♠满贯试探，设定♠，后续3♣问单缺

3♥   5♠4♥逼局

4♥   5+♠5+♥

4♠ 通常的选择

Fantoni
♠ KQ5
♥ A63
♦ AKQ32
♣ 62

Nunes
♠ 98732
♥ KJT97
♦ 9
♣ KT

西	北	东	南
	1♣	—	1♥
—	2♠	—	4♥
	4♠	—	—
—			

南家的牌力不足以探讨满贯，却应该描述5♥5♠牌型，以免错失"天仙配"满贯。

望洋兴叹

2007年百慕大杯赛

东西有局

Fantoni
♠ Q9752
♥ 964
♦ K65
♣ 42

De Wijs
♠ A83
♥ QJT2
♦ QJ2
♣ 985

Muller
♠ J4
♥ K873
♦ AT843
♣ T7

Nunes
♠ KT6
♥ A5
♦ 97
♣ AKQJ63

西	北	东	南
—	—	—	1♣
—	1♥	—	2♠
—	4♠	—	—
—			

结果：南4♠超一。另一桌：南3♣做成。

南家持牌有三个明显的特征，一是3张♠支持，二是坚固的♣，三是高限的临界牌值。南家叫2♣没有显示上述任何特征，不可取。没有8个赢墩叫3♣也有偏差，克劳迪奥选择最接近持牌特征的2♠。这种局势下，北家不是不叫就是逼局，所以福尔维奥不由分说叫上了4♠。

这种进程让1993年百慕大杯冠军成员穆勒感受到莫名的压力，他知道队友使用的"荷兰泰山精确"很难叫到4♠。果不其然，克劳迪奥用4♠超一证明自己的叫牌是正确的。而另一桌南北停在3♣上。

叫品结构表

表19　1♣-1♥-2♠后的发展

1♣-1♥-2♠					
					19-20点均型3张♠，如果是4333型，则一定是4张♥
	2NT				5+♠满贯试探，设定♠
		3♣			接力问单缺
			3♦		♣单缺或无单缺
				扣叫	没有浪费牌力
				3NT	有浪费牌力
			3♥		♦单缺
			3♠		♥单缺
	3♣				5+♣4♠逼局
	3♦				5+♦4♠逼局
	3♥				5♠4♥逼局
	3♠				逼迫同伴叫3NT
	4♥				5+♠5+♥

20. 1♣-1♥-2NT后的发展

1♣-1♥-2NT表示19-20点均型，2张♠或没有4张♥的4333型。它的发展和1♣-1♦-2NT完全一致：

表20　1♣-1♥-2NT后的发展

1♣-1♥-2NT				
				19-20点均型，2张♠
				19-20点持牌33（34）
	3♣			接力问4张♥和5张低花，逼局
		3♦		人为叫品，有5张低花
			3♥	接力问低花
			3♠	5张♣
			3NT	5张♦
		3♥		4张♥
		3♠		持牌33（34）
		3NT		持牌2344
	3♦			转移性叫品，5♠4♥逼局
	3♥			转移，6+♠
	4♣			设定♣
	4♦			设定♦

值得留意的是1♣-1♥-2NT-3♦是转移性叫品，表示5♠4♥逼局。1♣-1♥-2NT-3♣-3♦是人为叫品，表示有5张低花，后续3♥接力问是哪门低花。

21. 1♣–1♥–3♣后的发展

1♣–1♥–3♣的含义及其发展和1♣–1♦–3♣一样：

表21　1♣–1♥–3♣后的发展

1♣–1♥–3♣		8-10赢墩的独立长♣，至少一门未叫花色无挡
	不叫	♥，♦均无挡且0-2控制
	3♦	♦有挡，♥没挡
	3♥	♥有挡，♦没挡
	3♠	5+♠满贯企图
	3NT	♥，♦都有挡
	4♣	设定♣

Fantoni
♠ Q4
♥ 6
♦ AKQ
♣ AKQT965

Nunes
♠ JT763
♥ AKT42
♦ 932
♣

西	北	东	南
	1♣	—	1♥
—	3♣	—	3♥
X	5♣	—	—
—			

北家虽有10个赢墩，但成局仍然需要同伴的支持。南家3♥表示♥有挡，♦无挡，虽逼局却不承诺任何牌力。福尔维奥无心恋战，直接用5♣封局。

22. 1♣–1♠后的发展

1♣–1♠应叫人表示0–9点无高花，或10–12点均型无高花，或10+点持牌4405。

这个局势没有高花配合（少见的持牌4405除外），目标被锁定到无将和低花。开叫人首先显示是否均型牌，如果非均型则区分牌力。后续叫牌始终围绕高花强度和低花长度展开。根据这一思路我们把开叫人的再叫分为均型、低限非均型、限制性高限（18–20点）非均型和强牌（21+点）非均型四种类型。

均型

开叫人持均型时有三个叫品：

1♣–1♠–?

1NT	15–18点均型
2NT	19–20点均型
2♥	23+点均型

其中1♣–1♠–2♥是多义的，还包含其他类型的牌，以后一并讨论。我们先介绍开叫人再叫无将后的发展。

1♣–1♠–1NT–?

2m	5+m弱牌
2M	薄弱M试探
2NT	邀请（8–9点）
3♣	10+点持牌4405
3♦	6+♦邀请
3M	所叫单缺，低花54以上，逼局

我们看到，应叫人持弱牌可以不叫，或直接叫出低花。如果想邀请，可以在二阶叫便宜的薄弱高花，或者叫2NT。当然，如果可以打3NT，就直接进局。跳叫3♣表示10+点持牌4405，而跳叫3♦却是自然地描述6+♦邀请的牌，要注意它们"不对称"的区别。跳叫高花逼局，显示单缺并保证低花54以上。

1♣-1♠-1NT-?

♠ T6
♥ T98
♦ T5
♣ JT5432

叫2♣。在没有高花定约的进程里已经用不上重询或接力了，2♣是弱牌停叫。

♠ 85
♥ AT8
♦ T84
♣ A7652

叫2♠。薄弱♠试探，因为总是叫便宜的薄弱高花，所以2♠通常（但不保证）♥有挡。

♠ J96
♥ T5
♦ AKT94
♣ 962

叫2♥。薄弱♥试探，不能确定♠挡张情况。

显示薄弱高花可以试探挡张，但同时也暴露了牌情。开叫人再叫1NT能一定程度保证高花张数，是否用薄弱高花试探取决于整体牌力和牌手的风格。通常情况下，邀请牌力是试探的典型情形，"弱双张"也是个参考标准：

1♣-1♠-1NT-?

♠ 852
♥ A32
♦ K6543
♣ KT

叫3NT。不要叫2♠，双方都是均型时，3张小牌不要吭声。

| ♠ A98
♥ T84
♦ KJ965
♣ 84 | 叫2NT。同样的道理，也是你我都很愿意的选择。 |

| ♠ QJ6
♥ 92
♦ AKJ5
♣ T765 | 叫3NT。克劳迪奥在牌力充足时隐藏了高花弱双张。 |

| ♠ T2
♥ A7
♦ KJT93
♣ Q875 | 叫3NT。薄弱♠和短♥，克劳迪奥有点离谱了，但是为什么不呢？ |

| ♠ 654
♥ 842
♦ K2
♣ AKJ52 | 叫3NT。克劳迪奥觉得他没有薄弱高花。 |

现在来看开叫人持均型限制性高限（19-20点）的情形：

1♣-1♠-2NT-?

3m　　弱牌

3M　　M单缺

4m　　所叫花色温和满贯

4♥　　设定♣，后续叫牌同2NT-4♥（见第67节）

4♠　　设定♦

我们看到，1♣-1♠-1NT/2NT后应叫人叫三阶高花都是显示单缺，但1♣-1♠-1NT-3♥/♠保证低花54以上，而1♣-1♠-2NT-3♥/♠并没有这样的保证。

22. 1♣-1♠后发展 | 103

Fantoni
♠ 64
♥ K4
♦ K96543
♣ J54

Nunes
♠ KJT8
♥ J96
♦ AJT
♣ KQ2

西	北	东	南
—	—	—	1♣
—	1♠	—	1N
—	3♦	—	—
—			

北家显示6+♦邀请恰如其分，如果他的♣和♦互换，就只能叫薄弱高花2♠试探，因为跳叫3♣是持牌4405。

Fantoni
♠ 732
♥
♦ T973
♣ AKJ543

Nunes
♠ AQ9
♥ QT3
♦ AQJ85
♣ 72

西	北	东	南
—	—	—	1♣
—	1♠	—	1N
—	3♥	—	5♦
—			

北家跳叫3♥表示♥单缺，低花54以上，并且逼局。显然北家的牌不会超过9点，所以南家直接用低花进局。

Fantoni
♠ AJ96
♥ AJ74
♦ AK8
♣ K5

Nunes
♠ 7
♥ T83
♦ 932
♣ AQJ843

西	北	东	南
—	1♣	—	1♠
—	2N	—	3♠
X	3N	—	—
—			

如果进程是1♣-1♠-1NT-3♠，应叫人表示♠单缺，低花54以上。但牌例中是1♣-1♠-2NT-3♠，南家只表示♠单缺，并不承诺低花54，要注意它们的区别。

```
                    第9届欧洲冠军杯决赛
                         Drijver
                         ♠ KQT4
     南北有局             ♥ J632
                         ♦ —
                         ♣ 97532
     Fantoni                              Nunes
     ♠ 62                                 ♠ A83
     ♥ 84                  N              ♥ AQT7
     ♦ AKQT962          W     E           ♦ 85
     ♣ T8                  S              ♣ AKQ4
                         Brink
                         ♠ J975
                         ♥ K95
                         ♦ J743
                         ♣ J6
```

西	北	东	南
—	—	1♣	—
1♠	—	2N	—
4♠	X	XX	—
4N	—	5♦	—
6♦	—	—	—

结果：东6♦做成。另一桌：西3NT超三。

4♠：设定♦。强满贯兴趣，并且能让强牌一方成为庄家。

再加倍：♠有第一轮控制。

4NT：特博，偶数关键张。

5♦：示弱，暗示♦支持不好。不可能关键张不足。

6♦：止叫。

低限非均型

开叫人持低限（14-17点）非均型牌时，如果没有4+♦，就叫2♣。它表示低限5+♣4M或低限单套。2♣没有包含4441型，所以保证了至少5张♣，这点认识十分重要。后续叫如下：

1♣-1♠-2♣-?

2♦	6+♦弱牌
2♥	薄弱♥试探
2♠	薄弱♠试探
	10+点持牌4405
2NT	邀请
3♣	邀请
3♦	6+♦邀请

Fantoni
♠ T5
♥ 643
♦ AKQ9653
♣ 5

Nunes
♠ AQ87
♥ AQ5
♦ T
♣ A9863

西	北	东	南
		–	1♣
–	1♠	–	2♣
–	2♥	–	2N
–	3N	–	–

福尔维奥持7张坚固♦叫1♠十分有趣，在南家显示低限♣套后用2♥做薄弱高花试探，但他无法再试探♠，直接3NT进局。

Fantoni
♠ T8
♥ 863
♦ A6
♣ AKQJT3

Nunes
♠ 5
♥ KQ2
♦ QJT932
♣ 974

西	北	东	南
—	1♣	—	1♠
—	2♣	2♠	X
4♠	5♣	—	—
—			

北家不够8个赢墩，不能跳叫3♣。南家的加倍是技术性的，至少邀请的牌力。福尔维奥尝试5♣，由于♦K位置不利，定约宕一。

如果开叫人持低限非均型，并且有4+♦，就叫2♦。它表示4+♣4+♦，包括持牌4144。特别地，18-20点持牌4144也是叫2♦。下面是它的后续叫：

1♣-1♠-2♦-?

2♥　　薄弱♥试探

2♠　　薄弱♠试探

　　　10+点持牌4405

2NT　 邀请（8-9点）

3♣　　7点以下

3♦　　7点以下

我们看到一个违背常规的现象：虽然1♣-1♠-2♦是个逆叫进程，但没有承诺附加牌力。而且开叫人持牌4144时，牌力宽幅达到7点（14-20点）。这导致两个问题：

定约安全吗？

14-20点的宽幅牌力如何试探成局？

第一个问题可以从两方面看：一是开叫人显示了非均型的双低花，而应叫人至少7张低花，叫到三阶非常安全。另外一方面，你们两个牌力都不高，而且一个双低花，另一个无高花，难道还指望对手沉默吗？事实上，你完成这个逆叫进程的可能性并不大。

第二个问题就复杂些，18-20点持牌4144并不像实际点力体现得那么强大，打3NT对方至少9张♥，打低花成局你要有更高的点力，体系认为18-20点持牌4144并不比14-17点的5♣4♦实力强多少，把它们放在一起并不会委屈高限牌值，而且出现的概率不大。

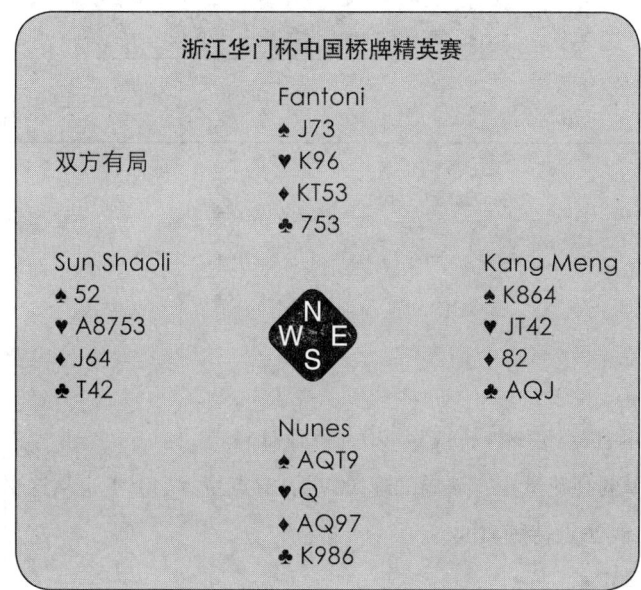

西	北	东	南
—	—	—	1♣
—	1♠	—	2♦
—	—	X	—
2♥	3♦	—	—
—			

结果：南3♦超二。另一桌：北4♦做成。

虽然同伴可能拿着高限（18-20点）持牌4144，但概率不大。福尔维奥放过同伴的2♦。退一步讲，即使南家真拿高限持牌4144，3NT依然有一番磨难。

下面的牌例西家果真拿着18-20点的牌，但并不影响东西叫到满贯：

```
       Nunes                    Fantoni
       ♠ AKT6          N        ♠ Q5
       ♥ 7          W     E     ♥ QJ6
       ♦ AKQ4          S        ♦ JT9863
       ♣ QJ72                   ♣ A6
```

西	北	东	南
1♣	—	1♠	—
2♦	—	2♠	—
3♠	—	4♦	—
4♥	—	5♣	—
6♦	—	—	—

2♦：14-17点5+♣♦，或14-20点持牌4144。

2♠：薄弱高花试探，逼局的牌（包括10+点持牌4405）也从这里起步。

3♠：18-20点持牌4144。

4♦：设定♦。

4♥：扣叫。

5♣：越过♠的特博，奇数关键张。

6♦：止叫。

限制性高限（18-20点）非均型

1♣-1♠-2♠是个多义叫品，但是牌力被限制在18-20精准的范围。它包含三种类型的牌：

18-20点6+♣

18-20点54型

18-20点持牌4414

应叫人如果是弱牌，可以用3♣或3♦建议停叫。如果持6+点逼局的牌，有两条途径发展叫牌：

1♣–1♠–2♠–?

对低花定约感兴趣　　　　叫2NT接力

对低花定约不感兴趣　　　叫较好的高花3♥/♠

应叫人叫2NT是逼局的接力，也是♦的支持问叫。接力后的发展见本节末表22。

强牌（21+点）非均型

1♣–1♠–2♥是个多义的叫品，但是牌力均在21点以上。它包含了23+点均型和另外三种非均型牌：

23+点均型

21+点54型

21+点6+♣

21+点4441型

应叫人如果持0-2点的弱牌，可以按照持有的♣张数选择停叫方式：

1♣–1♠–2♥–?

2NT　　　3-5张♣弱牌

3♣　　　 2张♣弱牌

3♦　　　 ♣单缺弱牌

应叫人持逼局牌必须用2♠接力，以便开叫人澄清是23+点均型还是21+点非均型，如果是后者，接力演变为♦的支持问叫。接力后的发展见本节末表22。

```
                    2007年斯平果尔德杯
                       Fantoni
                       ♠ 832
    南北有局             ♥ T2
                       ♦ QJ76
                       ♣ AT96
     Jie                              Zhong
     ♠ 9765                           ♠ JT4
     ♥ 97          N                  ♥ Q8654
     ♦ T9543     W   E                ♦ K8
     ♣ Q5          S                  ♣ 872
                       Nunes
                       ♠ AKQ
                       ♥ AKJ3
                       ♦ A2
                       ♣ KJ43
```

西	北	东	南
–	–	–	1♣
–	1♠	–	2♥
–	2♠	–	3N
–	4N	–	6♣
–	–	–	

结果：南6♣做成。另一桌：南4♥超一。

南家叫2♥显示21+点的多种牌，在同伴接力后南家叫3NT确认为25-26点均型。面对同伴的精确牌力，北家的4NT不是示量邀请而是低花44以上的满贯选择，南家选择了6♣。

总结

1♣–1♠进程否认了高花配合，后续发展必然颠覆常规的观念。比如在无将后平叫低花是自然示弱，而不是重询。1♣–1♠–2♦也不需要额外牌力，但比常规的逆叫更加安全。

显示过无高花的应叫人只有叫二阶高花才是薄弱高花，应叫人三阶高花和开叫人的任意阶次的高花都不是薄弱高花。

1♣–1♠后开叫人的二阶花色再叫都是多义的，接力后的发展需要深刻理解和适度记忆。

叫品结构表

表22　1♣–1♠后的发展

1♣–1♠						
						0-9点无高花
						10-12点均型无高花
						10+点持牌4405
	1NT					15-18点均型
						14-17点持牌4414
		2♣				5+♣弱牌
		2♦				5+♦弱牌
		2♥				薄弱♥试探
		2♠				薄弱♠试探，♥有挡
		2NT				邀请（8-9点）
		3♣				10+点持牌4405
		3♦				6+♦邀请
		3♥				所叫单缺，低花54以上，逼局
		3♠				所叫单缺，低花54以上，逼局
	2♣					14-17点5+♣4M
						14-17点♣单套
		2♦				6+♦弱牌

		2♥			薄弱♥试探
		2♠			薄弱♠试探
					10+点持牌4405
		2NT			邀请
		3♣			邀请
		3♦			6+♦邀请
	2♦				14-17点5+♣4♦
					14-20点持牌4144
		2♥			薄弱♥试探
		2♠			薄弱♠试探
					10+点持牌4405
		2NT			邀请（8-9点）
		3♣			7点以下
		3♦			7点以下
	2♥				23+点均型
					21+点54型
					21+点6+♣
					21+点4441型
	2♠				接力，4+点逼局
			2NT		23-24点均型或27+点均型
				3♣	5+♣
				3♦	5+♦
				3♥	♥单缺
				3♠	♠单缺
			3♣		0-2张♦
					持牌2236

						意义
				3♦		接力问♣长度
					3♥	5张♣
					3♠	6+♣
					3NT	持牌4414
					4♣	持牌2236
				3♥		较好的高花
				3♠		较好的高花
			3♦			4张♦
				3♥		较好的高花
				3♠		较好的高花
				3♥		♥单缺，3张♦
				3♠		♠单缺，3张♦
			3NT			25-26点均型
		2NT				3-5张♣弱牌
		3♣				2张♣弱牌
		3♦				♣单缺弱牌
	2♠					18-20点6+♣
						18-20点54型
						18-20点持牌4414
		2NT				接力，♦的支持问叫，逼局（6+点）
			3♣			0-2张♦
			3♦			接力问♣长度
				3♥		5张♣
				3♠		6+♣
				3NT		持牌4414

						含义
				3♥		较好的高花
				3♠		较好的高花
			3♦			4张♦
				3♥		较好的高花
				3♠		较好的高花
			3♥			♥单缺，3张♦
			3♠			♠单缺，3张♦
			3NT			持牌2236
		3♣				弱牌
		3♦				6+♦弱牌，0-2张♣
		3♥				较好的高花，逼局
		3♠				较好的高花，逼局
	2NT					19-20点均型
		3♣				弱牌
		3♦				弱牌
		3♥				♥单缺
		3♠				♠单缺
		4♣				所叫花色温和满贯
		4♦				所叫花色温和满贯
		4♥				设定♣
		4♠				设定♦
	3♣					8-10个赢墩独立♣，有花色无挡
		3♦				17-20点6♣4♦

23. 1♣–1NT后的发展

1♣–1NT应叫人显示逼局实力，包含两类牌：10+点均型或13+点4441型。

按照你已经熟悉的理念，开叫人的再叫首先显示是否均型，非均型时区分牌力。开叫人持4441型和均型牌等同处理。我们把开叫人的再叫分为均型和4441型、低限非均型、高限非均型和特定的64型四种类型。

均型和4441型

1♣–1NT–?

开叫人所有的均型和4441型一律先叫2♣，这是人为叫品。后续应叫人首先显示牌力：叫人为叫品2♦表示高限（13+点），其他叫品描述低限（10-12点）牌：

1♣–1NT–2♣–?

2♦	高限（13+点）
2♥	低限（10-12点）4张♥
2♠	低限4张♠
2NT	低限，否认4M，否认5m
3♣	低限5♣332型
3♦	低限5♦332型

应叫人在描述低限牌时否认了4441型，因为10-12点的4441型不会应叫1NT。

```
Fantoni
♠ J8
♥ KQ84
♦ Q654
♣ Q52

Nunes
♠ AKQ4
♥ 53
♦ AK9
♣ JT86
```

西	北	东	南
			1♣
—	1N	—	2♣
—	2♥	—	2♠
—	2N	—	3N
—			

北家显示低限4张♥，否认了4441型。因为北家仍然可能有4张♠，所以南家继续叫自然的2♠，确认没有配合后打3NT。

1♣–1NT–2♣后应叫人如果持高限（13+点）牌力，必须使用人为叫品2♦，可能是4441型。后续开叫人首先显示牌力：叫人为叫品2NT表示高限（18+点），其他叫品描述低限（15–17点）牌。开叫人可能是4441型，但不影响描述，低限持牌4414时叫2♥。

1♣–1NT–2♣–2♦–?

2♥　　低限（15–17点）4张♥

2♠　　低限4张♠

2NT　高限（18+点）

3♣　　低限5张♣

3♦　　低限5张♦

3♥　　低限持牌2344

3♠　　低限持牌3244

3NT　低限，持牌33（43）

上述的局势联手至少有28点，3NT定约多半能打成。关注的焦点是在开叫人显示低限时是否有满贯，这需要应叫人从牌值、配合情况、概率等多方面考量后作出判断。

Fantoni
♠ A72
♥ 95
♦ AQ5
♣ QJ832

Nunes
♠ KQ95
♥ AKT4
♦ T8
♣ A65

西	北	东	南
			1♣
—	1N	—	2♣
—	2♦	—	2♥
—	3♣	—	3♥
—	3N	—	—

北家显示13+点，可能4441型。南叫2♥描述低限（15-17点）4张♥，可能还有4张♠。对于联手实力逼近满贯的局势，北家应该展示他的5张套。南家扣叫3♥显示♣配合。现在北家可以示弱了，最终停在3NT。

Nunes
♠ KQJ
♥ JT7
♦ 86
♣ AKQJ6

Fantoni
♠ A9
♥ KQ85
♦ AJT9
♣ 943

西	北	东	南
			—
1♣	—	1N	—
2♣	—	2♦	—
3♣	—	3N	—
—			

东家用人为叫品2♦显示13+点，西低限（15-17点），描述他的5332型。联手临界满贯的实力，叫与不叫都在情理之中。实战中两桌都打成3NT超三，错失了满贯。

1♣-1NT-2♣-2♦后开叫人如果持高限（18+点）牌力，必须使用人为叫品2NT，可能是4441型。后续应叫人叫3♣是接力问4张以上套，有满贯兴趣，开叫人叫最便宜的4张套或在四阶显示5张套：

1♣-1NT-2♣-2♦-2NT-?

3♣	问4张套
3♦	4张♦
3♥	4张♥
3♠	4张♠
3NT	4张♣
4♣	5张♣
4♦	5张♦
3♦	5张♦
3♥	5张♣

上述局势联手最少31点，双方的牌力均无上限。所以双方在寻找配合的过程中需要伺机表明是否有额外牌力，这不是一件容易的事：

Fantoni
♠ J5
♥ KQJ
♦ A542
♣ AK75

Nunes
♠ A963
♥ A83
♦ KQT
♣ Q93

西	北	东	南
—	1♣	—	1N
—	2♣	—	2♦
—	2N	—	3♣
—	3♦	—	3♠
—	3N	—	6N
—	—		

在确认无配合后，北家叫3NT表示低限（18-19点），20+点要用更高的无将显示（同伴无上限）。

低限非均型

如果开叫人持非均型牌,首先显示牌力:高限(18+点)叫人为叫品2♦,其他叫品自然地描述低限(14-17点)牌:

1♣–1NT–?

2♦		高限(18+点)非均型
2♥		低限(14-17点)5+♣4♥,后续2NT=DAG
2♠		低限5+♣4♠,后续2NT=DAG
2NT		低限5+♣4♦
	3♣	接力问单缺
	3♦	♥单缺
	3♥	♠单缺
	3♠	64型
	3NT	5422型
3♣		低限单套♣
	3♦	接力问单缺
	3♥	♦单缺或无单缺
	3♠	♥单缺
	3NT	♠单缺

1♣–1NT–2♥/2♠开叫人明确表示双色套,从而形成DAG局势。

```
Fantoni
♠ Q
♥ AK82
♦ QJ
♣ KQJ762

Nunes
♠ A72
♥ J43
♦ A843
♣ A54
```

西	北	东	南
—	1♣	—	1N
—	2♥	—	2N
—	3♠	—	4♣
—	4♥	—	4♠
—	4N	—	6♣
—	—	—	

2♥：低限（14-17点）5+♣4♥。♠Q做减值处理。

2N：DAG。

3♠：高限64型。

4♣：设定♣。

4♥：扣叫，否认♦控制。

4♠：扣叫。

4N：特博，偶数关键张。

6♣：联手最多30点，小满贯已十分进取。

如果高花已经配合，因为有"低限3NT"装置，通常不使用DAG。尽快显示配合和封锁信息更为重要。

23. 1♣-1NT后的发展

Fantoni
- ♠ AJ76
- ♥ KQ75
- ♦ 974
- ♣ Q7

Nunes
- ♠ QT
- ♥ AJ63
- ♦ AK
- ♣ JT654

西	北	东	南
–	–	–	1♣
–	1N	–	2♥
–	3♥	–	3N
–	4♥	–	–
–			

南家显示低限（14-17点）5+♣4♥。虽然已经形成DAG局势，但北家看到♥已经配合，决定不使用DAG，直接设定将牌。南家叫3NT表示二次低限（14-15点），南做庄4♥前并没有暴露太多信息。

Nunes
- ♠ K2
- ♥ KT
- ♦ K8
- ♣ AT87542

Fantoni
- ♠ AJ98
- ♥ AQJ9
- ♦ AT5
- ♣ J3

西	北	东	南
–	1♣	–	1N
–	3♣	–	4♣
–	4♦	–	4♥
–	4♠	–	5♦
–	6♣	–	–
–			

在这种进程里，北家跳叫3♣既不是强牌也不表示♣强度，只显示低限（14-17点）单套。南家直接设定♣比接力问单缺更为明确，况且同伴哪门花色单缺区别不大。

高限非均型

1♣-1NT后开叫人如果持高限（18+点）非均型牌，必须叫人为叫品2♦（特定的64型除外）。后续应叫人叫2♥是接力，答叫见本节末表23。

Fantoni
♠ KJ3
♥ KT53
♦ KQJ2
♣ 95

Nunes
♠ Q975
♥ AJ
♦ A3
♣ AKJ62

西	北	东	南
			1♣
—	1N	—	2♦
—	2♥	—	2♠
—	2N	—	3♣
—	3♦	—	3N
—	6N		

2♦：高限（18+点）非均型。

2♥：接力。

2♠：4张♠。

2N：DAG。

3♣：高限（21+点）54型（实际只有19点，应该叫3NT）。

3♦：接力问单缺。

3N：21-22点5422型。

6NT：止叫。

特定的64型

1♣-1NT-?

3♦	17-20点，6♣4♦
3♥	17-20点，6♣4♥
3♠	17-20点，6♣4♠

开叫人跳叫新花表示限制性高限（17-20点）的64型。在这种局势下，应叫人通常十分激进地越过3NT，所以要求开叫人的点值完全有效，适合进攻。我们看一个牌例：

1♣–1NT–?

♠ 6
♥ K2
♦ AQ94
♣ AK9753

虽然只有16点，但是很"干净"，完全可以进取地跳叫3♦。

现在稍微调整一下牌：

♠ J6
♥ K
♦ AQ94
♣ AK9753

不好的17点不能跳叫3♦，以防止同伴越过3NT。只能叫2NT表示低限5+♣4♦。

请看四手牌：

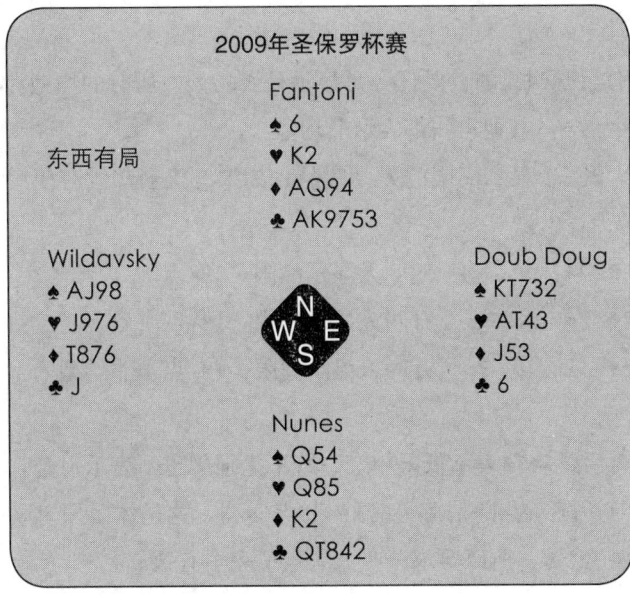

西	北	东	南
–	–	–	–
–	1♣	–	1N
–	3♦	–	4♣
–	4♦	–	4N
–	5♣	–	–
–			

结果：北5♣做成。另一桌：北5♣做成。

当解说员还在3NT与低花定约之间游离的时候，克劳迪奥已经毫不犹豫地设定♣，在验证关键张后停在5♣。如果北家的牌换成上述第二手牌，就应该打3NT定约。

总结

1♣–1NT后开叫人的首要任务是显示是否均型，所有的均型和4441型都先叫人为叫品2♣。其他再叫都表示非均型。

记住以下三个显示高限的人为叫品，如果有机会却没有使用该叫品，则为低限牌力：

1NT-2♣-2♦	应叫人显示高限（13+点）
1NT-2♣-2♦-2NT	开叫人显示高限（18+点）
1NT-2♦	开叫人显示高限（18+点）非均型

1♣–1NT后跳叫3表示低限单套，既不是强牌也不表示强套。
1♣–1NT后跳新花则是特定的17–20点64型。这是体系探讨联手28点左右满贯的秘密武器，所以要求开叫人的点值完全有效。

考验默契

下面一副牌例福尔维奥把6322型处理成均型，前提是他知道设定♣时依然能得到默契。

```
       希腊群岛节罗德岛团体赛
                Fantoni
                ♠ QT
   东西有局      ♥ KQ
                ♦ AQ4
                ♣ AQJ654

   Papakyriac              Manolas
   ♠ A8642                 ♠ 973
   ♥ T862                  ♥ J43
   ♦ 3                     ♦ T8765
   ♣ 987                   ♣ KT

                Nunes
                ♠ KJ5
                ♥ A975
                ♦ KJ92
                ♣ 32
```

西	北	东	南
	1♣	−	1N
−	2♣	−	2♥
−	3♣	−	3N
−	4♣	−	4♦
−	4♥	−	4♠
X	4N	−	−
−			

结果：南4NT超一。另一桌：北6NT宕一。

2♣：均型或4441型。均型和分散的牌点让西家做出这样的决定。

2♥：低限（10-12点）4张♥，同时否认了4441型。

3♣：5+♣，暗示满贯兴趣。

3NT：♣没有配合。

4♣：设定♣。

4♦：响应性扣叫。同伴均型牌设定♣很奇怪，应该是6322型。

4♥：扣叫。

4♠：扣叫。

4NT：特博，偶数关键张。

南不叫：关键张不足，顺势停叫。

叫品结构表

表23　1♣–1NT后的发展

1♣–1NT						
						10+点均型
						13+点4441型
	2♣					均型
						4441型
		2♦				高限（13+点）
			2♥			低限（15-17点）4张♥
			2♠			低限4张♠
			2NT			高限（18+点）
				3♣		问4张套
					3♦	4张♦
					3♥	4张♥
					3♠	4张♠
					3NT	4张♣
					4♣	5张♣
					4♦	5张♦
				3♦		5张♦
				3♥		5张♣

				3♣		低限5张♣
				3♦		低限5张♦
				3♥		低限持牌2344
				3♠		低限持牌3244
				3NT		低限持牌33（43）
		2♥				低限（10-12点）4张♥
		2♠				低限4张♠
		2NT				低限，否认4M，否认5m
		3♣				低限5♣332型
		3♦				低限5♦332型
	2♦					18+点54型
						18+点单套
						21+点64型
		2♥				接力
			2♠			5+♣4♠，后续2NT=DAG
			2NT			5+♣4♦
				3♣		接力问单缺
					3♦	♥单缺
					3♥	♠单缺
					3♠	64型
					3NT	18-20点5422型
				3♣		♣单套
					3♦	接力问单缺
					3♥	♦单缺或无单缺
					3♠	♥单缺
					3NT	♠单缺

			3♦		♥套♦单缺
			3♥		♥套♠单缺
			3♠		6+♣4♥
			3NT		18-20点,5♣4♥22型
	2♥				低限（14-17点）5+♣4♥，后续2NT=DAG
	2♠				低限5+♣4♠，后续2NT=DAG
	2NT				低限5+♣4♦
		3♣			接力问单缺
			3♦		♥单缺
			3♥		♠单缺
			3♠		64型
			3NT		5422型
3♣					低限单套♣
		3♦			接力问单缺
			3♥		♦单缺或无单缺
			3♠		♥单缺
			3NT		♠单缺
	3♦				17-20点，6♣4♦
	3♥				17-20点，6♣4♥
	3♠				17-20点，6♣4♠

24. 1♣–2♣后的发展

1♣–2♣是转移性叫品，应叫人表示10+点，非均型5+♦逼局。

为什么二盖一要使用转移性叫品？为了回答这个问题，我们先看一副牌例：

```
            2009年圣保罗杯赛
                Dalal
                ♠ Q8752
南北有局         ♥ 9
                ♦ KT987
                ♣ 62

Nunes                        Fantoni
♠ K4          N              ♠ AT3
♥ KQ65      W   E            ♥ AJT8
♦ AQJ43       S              ♦ —
♣ 95                         ♣ KT8743

                Gupta
                ♠ J96
                ♥ 7432
                ♦ 652
                ♣ AQJ
```

西	北	东	南
		1♣	—
2♦	—	3♣	—
3N	—	—	—

结果：西3NT宕二。另一桌：东4♥超一。

早期体系在1♣开叫后二盖一应叫是自然的，在2♦后回答2♥是模糊的叫品：表示均型或♥套。东家现在面临猜断，是选择模糊的2♥还是选择了更为明确的3♣？他最终选择了后者。而西家在3♣后如果叫3♥只是半实叫，可能在寻找♠的挡张，这种情况下，叫3NT是明智的选择。结果正像你看到的一样，东西损失了11IMP。

如果使用转移性二盖一，既可以在二阶显示♥套，也不会埋没6张♣，叫牌过程将是：

西	北	东	南
		1♣	—
2♣	—	2♥	—
2N	—	3♥	—
4♥	—	—	—

2♣：10+点，非均型5+♦逼局。
2♥：5+♣4♥，因为现在可以叫2♦表示均型牌，所以2♥是自然叫。
2N：DAG。
3♥：低限64型。
4♥：止叫。

我们看到，转移性二盖一多了一个宝贵的空间显示均型，使得应叫方可以自然地在二阶叫出高花，并能使用高效的工具DAG。

开叫人的再叫

开叫人持均型，无论♦是否支持，都要叫2♦。如果持非均型，就描述第二套或单套，不必在乎是否还有3张♦。特别地，持6+♣3♦叫2NT。

开叫人持牌4144时和均型牌一样再叫2♦，而不是叫3♦表示4张支持。这样可以保留应叫人在二阶叫♠的机会。开叫人持牌4414时叫2♥。

24. 1♣-2♣后的发展

1♣-2♣-?

- 2♦   均型

  持牌4144

- 2♥   5+♣4♥，后续2NT=DAG

  持牌4414

- 2♠   5+♣4♠，后续2NT=DAG

- 2NT   6+♣，3张♦

- 3♣   ♣单套，0-2张♦

- 3♦   5+♣4♦

1♣-2♣-?

♠ J3
♥ KQ32
♦ AT
♣ AQ543

叫2♥。即使你有3张♦依然这么叫。

♠ QJ7
♥ Q
♦ KT72
♣ AKQ43

叫3♦。自然显示5+♣4♦，这一叫品保证5张♣，因为持牌4144叫2♦。

♠ K4
♥ A84
♦ 8
♣ AKJT542

叫3♣。表示没有3张♦的单套♣。

♠ K875
♥ AK
♦ KQ75
♣ 865

叫2♦。均型牌总是叫2♦，不管你♦支持多好。

开叫人持均型牌

你是开叫人并且持均型牌，无论♦有多好的支持都要叫2♦，这是个人为叫品。另外，持牌4144也是叫2♦。由于叫品还处于较低阶次，同伴可以做准确描述，后续叫牌由你主导：

1♣-2♣-2♦-?

2♥		5♦4♥，后续2NT=DAG
2♠		5♦4♠，后续2NT=DAG
2NT		高限（13+点）5♦4♣
	3♣	接力问单缺
		3♦ 无单缺
		3♥ ♥单缺
		3♠ ♠单缺
3♣		低限（10-12点）5♦4♣
	3♦	接力问单缺
		3♥ ♥单缺
		3♠ ♠单缺
		3NT 持牌2254
3♦		单套

```
        （同伴）              （你）
        ♠ AT6                ♠ K875
        ♥ 8                  ♥ AK
        ♦ AJ862              ♦ KQ75
        ♣ AT74               ♣ 865
```

西	北	东	南
—	—	1♣	—
2♣	—	2♦	—
2N	—	3♦	—
3♠	—	3N	—

2♦：虽然你知道♦有很好的配合，但是依然要用2♦表示均型，先看看同伴能不能叫出♠套。

2N：高限（13+点）5♦4♣。

3♦：现在你知道♣挡张没有问题，可以直接叫3NT表示低限15-16点保证挡张的牌，也可以选择更进取的3♠问单缺，然后准备打5♦或者6♦定约。当然也可以叫3♦显示你的♦好支持并保留多种可能性。

3♠：半实叫，挡张试探或提前扣叫。

3N：你可以很安心地叫3NT表示保证挡张的低限牌，同伴有附加牌力会继续叫牌。

（同伴）
♠ AQ53
♥ K
♦ KJ976
♣ 842

（你）
♠ KJT
♥ J5
♦ A32
♣ AKQJ9

西	北	东	南
			1♣
—	2♣	—	2♦
—	2♠	—	2N
—	3♣	—	3♦
—	3♠	—	4♣
—	4♠	—	5♦
—	6♣	—	—
—			

2♦：你的低花很好，对高花没兴趣，高限牌力，但是仍然属于均型牌。于是你叫2♦。

2♠：4张♠，牌力不明。

2NT：♠点力升值，低花满贯呼之欲出。于是你用DAG接力获取更多的信息。

3♣：高限54型。

3♦：同伴高限，如果不缺控制，一定有满贯，于是叫3♦继续接力问单缺。

3♠：♥单缺。

4♣：同伴至少3张♣，于是你选择更强的将牌，设定♣。

4♠：扣叫。

5♦：特博，奇数关键张。

6♣：止叫。

上面的牌例如果不使用转移性的二盖一，根本无暇寻找♣配合，从而叫不到概率更大的6♣定约。下面是福尔维奥和克劳迪奥在实战中的叫牌过程（西家持♦Qx自动跌落，6♦做成）：

西	北	东	南
			1♣
—	2♦	—	2♥
—	3♣	—	4♣
—	4♥	—	4♠
—	4N	—	5♣
—	5♠	—	6♦
—			

设计团队一直到2014年才完善1♣开叫后的转移性二盖一体系，并开始非常少量地在实战中试用。迄今为止，还未大规模地在正式比赛中使用。即便如此，我们采用的牌例依然是福尔维奥和克劳迪奥的实战牌例，只是叫牌过程做了改动。本书也只有在1♣后二盖一应叫的牌例做这种改动，其他牌例的叫牌都与实战一致。

开叫人持非均型牌

你是开叫人并且持非均型牌，因为2♦表示所有的均型牌和持牌4144，所以其他叫品都表示非均型或持牌4414。

1♣-2♣-?

2♥   5+♣4♥，后续2NT=DAG

                             持牌4414

2♠		5+♣4♠，后续2NT=DAG
2NT		6+♣，3张♦
	3♣	接力问单缺，高限
	3♦	无单缺
	3♥	♥单缺
	3♠	♠单缺
3♣		♣单套，0-2张♦
3♦		5+♣4♦

我们看到，开叫人有空间在二阶显示高花，这意味着应叫人可以使用DAG。2NT以上的叫品主要显示低花，由于叫牌的阶次已经较高，双方很难在某个叫品上直接显示高低限。但是由于已经有很多信息得到了交换，所以有条件在叫牌过程中伺机表示牌力。

西	北	东	南
			—
1♣	—	2♣	—
3♦	—	3♥	—
3N	—	—	

你叫3♦表示不限牌力的5+♣4♦，同伴的♥是半实叫，首先理解成挡张的探查。当然也可能是满贯叫牌的提前扣叫。如果是后者，以后他会突破3NT澄清。所以你叫3NT表示低限♠有挡。如果♠无挡，你可以叫3♠。如果你是高限牌，觉得落脚5♦是安全的，一样可以先叫3♠，在同伴叫牌后再显示你的满贯兴趣。

```
        （同伴）                （你）
        ♠ T87                  ♠ KQ
        ♥ KQJ4      N          ♥ 5
        ♦ AJT52   W   E        ♦ KQ3
        ♣ Q         S          ♣ AKJ9642
```

西	北	东	南
-	-	1♣	-
2♣	-	2N	-
3♣	-	3♥	-
5♦	-	-	-

你在同伴转移性二盖一后叫2NT表示♣单套同时有3张♦支持，同伴用3♣接力表示不错的牌，你回答♥单缺后同伴速达5♦表示牌力大幅减值，于是你也不叫。

总结

1♣–2♣后开叫人持均型牌一律叫人为叫品2♦，其他叫品均是非均型。持牌4144和均型一样处理，叫2♦；持牌4414和非均型一样处理，叫2♥。因此1♣–2♣–2♦开叫人保证至少2张♦，同伴可能很需要这一信息。

1♣–2♣–2NT表示有3张♦的单套，以后可以看到，在转移性二盖一后，开叫人再叫2NT通常表示对应叫人花色的3张支持。

1♣–2♣后无论是开叫方还是应叫方都能从容地在二阶叫出高花，从而在需要的时候使用DAG。

叫品结构表

表24　1♣–2♣后的发展

1♣–2♣						10+点，非均型5+♦逼局
	2♦					均型
						持牌4144
		2♥				4张♥，后续2NT=DAG
		2♠				4张♠，后续2NT=DAG
		2NT				高限（13+点）5♦4♣
			3♣			接力问单缺
				3♦		无单缺
				3♥		♥单缺
				3♠		♠单缺
			3♦			低限（10-12点）5♦4♣
				3♦		接力问单缺
				3♥		♥单缺
				3♠		♠单缺
				3NT		持牌2254
		3♦				单套
	2♥					5+♣4♥，后续2NT=DAG
						持牌4414
	2♠					5+♣4♠，后续2NT=DAG
	2NT					6+♣，3张♦
		3♣				接力问单缺，高限
			3♦			无单缺
			3♥			♥单缺
			3♠			♠单缺
		3♣				♣单套，0-2张♦
		3♦				5+♣4♦

25. 1♣-2♦后的发展

1♣-2♦是转移性叫品，它表示10+点5+♥逼局，非5332型。

1♣开叫后转移性二盖一在应叫人持高花套逼局时更具优势。下面的牌例来自于2012年欧洲团体赛，福尔维奥和克劳迪奥用自然的二盖一错失了满贯：

Fantoni
♠ KQ95
♥ KQ32
♦ AQ3
♣ T3

Nunes
♠ A74
♥ AJ964
♦ KT54
♣ Q

西	北	东	南
	1♣	—	2♥
—	2N	—	3♣
—	3♦	—	3N
—	4♣	—	4♦
—	4♠	—	4N
—	5♦	—	5♥
—	—		

2N：均型。

3♣：高限54型。

3♦：接力。

3N：♦套，不能确认有无单缺。

4♣：设定♥。

4♦：扣叫。

4♠：扣叫。

4N：偶数关键张。

5♦：特意越过♣扣叫，表示♣无控制。

5♥：无法确定同伴5♦含义，低限牌不敢越过5♥。

不叫：可能♣无控制。

如果用转移性二盖一，能找到南家的♣单张，叫牌变得异常轻松：

西	北	东	南
	1♣	—	2♦
—	2♥	—	2N
—	3♣	—	3♦
—	3♥	—	3♠
—	4♦	—	4N
—	6♥	—	—

2♥：均型。尚不能显示♥支持。

2N：高限5♥4m。

3♣：接力问单缺。

3♦：♣单缺，暗示持牌3541。

3♥：设定♥。现在北家知道♣没有废点，牌力大增。

3♠：扣叫。

4♦：越过♣的扣叫，鼓励（没叫低限3N）。

4N：偶数关键张。

6♥：止叫。

我们比较了上述两个叫牌进程，看到转移性二盖一可以把牌叫得更精确，北家对同伴的牌型了如指掌。而使用自然的二盖一存在空间浪费现象，整个过程只能知道南家是高限5♥4♦，其他牌型信息不得而知。

开叫人的再叫

1♣-2♦后开叫人首先显示是否均型，如果非均型则首先显示♥的支持情况，在♥没有支持的情况下描述第二套或单套。

1♣-2♦-?

2♥	均型
2♠	5+♣4♠，后续2NT=DAG
	持牌4144
2NT	3张♥非均型
3♣	6+♣
3♦	5+♣4♦
3♥	5+♣4♥
	持牌4414
3♠	4张♥支持，♠缺门
4♣	4张♥支持，♦缺门

开叫人持均型牌

你是开叫人并且持均型牌，无论什么牌力和有几张♥，都必须叫2♥。反之，只有均型牌你才叫2♥，也就是说4441型不包含在内，所以2♥叫品保证有2张♥。

你一旦叫2♥显示均型，立即成为叫牌的主导人。后续应叫人首先显示6+♥，其次显示4张♠。如果既没有6+♥也没有4张♠，说明是5♥4m的牌，这时首先显示是否高限（13+点），低限时才显示低花套。

1♣-2♦-2♥-?

2♠	5+♥4♠，后续2NT=DAG
2NT	高限（13+点）5♥4m
3♣	接力问单缺
3♦	♣单缺
3♥	♦单缺

	3♠	♠单缺
	3NT	13-15点5♥4m22
3♣		低限（10-12点）5♥4♣
	3♦	接力问单缺
	3♥	♦单缺
	3♠	♠单缺
	3NT	持牌2524
3♦		6+♥
3♥		低限5♥4♦

请注意体系互换了3♥和3♦的含义：应叫人叫3♦表示6+♥，而低限5♥4♦却是叫3♥。应叫人持6+♥时既要关注♥支持情况还有伺机显示高低限，空间少，任务重，所以做了这种处理。

（你）
♠ AKQ2
♥ 54
♦ AQJ8
♣ T98

（同伴）
♠ J976
♥ AKQJ96
♦ KT
♣ Q

西	北	东	南
	1♣	–	2♦
–	2♥	–	3♦
–	3N	–	4♣
X	4♦	–	4N
–	6♥	–	–

2♥：均型。♥的张数不明。

3♦：6+♥，牌力不明。显示6+♥的级别高于显示4张♠。

3N：低限两小张♥。如果♥是双张带大牌或更好叫3♥，高限无支持扣叫新花。

4♣：扣叫，坚持设定♥。

4♦：扣叫，没有再加倍否认♣第一轮控制。

4N：特博，偶数关键张。

6♥：止叫。

(同伴)
♠ AQ6
♥ J9543
♦ Q975
♣ K

(你)
♠ 74
♥ A76
♦ AJ632
♣ AQ8

西	北	东	南
			1♣
–	2♦	–	2♥
–	3♥	–	4♥
–			

当同伴显示低限5♥4♦时，你目标明确，通常不需要太多的叫牌空间来探讨什么。这也是上文提到的3♦和3♥叫品互换的原因之一。

开叫方持非均型牌

你是开叫人并且持非均型牌，首先显示♥支持情况，3张♥叫2NT，4张♥跳叫3♥或显示缺门，如果♥没有支持，才显示你的第二套或单套。持牌4144叫2♠。

1♣–2♦–?

2♠	5+♣4♠，后续2NT=DAG
	持牌4144
2NT	3张♥非均型
3♣	6+♣
3♦	5+♣4♦
3♥	5+♣4♥
	持牌4414
3♠	4张♥支持，♠缺门
4♣	4张♥支持，♦缺门

（你）
♠ AK72
♥ 53
♦ K2
♣ AKT53

（同伴）
♠ T8
♥ KJT94
♦ AT85
♣ Q6

西	北	东	南
	1♣	—	2♦
—	2♠	—	3N
—	—		

当你显示否认支持的5+♣4♠时，同伴不用DAG接力是明智的选择，他直接跳叫3NT表示非常适合打无将的低限牌。

（同伴）
♠ AK82
♥ QT972
♦ KJ93
♣

（你）
♠ 4
♥ AK54
♦ Q87
♣ AQ954

西	北	东	南
			1♣
—	2♦	—	3♥
—	3♠	—	3N
—	4♣	—	4♠
—	5♣	—	6♥
—	—		

你用3♥显示5+♣4♥或持牌4414，在同伴扣叫3♠后使用低限3NT。同伴继续试探并显示奇数关键张，你有3个关键张直接叫上满贯。

（你）
♠ AT62
♥ 8
♦ 843
♣ AKQ82

（同伴）
♠ KJ87
♥ KQ6532
♦ Q5
♣ 4

西	北	东	南
1♣	—	2♦	—
2♠	—	2N	—
3♦	—	4♠	—
—			

你持有非常"干净"的13点和♣坚强套,选择1♣轻开叫。同伴在你显示第二套后用DAG接力,并在你回答低限5431型后直接封局。

总结

1♣–2♦后开叫人首先显示是否均型。无论他♥有多好的支持,只要是均型,一律叫2♥。1♣–2♦–2♥保证至少持有2张♥,后续应叫人首先显示6+♥,其次显示4张♠。如果既没有6+♥也没有4张♠,则显示是否持高限(13+点)5♥4m,低限时才自然叫出低花套。需要特别留意的是1♣–2♦–2♥–3♦表示6+♥,而1♣–2♦–2♥–3♦表示低限5♥4♦。

如果开叫人持非均型牌,首先要显示♥的支持情况。3张♥叫2NT,4张♥跳叫3♥或显示缺门。直接叫出花色显示第二套或单套,但否认支持♥。

单套对单套

当双方都拿着单套牌时,叫牌阶次迅速提高,而你却要同时关注多个问题:

打无将定约的挡张;

同伴的牌力范围;

显示♥的配合情况。

后续的叫牌难度大幅增加,1♣开叫后采用自然的二盖一也会碰到相同的问题。下面的牌例,无论是否使用转移性二盖一,从第三次的叫品开始,以后的叫牌都是一样的:

	（你）		（同伴）
	♠ A96		♠ KQ87
	♥ KQ		♥ A95432
	♦ 73		♦ T65
	♣ AKJ765		♣ —

西	北	东	南
			—
1♣	—	2♦	—
3♣	—	3♥	—
3♠	—	3N	—
4♣	—	4♥	—
—			

3♣：♣单套，否认3张♥。

3♥：6+♥，牌力不明。

3♠：♠无挡或♥配合的扣叫，至于♦的挡张，已经无暇顾及了。

3N：10-15点，♠有挡。16+点采用其他未到局的叫品。

4♣：同伴高限时满贯依然有希望，所以继续扣叫，同时澄清是3♠是♥配合的扣叫。

4♥：低限。

叫品结构表

表25 1♣–2♦后的发展

1♣–2♦					10+点，5+♥逼局，非5332型
	2♥				均型
		2♠			5+♣4♠，后续2NT=DAG
		2NT			高限（13+点）5♥4m
			3♣		接力问单缺
				3♦	♣单缺
				3♥	♦单缺
				3♠	♠单缺
				3NT	13–15点5♥4m22
		3♣			低限（10–12点）5♥4♣
			3♦		接力问单缺
				3♥	♦单缺
				3♠	♠单缺
				3NT	持牌2524
		3♦			6+♥
		3♥			低限5♥4♦
	2♠				5+♣4♠，后续2NT=DAG
					持牌4144
	2NT				3张♥非均型
	3♣				6+♣
	3♦				5+♣4♦
	3♥				5+♣4♥
					持牌4414
	3♠				4张♥支持，♣缺门
	4♣				4张♥支持，♦缺门

26. 1♣–2♥后的发展

1♣–2♥也是转移性叫品，它表示10+点5+♠逼局，非5332型。后续叫牌和1♣–2♦后的发展完全一致。但高花的互换会产生一些细节的改变。

开叫人首先显示是否均型。只要是均型，一律叫2♠。后续应叫人首先显示6+♠，如果没有6+♠，则显示是否持高限（13+点）5♥4x，低限时才自然叫出第二套。

如果开叫人持非均型牌，首先要显示♠的支持情况。3张♠叫2NT，4张♠跳叫3♠或显示缺门（开叫人4441型必然有4张♠）。直接叫出花色显示第二套或单套，但否认支持♠。请看叫品结构表：

表26　1♣–2♥后的发展

1♣–2♥					10+点，5+♠逼局，非5332型
	2♠				均型
		2NT			高限（13+点）54型
			3♣		接力
				3♦	5♠4♦
				3♥	5♠4♥
				3♠	5♠4♣
		3♣			低限（10-12点）5♠4♣
			3♦		接力问单缺
				3♥	♦单缺
				3♠	♥单缺
				3NT	持牌5224

		3♦		6+♠
		3♥		低限5♠4♥
		3♠		低限5♠4♦
	2NT			3张♠非均型
	3♣			♣单套
		3♦		5+♣4♦
		3♥		5+♣4♥
		3♠		5+♣4♠
				4441型
	4♣			4张♠支持，♦缺门
	4♦			4张♠支持，♥缺门

我们看出应叫人持6+♠依然用3♦表示，而不是"转移性"的3♥。作为替代，1♣-2♥-2♠-3♣表示低限5♠4♦。另一个需要留意的是1♣-2♥-2♠-2NT-3♣是接力问第二套（为了寻找另一高花♥配合），而上一节中1♣-2♦-2♥-2NT-3♣是接力问单缺（不需要寻找另一高花♠配合）。

```
（同伴）              （你）
♠ A9875              ♠ Q42
♥ A854      N        ♥ KQ3
♦ 93      W   E      ♦ KQ52
♣ KQ        S        ♣ AT6
```

西	北	东	南
		1♣	—
2♥	—	2♠	—
2N	—	3♣	—
3♥	—	3♠	—
3N	—	4♠	

2♠：均型。

2N：高限（13+点）54型。

3♣：接力问第二套。

3♥：5♠4♥型。

3♠：设定♠。

3N：低限3NT。

4♠：止叫。

（同伴）
♠ KT8763
♥ AT5
♦ A42
♣ 7

（你）
♠ AQJ2
♥ KJ4
♦ KQ63
♣ QT

西	北	东	南
		—	1♣
—	2♥	—	2♠
—	3♦	—	3♥
—	3N	—	4♦
—	4♥	—	4♠
—	5♣	—	5♠
—	6♠	—	—

3♦：6+♠。

3♥：高限，♠可能两小张。

3N：低限3NT。

4♦：继续扣叫表示高限且好支持。

4♥：扣叫。

4♠：示弱。牌值已经充分显示。

5♣：奇数关键张。低限中几乎最好的牌，满贯值得试试。

5♠：继续示弱，防止同伴只有1个关键张。

6♠：3个关键张。

（同伴）
♠ AQ865
♥ KQ3
♦ QJ86
♣ 5

（你）
♠ KT4
♥ A
♦ A42
♣ AKT842

西	北	东	南
			1♣
—	2♥	—	2N
—	3♦	—	3♠
—	4♣	—	4♦
—	4♥	—	4N
—	5♥	—	5N
—	7♠	—	—

2NT：3张♠非均型。

3♦：高花配合，3阶将牌之下都是自然叫。

3♠：设定♠。

4♣：扣叫。

4♦：扣叫。

4♥：扣叫。

4N：偶数关键张，非低限。

5♥：扣叫，鼓励。

5NT：同伴没有关键张不会这么叫牌，显示没有将牌Q的大满贯邀请。

7♠：接受邀请。

27. 1♣–2♠后的发展

1♣–2♠表示10+点非均型5+♣逼局，无高花。

先回顾一下1♣开叫的第一应叫（表2）的某些内容：

1♣–?

1♦　　4+♥多种牌，其中包含10+点5+♣4♥

1♥　　4+♠多种牌，其中包含10+点5+♣4♠

1♠　　无高花多种牌，或10+点持牌4405

从上面叫品的含义可以看出，1♣开叫的弱应叫已经处理了所有的5+♣带4张高花的强牌，所以用♣套强牌作二盖一应叫否认同时持有4张高花。这使得后续叫牌变得异常简单，因为不必考虑高花定约。

开叫人持均型牌时叫2NT，它本身也是接力。唯一的例外是开叫人有5张♦且只有2张♣。为了寻找潜在的♦配合，应该主动放弃叫牌的主导权直接叫3♦。

在开叫人2NT接力后，应叫人5♣4♦时叫3♦，持6+♣时叫3♣表示高限，其他叫品均表示低限。

1♣–2♠–2NT–?

3♣　　高限（13+点）♣单套

3♦　　5♣4♦

3♥　　低限单套（10-12点）♥单缺

3♠　　低限单套♣单缺

3NT　低限6♣322型

开叫人持非均型时只要简单地再叫3♣，后续应叫人可以显示5+♣4♦，再叫三阶高花显示挡张（显示无高花后二阶高花才是薄弱高花）。

（同伴）
♠ J83
♥ AK
♦ 93
♣ AQJT32

（你）
♠ AK62
♥ J3
♦ AQ62
♣ K95

西	北	东	南
		—	1♣
—	2♠	—	2N
—	3♣	—	4♣
—	4♥	—	4♠
—	4N	—	6♣
—	—		

当同伴表示高限单套后，你知道联手已经至少有30点和9张♣，于是你设定♣，通过扣叫和特博叫到满贯。

（你）
♠ AT3
♥ AKQ8
♦ A87
♣ K83

（同伴）
♠ KQ6
♥
♦ 64
♣ QJT76542

西	北	东	南
	1♣	—	2♠
—	2N	—	4♥
	4♠		4N
—	6♣	—	—

同伴跳叫表示♥缺门，之后显示0个关键张。你知道没有将牌A，满足于小满贯。

叫品结构表

表27　1♣–2♠后的发展

1♣–2♠				10+点，非均型5+♣逼局，无高花
	2NT			接力，均型
		3♣		高限（13+点）♣单套
		3♦		5♣4♦
		3♥		低限单套（10-12点）♥单缺
		3♠		低限单套♣单缺
		3NT		低限6♣322型
	3♣			非均型
		3♦		5+♣4♦
		3♥		显示挡张
		3♠		显示挡张
	3♦			均型5张♦，2张♣
		3♥		显示挡张
		3♠		显示挡张
	3♥			持牌4414
	3♠			持牌4144
	4♣			♦缺门
	4♦			♥缺门
	4♥			♠缺门

28. 1♣–2NT后的发展

1♣–2NT表示10+点5M332型。

开叫人通过3♣接力询问同伴的高花套和牌力,接力后开叫人再叫新花都是设定同伴高花的扣叫。

表28　1♣–2NT后的发展

1♣–2NT				10+点,5M332型
	3♣			接力
		3♦		10–12点♥套
		3♥		10–12点♠套
		3♠		13–15点♥套
			4♣	新花是设定同伴高花的扣叫
		3NT		13–15点♠套
		4♣		16+点♥套
		4♦		16+点♠套
	3♦			6+♣,不否认高花兴趣

如果开叫人拿着长♣,用3♣接力后可能无法显示或设定♣套,因为接力后再叫新花都是设定同伴高花的扣叫。所以,如果开叫人觉得有可能打♣定约,就不要使用接力,直接叫3♦表示6+♣。这个叫品并不否认有高花兴趣。请比较:

1♣–2NT–3♣–3♦–4♣　　设定♥的扣叫

1♣–2NT–3♦–3♠–4♣　　设定♣

1♣–2NT–3♦–3♠–4♦　　设定♠的扣叫

28. 1♣-2NT后的发展

Fantoni
- ♠ KT4
- ♥ AKQ6
- ♦ A53
- ♣ K54

Nunes
- ♠ AJ
- ♥ J7532
- ♦ KQ8
- ♣ Q62

西	北	东	南
—	1♣	—	2N
—	3♣	—	3♠
—	4♣	—	4♦
—	4♠	—	5♥
—	6♥	—	—

北家通过接力再叫4♣是设定♥的扣叫。

Fantoni
- ♠ KJ962
- ♥ QJ
- ♦ A63
- ♣ A75

Nunes
- ♠ QT
- ♥ AK3
- ♦ KJ84
- ♣ KT93

西	北	东	南
			1♣
—	2N	—	3♣
—	3N	—	—

南家知道知道同伴持中限♠套后顺势停在3NT。

Nunes
- ♠ AQT93
- ♥ A32
- ♦ Q76
- ♣ Q9

Fantoni
- ♠ K654
- ♥ 85
- ♦ AKJ9
- ♣ AJ2

西	北	东	南
		—	1♣
—	2N	—	3♣
—	3N	—	4♣
—	4♥	X	4♠
—	—		

南家通过接力后叫4♣是设定♠的扣叫，在北家的4♥被加倍后，南家的4♠表示低限并否认♥的第一轮控制。如果南家不叫并在同伴再加倍后叫4♠，表示温和鼓励。

29. 1♣-3x后的发展

1♣-3x表示10-14点55型双色套。每个叫品对应哪两门花色曾经多次调整，通过大量的实战最终形成以下的模式：

1♣-?
- 3♣　　10-14点♣和另一套55型
- 3♦　　10-14点♥♠55型
- 3♥　　10-14点♠♦55型
- 3♠　　10-14点♥♦55型

需要留意的是1♣-3♥表示♠，而1♣-3♠表示♥。高花叫品和实际花色互换在满贯试探时更方便设定将牌并选择有利庄位。

1♣-3♣表示♣和不明的另一套，开叫人可以用3♦接力问另一套，回答3♥/3♠/3NT分别代表♥/♠/♦套。后续开叫人任何成局定约都是止叫。如果有满贯兴趣，必须设定将牌。4♣总是设定♣。如果应叫人明确持有♦套，4♦是设定♦，否则4♦是设定应叫人的高花。

```
Nunes                    Fantoni
♠ KQT632                 ♠ A9
♥ 4                      ♥ A65
♦ J                      ♦ Q76
♣ AT986                  ♣ KQ432
```

西	北	东	南
	—	1♣	—
3♣	—	3♦	—
3♠	—	4♣	—
4♦	—	4♥	—
4♠	—	5♥	—
6♣	—		

29. 1♣-3x后的发展

东家接力后的4♣总是设定♣。在扣叫和特博进程后叫到小满贯。

1♣-3♦表示双高。显然，开叫人叫三阶高花是设定该高花。虽然很少见，但是开叫人叫4♣是设定♣，表示自己是独立长套。

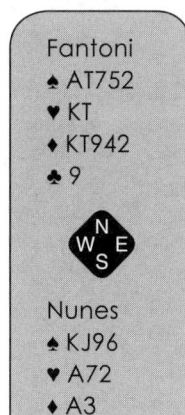

Fantoni
♠ AJT3
♥ 3
♦ AQ8
♣ KJ653

Nunes
♠ Q9764
♥ AQJ95
♦ KT6
♣

西	北	东	南
–	1♣	–	3♦
–	3♠	–	4♣
–	4♦	–	4♥
–	4N	–	5♣
–	6♠	–	–

北家用3♠设定将牌后进入满贯叫牌。当北家显示偶数关键张时，克劳迪奥冒险用5♣做大满贯试探。北家只有两个而不是四个关键张，虽然读出同伴♣缺门，但这只能更糟，及时跳叫6♠结束叫牌。

1♣-3♥表示♠和♦套。由于高花叫品和含义互换，可以顺势用3♠是设定♠。而4♣是设定自己的独立长♣，4♦是设定♦。

Fantoni
♠ AT752
♥ KT
♦ KT942
♣ 9

Nunes
♠ KJ96
♥ A72
♦ A3
♣ AJ82

西	北	东	南
			1♣
–	3♥	–	3♠
–	3N	–	4♣
–	4♦	–	4♥
–	5♣	–	5N
–	6♠	–	–

南家虽然牌力不高，但有极好的控制和4张将牌

支持。在用3♠设定♠后，对同伴的低限3NT视而不见，继续满贯进程。经过扣叫和特博进程后，南家知道同伴有一个关键张。克劳迪奥叫出货真价实的大满贯叫品：5NT（关键张到齐，将牌Q不明）。福尔维奥低限且没有将牌Q，选择了小满贯。

1♣–3♠表示♥和♦套。现在无法在成局以下设定♥，因为4♣是设定开叫人的独立长♣，4♦是设定♦。所以开叫人用4♠表示♠有控制并且设定♥，4NT是设定♥的特博，同时表示♠没有控制。

叫品结构表

表29　1♣-3x后的发展

1♣				14+点5+♣非均型或15+点均型
	3♣			10-14点♣和另一套55型
		3♦		接力问另一套
			3♥	♣♥，后续4♣设定♣，新花设定♥
			3♠	♣♠，后续4♣设定♣，新花设定♠
			3NT	♣♦，后续4♣设定♣，4♦设定♦
	3♦			10-14点♥♠55型
		3♥		设定♥
		3♠		设定♠
		4♣		设定♣
	3♥			10-14点♠♦55型
		3♠		设定♠
		4♣		设定♣
		4♦		设定♦
	3♠			10-14点♥♦55型
		4♣		设定♣
		4♦		设定♦
		4♥		想打
		4♠		设定♥的扣叫
		4NT		设定♥的特博，♠没控制

30. 1♣开叫被干扰后的处理

1♣开叫被干扰的概率超过60%。如何处理是体系的重要组成部分。

1♣被加倍

同伴开叫1♣，遭到你的右手敌方加倍。虽然你受到了干扰，却获得两个额外的叫品：不叫和再加倍。

1♣-（Dble）-Pass：0-5点

持0-5点的牌通常不叫。有时持不好的6-7点且无高花，或者有不好描述的两个特征时也可以不叫，因为你通常还有叫牌机会。

1♣-（Dble）-?

♠ 852
♥ QT62
♦ J82
♣ QJT

不叫。虽然有高花套，但总体牌力不足。

♠ Q87
♥ 52
♦ KT8432
♣ T9

不叫。6张♦以后有机会竞叫，即使多一个J或Q，也可以先不叫。

♠ K7
♥ J732
♦ Q87432
♣ 7

不叫。原本可以显示♥，也可以再加倍，但都不理想。克劳迪奥选择静观其变。

30 1♣开叫被干扰后的处理

1♣-（Dble）-Rdbl：6+点，后续新花不逼叫

再加倍显示6+点牌力，没有上限，但不建立逼叫性不叫进程。应叫人通常均型，但也包括低花套的非均型弱牌和某些54型的强牌。应叫人再加倍后叫新花不逼叫，重开叫时更是如此。

1♣-（Dble）-?

♠ T875
♥ Q97
♦ AK3
♣ J98

叫再加倍。表示6+点没有上限。牌力太强不能在一阶显示高花。

♠ QJ5
♥ 93
♦ 853
♣ KT742

叫再加倍。均型无高花时6-9点叫再加倍。

♠ 5
♥ J85
♦ J853
♣ AKJ95

叫再加倍。有两个相近特征的强牌。更多的情形是5m4M。

应叫人在一阶叫牌

一阶应叫仍然是转移性的，但不叫与再加倍分别排除了极弱牌（0-5点）和强牌（10+点5+♣4M或10-12点均型），所以牌力被限制在准确的6-9点。

1♣-（Dble）-?

1♦　　5-9点4+♥

1♥　　5-9点4+♠

1♠　　6-9点无高花，非均型

同伴的1♣被加倍后，如果你持5-6点有4-5张高花，双方的点力均衡，你应该积极地用高花竞叫。7+点时总体实力已具优势，可以从容地先叫再加倍，再寻找高花配合。所以1♣-（Dble）-1♦/♥倾向更弱（5-7点）的牌力或更长的高花（如果第四家不叫，开叫人一阶叫转移的花色可能是只有3张支持的非均型牌）。

1♣-（Dble）-1♠表示6-9点无高花，非均型。6-9点均型无高花时应该叫再加倍，所以这一叫品表示低花单套（6+m），或低花54以上。

1♣-（Dble）-?

♠ J943
♥ Q92
♦ A543
♣ 82

叫再加倍。直接显示高花倾向更弱的牌力或更长的高花，所以克劳迪奥选择了再加倍。

♠ QT54
♥ J82
♦ Q86
♣ 743

叫1♥。福尔维奥用不足牌力的4张套积极竞叫（实战效果不理想，见下面的牌例）。

♠ T5
♥ QJ872
♦ QT86
♣ 98

叫1♦。虽然牌力不足，但5张♥很有价值，克劳迪奥积极地竞叫。

♠ 8752
♥ JT982
♦ T52
♣ 2

叫1♦。5张♥加4张♠更有价值？这是克劳迪奥诠释的"积极"理念。

♠ K98762
♥ QJ9
♦ J85
♣ 2

叫1♥。更长的高花应该直接出套，不宜叫再加倍。

应叫人逼局

同伴的1♣被加倍后，绝大多数情况下你都采用上述叫品。更高的叫品很少使用，其含义和敌方没有干扰时基本一致。应叫1NT还是均型逼局，但是现在暗示无高花，因为有4张高花时通常叫再加倍。二盖一还是转移性逼局，2NT是10+点5M332。由于对方加倍使开叫人的牌力有所减值，所以逼局通常要好的11点以上，而且对方没有再叫时叫牌按原意发展。更高的叫品是弱性的，表示7张以上的自然花色。

1♣–（Dble）–?

1NT	均型无高花逼局
2♣	5+♦逼局
2♦	5+♥逼局
2♥	5+♠逼局
2♠	5+♣逼局，无高花
2NT	5M332逼局
3m	7+m弱跳

Fantoni
♠ Q8
♥ 7632
♦ 942
♣ AQ95

Nunes
♠ AK2
♥ KJ9
♦ K
♣ KJT873

西	北	东	南
–	–	–	1♣
X	1♦	–	1♥
–	2♣	2♦	3♣
3♦	X	–	4♣
–	–	–	

第四家不叫时，开叫人在一阶叫转移花色可能只有好的3张支持。3张支持时通常能保证♣张数，否则会采用其他叫品。

```
           第六届欧洲冠军杯决赛
                Balicki
                ♠ 6
南北有局         ♥ AKQ9
                ♦ AJT53
                ♣ AQ9

 Nunes                           Fantoni
 ♠ AKJ9              N           ♠ QT54
 ♥ T743          W       E       ♥ J82
 ♦ K2                S           ♦ Q86
 ♣ KJ8                           ♣ 743

               Zmudzinski
               ♠ 8732
               ♥ 65
               ♦ 974
               ♣ T652
```

西	北	东	南
1♣	X	1♥	—
1♠	X	—	2♣
2♠	X	—	3♣
—	—	—	

结果：南3♣宕一。另一桌：西2♠加倍宕二。

在另一桌，西家开叫1NT被惩罚加倍。虽然几经周折逃到2♠，仍然付出了300分的代价。范托内斯体系的西家开叫1♣，如果东家不叫，将避免被加倍的命运。然而福尔维奥看到有利的局况，用不足的牌力显示♠套，主动把自己置于悬崖的边缘。幸运的是南家没有足够坚强的神经，东西逃过一劫。

30 1♣开叫被干扰后的处理

```
Fantoni
♠ J62
♥ K853
♦ AK9
♣ KQ4

Nunes
♠ 3
♥ QJ2
♦ 8742
♣ AJ973
```

西	北	东	南
	1♣	X	1♠
X	—	—	2♥
—	2♠	X	3♣
—	—	—	

南家1♠表示6-9点无高花，暗示非均型。之后的2♥表示高限（8-9点）持牌13（54），邀请3NT。北家低限而且♠没有挡张，因为不知道同伴哪门低花5张，只能停在3♣。

西	北	东	南
			1♦
1♣	X	XX	1♦
3♣	—	3N	
—			

如果东家认为自己的牌可以逼局，也不能叫1NT，因为那表示无高花。他也不能在一阶显示高花套，因为那表示6-9点。所以只能叫再加倍。

西	北	东	南
		1♣	X
XX	1♦	1♥	2♦
X	—	3♣	—
3♦	—	3N	—
4♣	—	4♦	—
4♥	—	4N	—
6♣	—	—	—

西家在加倍后可以叫1NT表示均型无高花逼局。但是♥的结构使他不想成为无将定约的庄家，所以选择了再加倍。东家显示了5+♣4♥，对方的♦配合使西家的牌力大幅上升，克劳迪奥勇敢地用4♣设定将牌，在一系列扣叫和特博进程后，叫到小满贯。

Fantoni
♠ AJ83
♥ J98
♦ T95
♣ AKQ

Nunes
♠ 765
♥ Q63
♦ KQ872
♣ 84

西	北	东	南
	1♣	X	XX
1♥	—	—	2♦

南家的牌属于均型，不适合应叫1♠。因为再加倍后叫新花不逼叫，所以南家放心地在平衡位置用2♦重开叫。

对方自然争叫1♦

1♣-（1♦）-？

同伴开叫1♣，你的右手敌方用1♦做自然争叫，应对措施如下：

1♣-（1♦）-？

Dble   5+点有1个4张高花

6+m竞争性

7+点持牌33（34）

1♥   5+点，5+♠

1♠   5+点，5+♥

1NT   自然，不逼叫

2♣   5+♣逼叫

2♦   扣叫，4+4+高花，任意牌力

显示5张以上高花

我们看到5-6点以上你可以加入叫牌，如果有5张高花，在一阶采用高花互换的方式显示，牌力没有上限。

1♣-（1♦）-?

♠ QT9862
♥ QJ4
♦ 76
♣ 73

叫1♥。即使少一张♠也可以用5点的牌参与竞叫。

♠ KQJ32
♥ AQ
♦ Q973
♣ 76

叫1♥。这一叫品表示5+点5+♠，牌力没有上限。

♠ J94
♥ A954
♦ Q92
♣ KT7

叫加倍。有4张高花不能直接显示，必须先加倍。

1♣-（1♦）-Dble：5+点，**不一定保证有高花**

如果只有4张高花，就不能直接显示，应该先加倍。均型带4张高花叫

加倍没有牌力限制。但5+♣4M逼局（10+点）牌应该先从逼叫的2♣开始，下次有机会再显示高花逼局。应叫2♣表示5+♣逼叫一轮，但不逼局。1♣-（1♦）-Dble不保证有高花，还有可能是6-9点5+♣或均型叫不了无将的牌。

1♣-（1♦）-?

♠ K5
♥ Q764
♦ 98
♣ 76432

叫加倍。这是用4张高花参与竞叫最低限的牌。

♠ 96
♥ Q3
♦ KT7
♣ J75432

叫加倍。没有高花套，但6-9点5+♣的牌同样先加倍。

♠ AQ63
♥ T5
♦ —
♣ J987632

叫2♣。克劳迪奥将这手牌做逼局处理，先叫2♣逼叫一轮，后续他又叫2♠逼局。

♠ 953
♥ K64
♦ 973
♣ KQJ9

叫加倍。虽然没有4张高花，但无法叫2NT（8-9点均型，♦有挡），只能加倍。

1♣-（1♦）-2♦：扣叫，4+4+高花，任意牌力

如果持有44以上高花，只要略有牌力，就可以扣叫2♦，而且没有上限。

1♣-（1♦）-?

♠ AJT3
♥ K932
♦ A2
♣ 973

叫2♦。强牌44高花扣叫2♦。

♠ 9654
♥ Q9842
♦ 9
♣ J94

叫2♦。54以上高花略有牌力就可以扣叫2♦。

2009年范特比尔德杯赛

南北有局

Fantoni
♠ Q62
♥ AQ86
♦ KQ3
♣ Q86

Sadek
♠ J54
♥ T754
♦ JT87
♣ K7

Elahmady
♠ K97
♥ K9
♦ A9542
♣ 943

Nunes
♠ AT83
♥ J32
♦ 6
♣ AJT52

西	北	东	南
	1♣	1♦	2♣
3♦	—	—	3♠
—	3N	—	—

结果：北3NT宕一。另一桌：北3NT宕二。

南家持5+♣4M逼局（10+点）牌先叫逼叫的2♣，然后自然地叫3♠逼局。

Fantoni
♠ AJ
♥ QJ8764
♦ T9732
♣

Nunes
♠ T865
♥ AK
♦ 5
♣ AK9762

西	北	东	南
-	-	-	1♣
1♦	1♠	2♦	-
-	2♥	-	2♠
-	3♥	-	4♥
-	-	-	

北家显示5+点5+♥没有上限，在多次强调♥套后，南家加叫进局。

Nunes
♠ KT64
♥ 763
♦ 65
♣ AQ73

Fantoni
♠ A852
♥ AJ9
♦ AQJ
♣ JT8

西	北	东	南
-	-	1♣	1♦
X	1♥	1♠	-
4♠	-	-	-

西家加倍显示多种类型的牌。东家有4张♠参与竞叫，不表示有额外牌力。西家凭借好的9点博取成局。

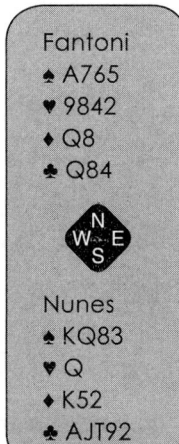

西	北	东	南
		—	1♣
1♦	2♦	—	2♠
3♦	—	—	3♠
—	4♠	—	—
—			

结果：南4♠做成。另一桌：南3♠超一。

2♦：高花44以上，任意牌力。

2♠：14-16点4张♠，可能是均型牌。

北不叫：北家第二轮很难准确描述牌力，不叫只表示0-9点

3♠：原本有可能是均型牌，现在持有非均型，低限仍积极地重开叫。

4♠：同伴多半非均型，那意味着双套配合，自己还是高限，当然加叫进局。

对方自然争叫1♥

这是个简单的局势，5-6点以上通常都会参与叫牌。

1♣-（1♥）-Dble：5+点4-5张♠

应叫人加倍表示5+点4-5张♠，没有上限。后续开叫人叫牌自然发展：如叫1♠表示低限3张支持，2♠表示低限4张支持，没有支持叫无将或者描述自己的非均型牌。

加倍无法马上区分是4张还是5张♠。但是如果对方争叫转移性的1♦表示♥套，应叫人可以叫1♥表示5张♠，加倍表示4张♠，其他叫品含义不变。

1♣-（1♥）-？

♠ AT972
♥ 4
♦ 74
♣ T8742

叫加倍。显示5+点4-5张♠。

♠ AK98
♥ Q9
♦ J543
♣ 976

叫加倍。先加倍表示♠套，以后伺机逼局。

1♣-（1♥）-1♠/1NT

如果应叫人没有4+♠，♥有挡可以叫各阶无将。如果既没有4+♠也没有好的♥挡张，就叫1♠，这一叫品没有上限。

1♣-（1♥）-?

♠ KJ4
♥ T75
♦ KT932
♣ 63

叫1♠。♥没挡叫不出不逼叫的1NT，只好叫1♠。

♠ K93
♥ 962
♦ KJ72
♣ AK7

叫1♠。先表示敌叫套无挡且无高花，以后再逼局。

1♣-（1♥）-2♣/♦：5+♣/♦逼叫

应叫人在二阶叫低花显示5张以上套，逼叫一轮，但不逼局。如果只有6-9点，通常有6张以上低花。10+点则只要5张，后续再叫新花逼局。

1♣-（1♥）-?

♠ K93
♥ 52
♦ KJT652
♣ 84

叫2♦。虽然牌力略显不足，但是不叫有点憋屈。叫2♦逼叫一轮风险不大。

♠ K76
♥ J
♦ A632
♣ AKJ74

叫2♣。先用2♣逼叫，后续再叫♦套逼局。

1♣-（1♥）-2♥：6+♠，不限牌力

如果应叫人持6+♠，无论是什么牌力，都应该用2♥显示。由于牌力不明，无论对方是否继续竞叫，探查定约的高度需要功力和默契。

1♣-（1♥）-?

♠ QJT963
♥ 7
♦ 5
♣ JT843

叫2♥。表示不限牌力的6+♠。即使没有这么好的牌型和更低的点力，依然可以这么叫。

♠ KJ98542
♥ A
♦ 6
♣ KT85

叫2♥。如此好牌依然先叫2♥。

Nunes
♠ AKQ4
♥ A842
♦ Q8
♣ J94

Fantoni
♠ T973
♥
♦ KJ7543
♣ KQ8

西	北	东	南
1♣	1♥	X	—
2♠	—	3♦	—
3♥	—	4♠	—
—			

西家如果低限3张♠，只要简单地叫1♠即可。跳叫2♠表示低限（14-16点）4张支持。在这种局势下，东家叫新花是自然的，邀请以上牌力。西家叫自然的3♥继续试探。福尔维奥本就是逼局的牌，看见同伴叫到自己的缺门，用4♠结束叫牌。

```
Nunes              Fantoni
♠ 976              ♠ K32
♥ AQ               ♥ 64
♦ KQT3             ♦ AJ542
♣ AK86             ♣ Q72
```

西	北	东	南
			—
1♣	1♥	1♠	—
2N	—	3N	—
—			

东家既没有4+♠也没有好的♥挡张，叫1♠，这一叫品没有上限。西家跳叫2NT表示18-20点均型，保证♥好的挡张，不逼叫。

```
Nunes              Fantoni
♠ 87               ♠ J93
♥ 2                ♥ AT74
♦ Q92              ♦ A3
♣ KJ76543          ♣ AQT9
```

西	北	东	南
		1♣	1♥
2♣	3♣	3N	—
—	—		

西家虽然只有6点，但7张套足以叫2♣逼叫一轮。在竞叫中东西叫到很好的3NT定约。

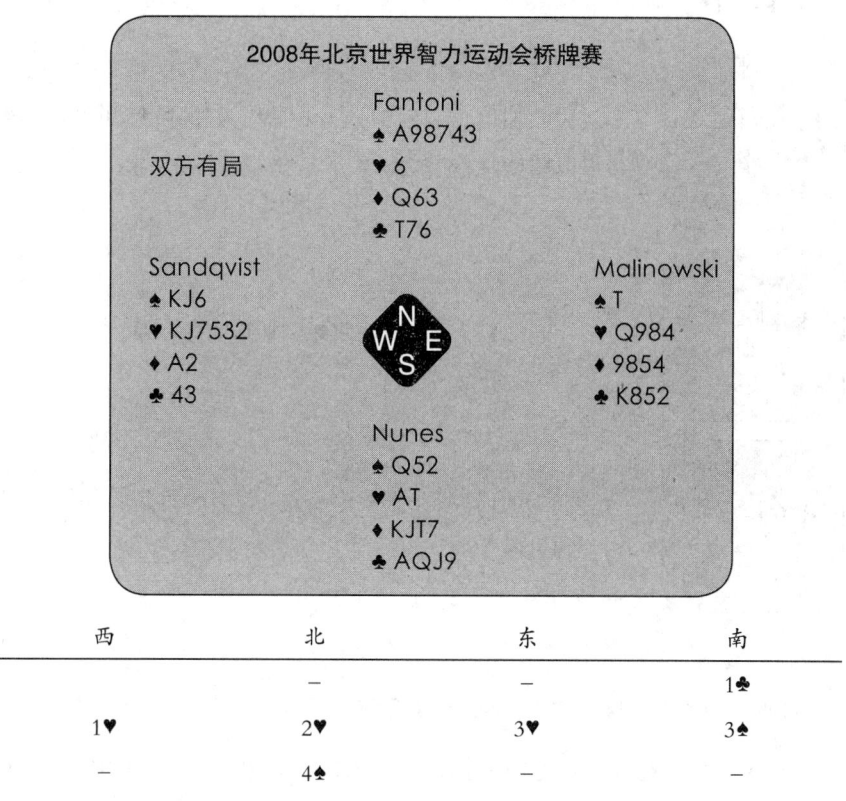

西	北	东	南
—	—	—	1♣
1♥	2♥	3♥	3♠
—	4♠	—	—

结果：南4♠做成。另一桌：北4♠做成。

北家显示6+♠，牌力不明。南家显示支持，北不错的牌加到4♠。这是在竞叫的局势中考验默契的典型牌例。

对方自然争叫1♠

1♣-（1♠）-Dble：5+点，4-6张♥

我们先看在这种局势下怎么处理应叫人持♥套的情形。由于应叫人叫2♥是5+♥逼叫，所以不够逼叫牌力时就只能加倍，这意味着加倍的应叫人可能持有6张♥。

1♣-（1♠）-?

| ♠ AT7
♥ T8752
♦ T965
♣ J | 叫加倍。表示5+点4-6张♥。好的牌型和更长的♥可以略微降低牌力。 |

| ♠ 6
♥ AJ52
♦ K732
♣ KJT4 | 叫加倍。显示4-6张♥，牌力没有上限。 |

| ♠ 64
♥ KQJ973
♦ 93
♣ 842 | 叫加倍。持6张♥不够逼叫牌力时也是叫加倍（四手牌见后）。 |

1♣-（1♠）-2♣/♦/♥：5+♣/♦/♥逼叫

应叫人叫新花依然是逼叫一轮，但不逼局。如果不足逼局的牌力，通常是6张以上套。10+点可以是5张套，后续再叫新花逼局。

1♣-（1♠）-?

| ♠ JT84
♥ 2
♦ A76
♣ AQT53 | 叫2♣。先逼叫一轮，下一轮再显示有逼局实力。 |

♠ T32
♥ 762
♦ KQT98
♣ K5

叫2♦。虽然2♦暗示非均型，但是不错的♦套值得介绍。

♠ Q54
♥ J97643
♦ 952
♣ A

叫2♥。这几乎是2♥逼叫的最低限了。

1♣–（1♠）–2♠：邀请以上（8+点）♠挡张不明

应叫人如果均型♠有挡，6-7点可以叫1NT，8-9点可以叫2NT。所以扣叫2♠表示8-9点♠无挡。10+点均型无论♠是否有挡张也是扣叫2♠。

如果应叫人均型6-7点，既没有4+♥，也没有♠挡张，没有相应的叫品，只能不叫。但是如果对方争叫转移性的1♥表示♠套，那么顺势的1♠表示这种牌。

1♣–（1♠）–?

♠ JT84
♥ J32
♦ 54
♣ KQ98

叫1NT。这是自然的叫品，不逼叫。

♠ KT65
♥ 54
♦ 32
♣ AQJ63

叫2♠。虽然可以先叫2♣逼叫一轮，但准均型牌扣叫更加合适。

♠ Q52
♥ J98
♦ A872
♣ Q74

叫2♠。叫2NT必须保证♠很好的挡张。

```
Nunes                    Fantoni
♠ K96                    ♠ Q43
♥ AKT                    ♥ Q743
♦ KT932                  ♦ QJ8
♣ A5                     ♣ Q76
```

西	北	东	南
			—
1♣	1♠	X	—
1N	—	3N	—
—			

在同伴加倍后，西家没有4张♥不能加叫，只能显示均型。东家如果有更长的♥会重叫♥。现在他只要简单地叫3NT成局。

西	北	东	南
		—	1♣
1♠	X	2♠	4♥
—			

北家虽然牌力不足，凭借良好的牌型仍然进取地用加倍显示5+点，4-6张♥。这对南家已足够进局4♥。

2008年白宫冠军杯赛

东西有局

Gromoller
- ♠ K932
- ♥ T64
- ♦ AJ874
- ♣ T

Nunes
- ♠ 64
- ♥ KQJ973
- ♦ 93
- ♣ 842

Fantoni
- ♠ 5
- ♥ A85
- ♦ KQ65
- ♣ AKJ96

Kirmse
- ♠ AQJT87
- ♥ 2
- ♦ T2
- ♣ Q753

西	北	东	南
—	—	1♣	1♠
X	4♣	X	4♠
4N	—	5♣	X
—	—	5♥	—
—	X	—	—
—			

结果：东5♥加倍做成。另一桌：南5♠加倍宕一。

东家在对方4♣后加倍显示♣套，西家叫4NT让同伴选择♣和♥。东家知道同伴持有5+♥，并且牌力不高（否则前期会叫2♥逼叫）。福尔维奥选择5♣，希望有更好的将牌配合。在被加倍后改到5♥。

Fantoni
♠ T72
♥ KJ8532
♦ 983
♣ A

Nunes
♠ A54
♥ AQ94
♦ AQJT
♣ 76

西	北	东	南
		—	1♣
1♠	2♥	—	3♥
—	4♥		

从南家的邀请行为可以看出北家可能持比现在更弱的牌，由此可以想象出2♥逼叫的下限。

Nunes
♠ A54
♥ JT42
♦ AK4
♣ KQ7

Fantoni
♠ 976
♥ KQ
♦ J762
♣ AJ92

西	北	东	南
			—
1♣	1♠	2♠	X
3N	—	—	—

东家的扣叫至少8点，西家跳叫3NT描述17-20点♠有挡，不一定均型。

```
Fantoni
♠ AT4
♥ 82
♦ KQ76
♣ AQ32
```

```
Nunes
♠ 653
♥ QT5
♦ A952
♣ KJ4
```

西	北	东	南
-	1♣	1♠	2♠
-	2N	-	3N
-	-	-	

南家只有2♠叫品可以使用，北家2NT描述14-16点♠有挡，不一定均型。

对方争叫强无将

虽然对方显示强牌，但同伴亦非泛泛之辈，如果有高花，即使持弱牌也应该积极地竞叫：

1♣-（1NT）-?

Dble	7+点
2♣	弱牌双高花
2♦	弱牌6+M
2M	弱牌5M4m
2NT	弱牌停在低花

1♣-（1NT）-?

```
♠ J954
♥ Q954
♦ JT32
♣ T
```

叫2♣。表示弱牌（0-5点）4+4+双高。

♠ JT865432
♥ T
♦ Q874
♣

叫2♦。表示弱牌某一高花6张以上。

♠ K92
♥ Q96543
♦ 9
♣ A74

叫加倍。虽然有6张高花，但是超过7点不能叫2♦。

♠ KJ743
♥ 6542
♦ A6
♣ 74

叫加倍。同样的道理，先不放过惩罚的机会。

Fantoni
♠ J954
♥ Q954
♦ JT32
♣ T

Nunes
♠ T6
♥ AKJ2
♦ K
♣ A98643

西	北	东	南
–	–	–	1♣
1N	2♣	–	3♣
–			

北家叫2♣表示弱牌双高花，克劳迪奥忘记叫品的含义了，最后停在3♣。

对方争叫2♣/♦显示双高

这种局势下应叫人加倍不是排除性的，而是显示7+点的实力。应叫人扣叫2♥表示5+♣逼叫，扣叫2♠表示5+♦逼叫。直接叫3阶低花是竞争性的，不逼叫。

1♣–（2♣）–?

♠ 87
♥ 8
♦ Q32
♣ QT87643

叫3♣。三阶叫低花不逼叫。如果♣套想逼叫,应该扣叫2♥。

♠ 752
♥ Q932
♦ AT85
♣ J5

叫加倍。显示实力。

1♣-(2♦)-?

♠ Q
♥ 765
♦ JT862
♣ AT73

叫2♠。♦套逼叫,牌力略显不足。

Fantoni
♠ AJ3
♥ AJ8
♦ 743
♣ KQ73

Nunes
♠ 752
♥ Q932
♦ AT85
♣ J5

西	北	东	南
	1♣	2♣	X
2♠	—	—	—

南家加倍显示7+点实力。当平衡位置又轮到他叫牌时,由于已经充分显示了牌力,不能重开叫。

对方在二阶争叫实套

这种局势下,加倍都是排除性,二阶新花逼叫,三阶新花逼局。对方跳争叫高花后扣叫及跳叫4♣都显示另一高花套:

1♣-（2♥）-?

2♠：5+♠逼叫一轮。

3♥：6+♠逼局。

4♣：设定♠。

1♣-（2♠）-?

3♥：5张♥逼局。

3♠：6+♥逼局。

4♣：设定♥。

```
Nunes                 Fantoni
♠ AKJ732              ♠ QT6
♥ 6                   ♥ K82
♦ J6                  ♦ AK98
♣ T873                ♣ AK5
```

西	北	东	南
		1♣	2♥
3♥	—	3♠	—
4♥	—	4N	—
5♠	—	6♠	—
—	—		

西家显示6+♠逼局，东家设定♠。在扣叫和特博进程后，西家自觉牌力不够隐藏关键张，试图停在5♠。福尔维奥凭借漂亮的19点和边花均有控制搏杀小满贯，希望同伴在只有一个关键张时持♠A而不是♠K。

总结

一个叫牌体系在竞叫的局势下如何变化是一个复杂的问题。我们只能介绍在常见的局势下福尔维奥和克劳迪奥是怎么处理的。

虽然对方不同的争叫产生不同的局势，但是体系在竞争形势下的理念仍有脉络可寻。应叫人如果有高花套，5点就可以积极参与叫牌。没有高花套，6点可以加入竞叫。加倍一般是排除性，主动叫1♠通常表示没有高花并且对方花色无挡。二阶叫新花逼叫，但不逼局。跳新花是弱性的。转移性叫品在一阶仍然使用，偶尔也用在二阶或更高的阶次。

如果对方使用一阶转移性争叫，顺势叫对方真实花色的叫品被赋予新的含义。如对方争叫1♦表示♥套时，应叫人顺势叫1♥表示5张♠，这样加倍就可以只表示4张♠；对方争叫1♥表示♠套时，应叫人顺势叫1♠表示6-7点既没有♥套又没有好的♠挡张。

叫品结构表

表30　1♣开叫被干扰后的处理

1♣	(Dble)			（任何含义）
		Pass		0-5点
		Rdbl		6+点，后续新花不逼叫
		1♦		5-9点4+♥
		1♥		5-9点4+♠
		1♠		6-9点无高花，非均型
		1NT		均型无高花逼局
		2♣		5+♦逼局
		2♦		5+♥逼局
		2♥		5+♠逼局
		2♠		5+♦逼局，无高花
		2NT		5M332逼局
		3m		7+m弱跳
	(1♦)			（实套争叫）
		Dble		5+点有1个4张高花
				6-9点6+♣
				均型叫不了无将的牌
		1♥		5+点，5+♠
		1♠		5+点，5+♥
		1NT		6-7点自然
		2♣		5+♣逼叫

		2♦			扣叫，4+4+高花，任意牌力
		2NT			8-9点自然邀请
		3x			7+x弱跳
	(1♥)				（实套争叫）
		Dble			5+点，4-5张♠
		1♠			5+点，否认好的♥挡张和♠套
		1NT			自然，不逼叫
		2♣			5+♣逼叫
		2♦			5+♦逼叫
		2♥			转移性，6+♠，不限牌力
		2NT			8-9点自然邀请
		3x			7+x弱跳
	(1♦)				（转移性，♥套）
		Dble			5+点，4张♠
		1♥			5+点，5张♠
	(1♠)				（实套争叫）
		Dble			5+点，4-6张♥
		1NT			自然，不逼叫
		2♣			5+♣逼叫
		2♦			5+♦逼叫
		2♥			6+♥逼叫
		2♠			邀请以上（8+点）♠挡张不明
		2NT			8-9点自然邀请
		3x			7+x弱跳
	(1♥)				（转移性，♠套）
		1♠			6-7点，否认♠挡张
	(1NT)				（强无将）
		Dble			7+点
		2♣			弱牌双高花

30 1♣开叫被干扰后的处理

		2♦			弱牌6+M
		2M			弱牌5M4m
		2NT			弱牌停在低花
	(2m)				（双高）
		Dble			显示7+点的实力
		2♥			5+♣逼叫
		2♠			5+♦逼叫
		3m			低花竞争性
	(2m)				（自然）
		Dble			排除性
		新花			逼叫
	(2♥)				（自然或♥+m）
		Dble			排除性
		2♠			逼叫
		3♥			6+♠逼局
		4♣			设定♠
	(2♠)				（自然或♠+m）
		Dble			排除性
		3x			5+x逼叫
		3♠			6+♥逼局
		4♣			设定♥
	(Pass)	1♦	(Dble)		（第四家对♥的技术性加倍）
				Pass	中性，少于3张♥
				Rdbl	18+点
				1♥	3+♥不逼叫
				1♠	♣+♠非均型
				1NT	17-20点均型
				2♥	17-20点4张♥

31. 1♦开叫及第一应叫

体系一阶花色开叫均逼叫，1♦开叫也不例外。1♦开叫包括两类牌：14+点5+♦非均型，或14+点4441型黑花色单张。

1♣开叫♣的长度是模糊的，因为开叫人有可能是均型牌。而绝大多少1♦开叫能保证5张♦，除非是较少见的4441型。

1♦开叫后，如果应叫人持有不足以逼局的牌（0-9点），自然地应叫1♥、1♠或1NT。特别地，持0-6点5+♠4+♥叫2♦，这是人为叫品。1♦-3♦是阻击，表示0-5点4+♦。

为什么要专门设置显示0-6点5+♠4+♥的人为叫品呢？我们来看两手应叫人的持牌：

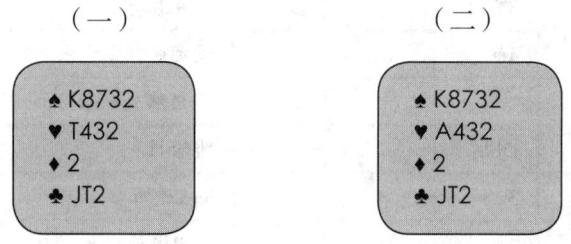

（一）　　　　　　（二）

♠ K8732　　　　　♠ K8732
♥ T432　　　　　　♥ A432
♦ 2　　　　　　　 ♦ 2
♣ JT2　　　　　　 ♣ JT2

持第一手牌，假设你应叫1♠，同伴叫2♥表示14-17点，单套或5♦4♥，现在你怎么办？如果叫2♥，在同伴单套♦的情况下定约可能已经不安全了。如果不叫，或叫建设性的2♠，就无法寻找♥配合。所以体系用人为叫品2♦来表示这种牌。

持第二手牌，在1♦-1♠-2♥后可以安心地叫2♥，因为超过6点已经有足够的牌力来保证定约的安全。

1♦开叫后，应叫人10点就可以逼局。

1♦-?

2♣　　　10+点均型

	10+点5+m非均型
	10+点4441型
2♥	10+点5+♥，非5332型
2♠	10+点5+♠，非5332型
2NT	10+点5M332

我们看到，1♦-2♣是多义的。除了真实的♣套外，还处理了均型，4441型和♦套。体系"虚伪♣（如果有多义的人为叫品，通常把这一任务交给♣）"的意大利风格无处不在，不仅仅限于开叫。

1♦-?

♠ AQJ9
♥ 53
♦ J64
♣ A753

叫2♣。均型和4441型逼局的牌选择2♣。

♠ 4
♥ AJ7
♦ K9765
♣ AK76

叫2♣。非均型支持同伴的逼局牌也叫2♣。

♠ K
♥ AT73
♦ 742
♣ KQT86

叫2♣。货真价实的♣套逼局，以后有机会找♥配合。

和1♣开叫一样，1♦开叫后应叫人跳叫三阶新花表示10-14点55型逼局。为了方便设定将牌，体系互换了高花叫品和真实花色。

1♦-?

3♣	10-14点，♥♠55型
3♥	10-14点，♠♣55型
3♠	10-14点，♥♣55型

总结

1♦开叫的第一应叫遵循了体系的三个理念。第一是秉承体系"一阶弱应叫,二阶逼局,三阶55型"的模式。第二是因为开叫人持14+点的非均型,所以应叫人持好的10点就可以逼局。第三是"虚伪♣"的理念:体系如果需要人为叫品来表达某种含义,一般交给♣处理,不会轻易交给其他花色导致混淆视听。所以只有♣才是"虚伪"的,而♠/♥/♦通常是真实自然的。这一处理方式无处不在,不仅仅限于开叫。

艺高胆大

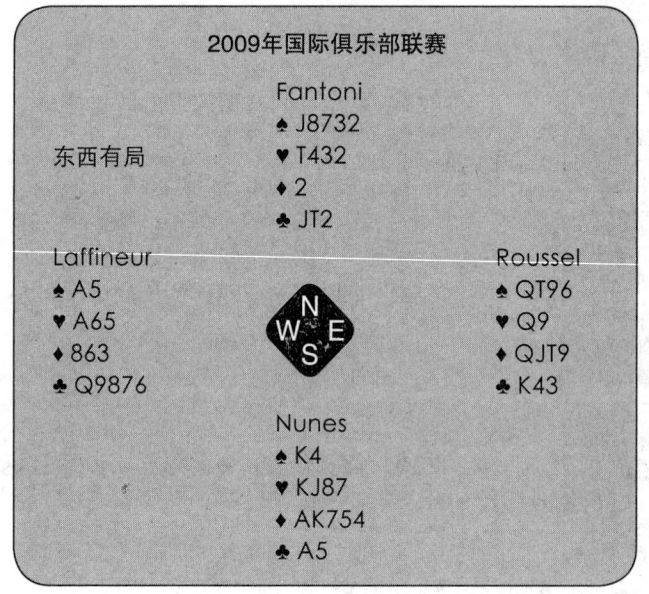

西	北	东	南
—	—	—	1♦
—	2♦	—	4♥
—			

结果:南4♥做成。另一桌:北2♥超二。

福尔维奥叫2♦显示0-6点5+♠4+♥，同伴看到点力配合不错，自己又是高限牌，直接叫4♥成局。西家首攻♣，克劳迪奥吃进，将吃♦飞将牌Q，西家♥A吃进拔♠A续打♠，庄家吃进♠后把♥Q敲下来并且又将吃了一轮♦，定约完成。

叫品结构表

表31　1♦开叫及第一应叫

1♦		14+点5+♦非均型
		14+点4441型黑花色单张
	1♥	0-9点4+♥
	1♠	0-9点4+♠
	1NT	0-9点无高花
	2♣	10+点均型
		10+点5+m非均型
		10+点4441型
	2♦	0-6点5+♠4+♥
	2♥	10+点5+♥，非5332型
	2♠	10+点5+♠，非5332型
	2NT	10+点5M332
	3♣	10-14点，♥♠55型
	3♦	4+♦阻击
	3♥	10-14点，♠♣55型
	3♠	10-14点，♥♣55型

32. 1♦-1♥后的发展

1♦-1♥表示0-9点4+♥。

从双方实力看,这一叫品似乎不逼叫。但是开叫人如果持有3张以上♥,即使最低限,成局仍有可能。如果没有3张♥,也不愿意停在1♥定约。所以,除非持13点第三家开叫,开叫人通常会继续叫牌。

开叫人的再叫

开叫人的再叫分为低限(14-17点),中性进攻牌型和高限(18+点)三种情形。

开叫人低限时,通常自然地平叫(非逆叫,非跳叫)花色。他可能同时有3张♥,但由于叫牌处于较低的阶次,以后有机会显示支持。

1♦-1♥-?

♠ Q853
♥ AK5
♦ AK8654
♣

叫1♠。极好的牌值和牌型,并且对同伴花色有好的支持,克劳迪奥仍然叫不逼叫的1♠(叫2♠表示18+点6+♦4+♣,牌力略微不足,也容易错失♥配合)表示低限(14-17点)5+♦ 4♠。

开叫人持低限4441型时一定有4张♥,所以和持4张♥的非均型牌一样处理。以下是开叫人低限时的再叫:

1♦-1♥-?

1♠	低限(14-17点)5+♦4♠
2♣	低限5+♦4♣
	14-15点5+♦5+♣
2♦	低限单套
2♥	14-15点4张♥

如果开叫人有4张♥配合，或者自己有很强的进攻牌型，虽然牌力仍属于低限的范畴，却很有作为。这种中性进攻牌型有以下三种情形，由于整体实力已经超越低限牌，体系为它们设置了专门叫品：

1♦–1♥–?

3♣   16–17点5+♦5+♣

3♦   8到8个半赢墩的独立长♦

3♥   16–17点4张♥

现在来看开叫人高限（18+点）的情形。由于开叫人不可能是均型牌，所以再叫1NT或2NT没有自然的含义。体系把1NT和2NT作为显示高限的人为叫品：

1♦–1♥–?

1NT   高限（18+点）54型

        18–20点单套

        高限4441型

2♠   18+点6+♦4+♠

2NT   21+单套

        18+点5+♦5+♣

        18+点6♦4♣

        18+点6♦4♥

我们看到，开叫人高限的再叫设计得非常精巧。1♦–1♥–1NT负责54型和4441型，1♦–1♥–2♠/2NT负责64型，它们分别还负责不同牌力的单套。每个叫品虽然包含不同类型的牌，但是总体实力（调整点）相近，便于叫牌继续发展。

1♦–1♥–1♠：低限（14–17点）5+♦4♠

双方显示了三个花色，应叫人重叫这三个花色都是弱牌，试图停叫。1NT是6–7点自然叫，不一定是均型。2NT以上都是明显特征的邀请。

常见的是叫第四花色2♣，这是人为逼叫，表示邀请以上牌力。后续开叫人自然地描述3张♥、♣挡张、第6张♦等特征，这些特征基本不会重叠（单套且♣有挡优先叫无将）。

1♦-1♥-1♠-?

1NT	自然（6-7点）
2♣	第四花色，邀请以上牌力
2♦	弱牌
2♥	弱牌
2♠	非邀请
2NT	自然邀请（8-9点）
3♣	6+♣邀请
3♦	4+♦邀请
3♥	6+♥邀请
3♠	4+♠邀请

```
Fantoni           Nunes
♠ AQT4            ♠ 62
♥ K               ♥ T98762
♦ KQT987          ♦ AJ
♣ 83              ♣ KJ5
```

西	北	东	南
			—
1♦	—	1♥	—
1♠	—	2♣	—
2♦	—	3N	—
—			

东家薄弱的♥不宜跳叫3♥邀请。选择便宜的第四花色逼叫可以让同伴在没有♥支持时在二阶显示其他特征。西家的2♦并不表示绝对低限，因为同伴还有邀请的机会。

西	北	东	南
–	–	–	1♦
–	1♥	–	1♠
–	2♦	–	3♥
–	4♥	–	–
–			

Fantoni
♠ KJT
♥ QT97
♦ T2
♣ 9865

Nunes
♠ Q853
♥ AK5
♦ AK8654
♣

这是上文出现过的牌例。南家看到双套配合，冒着同伴没有任何牌力的风险也要试探成局，北家知道同伴♣挡不住，看到短将牌方将吃♣，决定打43将牌配合。克劳迪奥这次赌博没有成功。

1♦–1♥–2♣：低限（14-17点）5+♦4♣，或14-15点5+♦5+♣

双方显示了三个花色。应叫人可以不叫，或试图停在已经叫过的花色。2NT是自然邀请，2NT以上的叫品都是明显特征的邀请。

现在第四花色变成了2♠，依然只是邀请以上牌力，并不逼局。但是2♠占用了较多空间，从而使叫牌难度有所提高。

1♦–1♥–2♣–?

2♦	弱牌
2♥	弱牌
2♠	第四花色邀请
2NT	自然邀请
3♣	4+♣邀请
3♦	4+♦邀请
3♥	6+♥邀请

```
Nunes                    Fantoni
♠ AQ                     ♠ JT5
♥ QJ8432                 ♥ 7
♦ T82                    ♦ AKQJ4
♣ 62                     ♣ AJ95
```

西	北	东	南
		1♦	—
1♥	—	2♣	—
2♠	—	2N	—
3♥	—	—	—

西家叫2NT邀请委屈了6张♥，跳叫3♥邀请夸大了♥强度却委屈了♠挡张。用2♠询问同伴特征是很好的选择。东家虽然高限，但♠只有半挡，折中选择2NT。当西家续叫不逼叫的3♥时，福尔维奥应该续叫3♠表示半挡，实战中东西方错失了3NT定约。

1♦-1♥-2♦：低限（14-17点）单套

这种局势不可能打♠定约，应叫人的2♠没有必要赋予自然含义。所以我们规定2♠是第三花色逼叫（不逼局），充当了和第四花色一样的角色。

另一个要留意的是1♦-1♥-2♦-2♥不再是弱牌，是5+♥建设性的牌，因为你不可能持弱牌和同伴的花色比长短。

1♦-1♥-2♦-?

2♥	5+♥建设性
2♠	第三花色逼叫，邀请以上牌力
2NT	自然邀请
3♣	5♥4♣邀请
3♦	非邀请
3♥	6+♥邀请

1♦-1♥-2♥：14-15点4张♥

开叫人显示14-15点4张♥，有可能是4441型。应叫人通常宁愿选择激进而不暴露牌情的3♥或4♥，也不愿"科学"地做成局试探。

```
Fantoni
♠ 32
♥ J873
♦ KT987
♣ QJ

        N
      W   E
        S

Nunes
♠ AK84
♥ A642
♦ A652
♣ 2
```

西	北	东	南
–	–	–	1♦
–	1♥	–	2♥
–	4♥	–	–

牌桌上只有北家知道双套配合，我们怀疑福尔维奥如果仅仅持♦K是否依然叫到局。碰到同伴的绝对高限，他打成了定约。而另一桌只停在部分定约上。

1♦-1♥-3♦：8到8个半赢墩的独立长♦

1♣-1♦-3♣持牌幅度很大，表示8-10个赢墩的独立长♣，至少一门未叫花色无挡。而1♦-1♥-3♦却能显示准确的赢墩，但不表示挡张的任何信息。

西	北	东	南
1♦	–	1♥	–
3♦	–	3N	–
–			

西显示8-9个赢墩，不逼叫，然而一旦叫牌一定逼局。♦缺门使东家满足于3NT。

1♦-1♥-1NT：18+点的54型或4441型，或18-20点单套

应叫人必须马上决定是否逼局。开叫人排除了64型，这一信息对应叫人的决定至关重要。

如果决定逼局，应叫人只能用2♣接力让同伴澄清牌情，其他叫品都是弱牌试图停叫。

接力后开叫人的首要任务是显示♥的支持情况：答叫2♥表示有3-4张♥，其他答叫都否认有3张♥：

1♦-1♥-1NT-2♣-?

2♦		单套有单缺
2♥		3-4张♥
	2♠	接力
	2NT	单套无单缺
	3♣	5♦4♣3♥
	3♦	单套有单缺
	3♥	4张♥，可能4441型
	3♠	5♦4♠3♥
2♠		5♦4♠，后续2NT=DAG
2NT		单套无单缺
3♣		5♦4♣

32. 1♦-1♥后的发展

```
Fantoni
♠ T4
♥ QJ654
♦ 9
♣ QJ963

Nunes
♠ QJ9
♥ A
♦ AKJ854
♣ KT4
```

西	北	东	南
			1♦
–	1♥	–	1N
–	2♣	–	2♦
–	2♥	–	2N
–	3N	–	–

南家显示18-20点单套有单缺，否认3张♥。北家知道联手没有8张♥，但还是重叫♥描述他的5张套，因为♠挡张不足时可能打♥定约。

```
Fantoni
♠ AKJ2
♥ A2
♦ AT983
♣ K5

Nunes
♠ 653
♥ KQJT76
♦ 74
♣ 87
```

西	北	东	南
			–
–	1♦	–	1♥
–	1N	–	2♣
–	2♠	–	4♥
–	–		

北家显示5♦4♠，否认3张♥。虽然南家用2NT=DAG接力能叫到同样的定约，但克劳迪奥坚持自己的坚固高花是更机灵的选择。

Fantoni
♠ 982
♥ J964
♦ 6
♣ KQT96

Nunes
♠ KQT4
♥ AT53
♦ AQ54
♣ A

西	北	东	南
—	—	—	1♦
—	1♥	—	1N
—	2♣	—	2♥
—	2♠	—	3♥
—	3N	—	4♣
—	4♦	—	4♥
—	—	—	—

2♣：接力，逼局。

2♥：3-4张♥。

2♠：接力。

3♥：4张♥，可能4441型。

3N：越过♠的低限3NT。

4♣：扣叫。

4♦：扣叫。

4♥：当初的满贯试探是温和的，或者逗你玩。

1♦-1♥-2NT：21+点单套，或18+点5+♦5+♣，或18+点6+♦4♣，或18+点6+♦4♥

虽然开叫人包含了多种类型的强牌，但都类似标准制2♣开叫的实力。应叫人叫3♦是二次示弱（0-3点），3♣是逼局的接力，其他叫品也逼局。

1♦-1♥-2NT-?
3♣　　　接力，逼局
　　3♦　　单套
　　3♥　　6♦4♥
　　3♠　　5+♦5+♣

3NT	6♦4♣
3♦	二次示弱（0-3点）
3♥	6+♥逼局

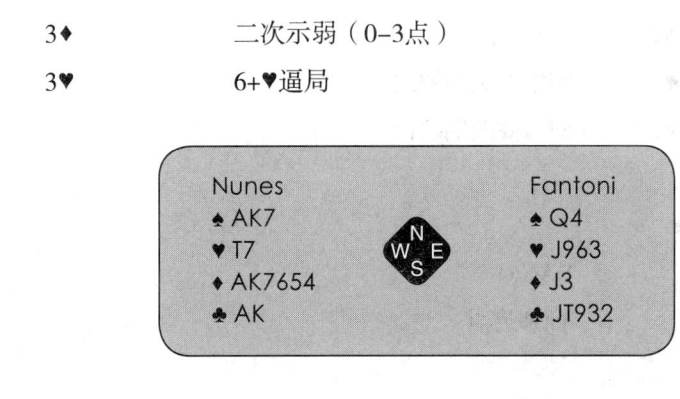

西	北	东	南
		—	—
1♦	—	1♥	—
2N	—	3♣	—
3♦	—	3N	—
—			

西家叫2NT显示多种类型的强牌，东家接力并且逼局。西显示单套，从东家的角度看西可能还有3张♥，东如果有5张♥应该重叫♥，现在他只要简单地叫3NT。

1♦-1♥-2♠：18+点6+♦4+♠

应叫人叫2NT是DAG64，3♣和3♥逼叫一轮，但不逼局。叫同伴的花色3♦和3♠却是弱牌，试图停叫。

DAG64是一个接力工具。如果某一方在二阶明确显示了64型，在逼局的局势下，另一方的2NT是DAG64，要求同伴进一步澄清牌情：

2NT	DAG64
3♣	低级别花色单张
3♦	高级别花色单张
3♥	低级别花色缺门

3♠	高级别花色缺门
3NT	6511型
4♣	65型低级别缺门
4♦	65型高级别缺门

1♦-1♥-2♣-?

2NT	DAG64
3♣	4张♣逼叫
3♦	弱牌
3♥	6+♥逼叫
3♠	弱牌

总结

1♦-1♥后开叫人把牌分为三类：低限、中性进攻牌型和高限。

开叫人低限时自然地叫出花色，后续应叫人第四花色或第三花色逼叫表示邀请以上牌力，但不逼局。

中性进攻牌型有专门的装置，后续自然发展。

高限通常采用人为叫品1NT和2NT，或叫2♠表示18+点6+♦4+♠。后续应叫人马上决定是否成局，成局一般使用接力，否则将试图停在某门花色。

拒绝跳叫

西	北	东	南
			—
—	—	1♦	—
1♥	—	1♠	—
2♣	—	2♥	—
4♥	—		

西家原本可以跳叫3♥邀请。但是由于是64型且♦没有配合，克劳迪奥宁愿略微委屈♥套而选择2♣接力，保留了更多的可能性。同伴花色失配拒绝跳叫是常见的专家行为。

叫品结构表

表32　1♦-1♥后的发展

1♦-1♥					0-9点4+♥
	1♠				低限（14-17点）5+♦4♠
		1NT			自然（6-7点）
		2♣			第四花色，邀请以上牌力
		2♦			弱牌
		2♥			弱牌
		2♠			非邀请
		2NT			自然邀请（8-9点）
		3♣			6+♣邀请
		3♦			4+♦邀请
		3♥			6+♥邀请
		3♠			4+♠邀请
	1NT				高限（18+点）54型
					18-20点单套
					高限4441型
		2♣			接力，逼局

					含义
			2♦		单套，有单缺
			2♥		3-4张♥
				2♠	接力
				2NT	6♦3♥22型
				3♣	5♦4♣3♥
				3♦	单套，有单缺
				3♥	4张♥，可能4441型
				3♠	5♦4♠3♥
			2♠		5♦4♠，后续2NT=DAG
			2NT		6322型
			3♣		5♦4♣
		2♦			弱牌
		2♥			弱牌
		3♣			弱牌
	2♣				低限5+♦4♣
					14-15点5+♦5+♣
		2♦			弱牌
		2♥			弱牌
		2♠			第四花色邀请
		2NT			自然邀请
		3♣			4+♣邀请
		3♦			4+♦邀请
		3♥			6+♥邀请
	2♦				低限单套
		2♥			5+♥建设性
		2♠			第三花色逼叫，邀请以上牌力

					含义
		2NT			自然邀请
		3♣			5♥4♣邀请
		3♦			非邀请
		3♥			6+♥邀请
	2♥				14-15点4张♥
	2♠				18+点6+♦4+♠
		2NT			DAG64
		3♣			4张♣逼叫
		3♦			弱牌
		3♥			6+♥逼叫
		3♠			弱牌
	2NT				21+单套
					18+点5+♦5+♣
					18+点6♦4♣
					18+点6♦4♥
		3♣			接力，逼局
			3♦		单套
			3♥		6♦4♥
			3♠		5+♦5+♣
			3NT		6♦4♣
		3♦			二次示弱（0-3点）
		3♥			6+♥逼局
	3♣				16-17点5+♦5+♣
	3♦				8到8个半赢墩的独立长♦
	3♥				16-17点4张♥

33. 1♦-1♠后的发展

1♦-1♠表示0-9点4+♠。后续发展和1♦-1♥类似。

开叫人持低限（14-17点）

1♦-1♠-2♣可能包括持牌1444，后续应叫人叫2♥仍然为第四花色逼叫，跳叫3♥是高花55型邀请。

1♦-1♠-2♦是多义的，后续2♥表示6-9点5♠4♥（0-6点双高花应叫1♦-2♦），所以没有第三花色逼叫。

1♦-1♠-2♠表示14-15点4张♠支持，应叫人通常用将牌邀叫或直接成局，避免暴露更多信息。

```
    Fantoni              Nunes
    ♠ A4                 ♠ Q9763
    ♥ T2                 ♥ KQJ9
    ♦ KQ875              ♦ 2
    ♣ AK52               ♣ T76
```

西	北	东	南
1♦	—	1♠	—
2♣	—	2N	—
3N	—	—	—

东家持薄弱的♠和♥次级大牌，在2♣后叫不逼叫的2NT恰如其分。如果同伴高限，仍然有找到高花配合的机会。如果同伴低限，即使高花有配合，点力也浪费很多，进局是违背概率的选择。

西	北	东	南
—	—	—	1♦
—	1♠	—	2♦
—	2♠	—	3♠
—	4♠	—	—

Fantoni
♠ QJT96
♥ AJ4
♦ 63
♣ 432

Nunes
♠ K75
♥ K982
♦ AJ874
♣ A

北家2♠是建设性的，理由是持弱牌失配时不可能和同伴的单套比长短。福尔维奥在同伴邀请后持高限（8-9点）进局。

开叫人持中性进攻牌型

体系针对开叫人17点以下中性进攻牌型设置了专门叫品：

1♦–1♠–?

3♣　　16–17点5+♦5+♣

3♦　　8到8个半赢墩的独立长♦

3♠　　16–17点4♠

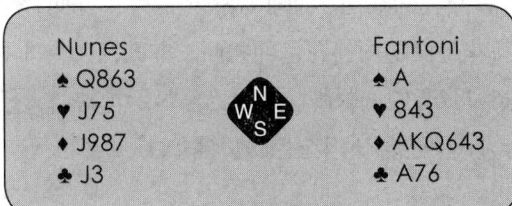

Nunes
♠ Q863
♥ J75
♦ J987
♣ J3

Fantoni
♠ A
♥ 843
♦ AKQ643
♣ A76

西	北	东	南
—	—	1♦	—
1♠	—	3♦	—
—			

东家跳叫3♦表示8到8个半赢墩的独立长♦，西家看不到成局希望，满足于部分定约。

开叫人持高限（18+点）

1♦-1♠-1NT开叫人可能是18+点持牌1444，持这种牌在同伴2♣接力后叫2♥。

Fantoni
♠ J
♥ AKJ4
♦ AQT6
♣ AK94

Nunes
♠ KQT43
♥ 8
♦ 8543
♣ T85

西	北	东	南
			—
—	1♦	—	1♠
—	1N	—	2♣
—	2♥	—	3♦
—	3N		

北家的2♥否认了3张♠，南家原可以用DAG接力，但是他选择更明显的特征：加叫♦。有明显的特征不使用DAG而直接描述牌情是一个通用技巧，更常见的是你持有单一长套时。

在介绍下一副牌例前先介绍体系的一个法则：体系非寻常地跳叫一门花色总是表示将牌配合的缺门，而非单张（例外：开叫1NT，斯台曼回答高花后跳叫4阶新花是设定同伴花色的扣叫，非缺门）。非寻常地跳叫3NT表示持有坚强的6-7张套的低限牌。如果已经显示了缺门，任何一方后续的特博都是排除性的，不包含缺门花色的关键张。

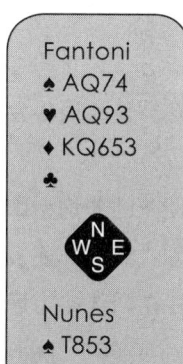

西	北	东	南
—	1♦	—	1♠
—	4♣	—	4♠
—	—	—	

北家表示♠配合且♣缺门。

西	北	东	南
			—
1♦	—	1♠	—
1N	—	2♣	—
3N	—	4♣	—
4♥	X	4♠	—
4N	—	5♣	—
5♦	—	—	—

　　西家以♦为将牌有9个赢墩，不能在1♠后跳叫3♦，用1NT逼叫。在同伴的逼局接力后非寻常地跳叫3NT，表示6-7张坚强♦的低限牌。福尔维奥在同伴低限时启动满贯未免过于激进。

总结

1♦-1♠后的发展和1♦-1♥非常类似,但由于高花的互换,某些局势发生了变化。

在1♦-1♥后开叫人4441型必然有4张♥支持,可以和有4张♥的非均型牌一样处理。而在1♦-1♠后开叫人4441型除了有4张♠时处理方式相同外还多了持牌1444。持这种牌时,开叫人低限叫2♣,高限叫1NT并在同伴接力后叫2♥。请看比较:

1♦-1♥-2♣	不可能4441型
1♦-1♠-2♣	可能持牌1444
1♦-1♥-1NT-2♣-2♠	18+点5♦4♠,不可能4441型
1♦-1♠-1NT-2♣-2♥	4+♦4♥,可能持牌1444

1♦-1♥-2♦是单纯的低限单套牌,后续2♠是第三花色邀请。而1♦-1♠-2♦除了低限单套还包括低限5+♦4♥,所以后续2♥是自然的,没有第三花色邀请。

1♦-1♥应叫人不可能持55型高花,而1♦-1♠-2♣/♦-3♥表示5♠5♥型邀请。

功败垂成

下面的牌例来自意大利俱乐部团体锦标赛决赛。东西的4♠虽然没有成功,但是福尔维奥和克劳迪奥叫到了最有机会的定约:

西	北	东	南
1♦	—	1♠	—
1N	—	2♥	—
2♠	—	3♣	—
3♦	—	4♠	—
—			

东家直接叫2♥表示5♠4♥逼局，因为更弱的5♠4♥有1♦-2♦这一装置使用。西家两张带大支持♠缘于整手点值不适合无将定约，尤其是♣的结构。福尔维奥叫第四花色怀疑♣挡张，当同伴确认不想叫无将后福尔维奥直接4♠成局。

叫品结构表

表33　1♦-1♠后的发展

1♦-1♠						
						0-9点4+♠
	1NT					高限（18+点）54型
						18-20点单套
						高限4441型
		2♣				接力，逼局
			2♦			单套有单缺
			2♥			5♦4♥，后续2NT=DAG
						持牌1444
			2♠			3-4张♠
				2NT		接力
					3♣	5♦4♣3♠
					3♦	单套
					3♥	5♦4♥3♠

					3♠	4张♠，可能持牌4441
			2NT			6322型
			3♣			5♦4♣
		2♦				弱牌
		2♥				5♠4♥逼局
		2♠				弱牌
		3♣				弱牌
	2♣					低限（14-17点）5+♣4♠
						14-15点5+♦5+♣
						低限持牌1444
		2♦				弱牌
		2♥				第四花色，邀请以上牌力
		2♠				弱牌
		2NT				自然邀请，可能有4张♥
		3♣				4+♣邀请
		3♦				4+♦邀请
		3♥				5♠5♥型邀请
		3♠				6+♠邀请
	2♦					低限单套
						低限5+♦4♥
		2♥				6-9点5♠4♥
		2♠				5+♠建设性
		2NT				自然邀请
		3♣				5♠4♣邀请
		3♦				非邀请
		3♥				5♠5♥型邀请

					含义
		3♠			6+♠邀请
	2♥				18+点6♦4♥
		2♠			弱牌
		2NT			DAG64
		3♣			4张♣逼叫
		3♦			弱牌
		3♥			弱牌
		3♠			5+♠逼叫
	2♠				14-15点4张♠
	2NT				21+单套
					18+点5+♦5+♣
					18+点6♦4♠
					18+点6♦4♣
		3♣			接力，逼局
			3♦		单套
			3♥		55型
			3♠		6♦4♠
			3NT		6♦4♣
		3♦			二次示弱（0-3点）
		3♥			5♠5♥型逼局
		3♠			6+♠逼局
3♣					16-17点5+♦5+♣
3♦					8到8个半赢墩的独立长♦
3♠					16-17点4♠

34. 1♦–1NT后的发展

1♦–1NT表示0-9点无高花。

这一叫品不逼叫。开叫人14–15点持牌4441时应该不叫。但如果有5+♦或4张♣，通常会叫牌，因为应叫人必有低花支持。

1♦–1NT–？

```
♠ AQ94
♥ K985
♦ AQ94
♣ 2
```
不叫。除了这种牌，开叫人通常会叫牌。

开叫人的再叫

开叫人低限时，自然地平叫花色。持牌1444即使最低限也应该叫2♣，因为对方至少9张♣，停在1NT没有任何好处。而16-17点持牌4441时，为了不丢局，应该大胆地重叫4张♦，同伴支持♦的概率相当大。

1♦–1NT–？

2♣　　低限（14-17点）5+♦4♣
　　　14–15点5♦5♣
　　　14-17点持牌1444

2♦　　低限单套
　　　低限5+♦4♥
　　　低限5+♦4♠
　　　16-17点持牌4441

开叫人高限时，对牌的分类逻辑和1♦–1♥/♠一样。不同的是现在用2♣

处理高限54型和4441型。这导致2♣成为多义的叫品。

1♦-1NT-?

2♣	高限（18+点）54型
	高限4441型
2♥	18+点6+♦4♥
2♠	18+点6+♦4♠
2NT	21+点单套
	18+点5+♦5+♣
	18+点6+♦4♣

1♦-1NT-3♣仍然表示16-17点5+♦5+♣。1♦-1NT-3♦不再是8到8个半赢墩的独立长♦，而是显示18-20点的单套，理由是应叫人对♦支持的概率大大增加。

1♦-1NT-2♣：自然，或高限（18+点）54型，或高限4441型

应叫人叫2♦是6-9点的接力，其他叫品都表示弱牌（0-5点）。接力后开叫人再叫3♣表示原本是♣套低限牌，其他叫品均为高限逼局。

1♦-1NT-2♣-?

2♦		接力（6-9点），非弱牌想停在2♦
	2♥	高限5♦4♥，后续2NT=DAG
	2♠	高限5♦4♠，后续2NT=DAG
	2NT	高限5♦4♣
		高限持牌1444
	3♣	低限5+♦4+♣
		14-17点持牌1444
	3♦	高限持牌4441
2NT		弱牌想停在3阶低花
3♣		弱牌
3♦		弱牌

```
Fantoni
♠ J65
♥ A
♦ Q9876
♣ AKJ7

Nunes
♠ T93
♥ Q32
♦ A5
♣ T9863
```

西	北	东	南
—	—	—	—
—	1♦	—	1N
—	2♣	—	2♦
—	3♣	—	—
—			

北家低限♣套自然地叫2♣。但2♣是个多义的叫品，还表示某些高限牌。在同伴6-9点的接力后，北家再叫3♣澄清原本是低限4+♦4+♣（可能是持牌1444）。

```
Fantoni
♠ T54
♥ A52
♦ K87
♣ J863

Nunes
♠ Q6
♥ K7
♦ A9642
♣ AKQ4
```

西	北	东	南
—	—	—	1♦
—	1N	—	2♣
—	2♦	—	2N
—	3♣	—	3♥
X	3N	—	—
—			

在多义的2♣和6-9点的2♦接力后，南家的2NT表示高限（18+点）4+♦4+♣（可能是持牌1444）。北家支持♣后双方试探3NT。

1♦-1NT-2♦：低限5+♦，或16-17点持牌4441

开叫人的牌力限制在17点之下，牌型包括单套，5+♦4♥，5+♦4♠和持牌4441。后续应叫人可以不叫，叫二阶薄弱高花或2NT邀请。3♣是6+♣弱牌，而3♦是偏爱低花成局的邀请。

```
            Nunes                      Fantoni
            ♠ 86                       ♠ K732
            ♥ J63                      ♥ A8
            ♦ A85                      ♦ KQ943
            ♣ KJ983                    ♣ A2
```

西	北	东	南
		1♦	—
1N	—	2♦	—
2♠	—	3N	—
—	—		

开叫人低限5+♦4M一律叫2♦，西家叫薄弱高花2♠邀请，东家高限有挡直接进局。

1♦-1NT-2♥/2♠/2NT：其他强牌

这些叫品都是少见的强而奇的牌，主题是18+点64型。

1♦-1NT-?

2♥	18+点6+♦4♥，后续2NT=DAG64
2♠	18+点6+♦4♠，后续2NT=DAG64
2NT	21+点单套，后续3♣接力
	18+点5+♦5+♣
	18+点6♦4♣

其中1♦-1NT-2NT-3♣是逼局的接力，答叫如下：

1♦-1NT-2NT-3♣-?

3♦	单套
3♥	55型♥单缺
3♠	55型♠单缺
3NT	6♦4♣

1♦-1NT-3♣：16-17点5+♦5+♣； 1♦-1NT-3♦：18-20点单套

Fantoni
♠ K3
♥ QJ7
♦ AKT9876
♣ A

Nunes
♠ AT
♥ 32
♦ Q5
♣ QJ98653

西	北	东	南
	1♦	—	1N
—	3♦	—	3♠
—	3N	—	—
—			

北家跳叫3♦表示18-20点单套，南家越过♥叫挡张，最终停3NT。南家的3♠不是薄弱花色。显示过无高花的一方，只有在二阶才存在"薄弱高花"的说法。

1♦-1NT后对方干扰

应叫人显示弱牌无高花意味着对方很有可能存在高花配合，并且联手有一定的牌力。所以对手加入叫牌的可能性很大。被干扰后取消接力、薄弱高花等约定，叫牌回归自然。

```
                第41届世界桥牌团体锦标赛
                    Fantoni
                    ♠ Q54
    南北有局         ♥ 63
                    ♦ QT642
                    ♣ AT9
     Versace                      Lauria
     ♠ J32                        ♠ T98
     ♥ K987          N            ♥ AQJ2
     ♦ 98          W   E          ♦ 5
     ♣ 7642          S            ♣ KQJ83
                    Nunes
                    ♠ AK76
                    ♥ T54
                    ♦ AKJ73
                    ♣ 5
```

西	北	东	南
			1♦
—	1N	X	—
2♥	2♠	—	3♦
—	—		

结果：南3♦超三。另一桌：南4♦超一。

东家对♦作技术性加倍，北家竞叫2♠是自然的邀请，暗示♥无挡。南家♥没有废点且♠点力配合导致整体牌力大幅上升，在有单张的情况下应该采取更积极的措施。实战中在竞叫的局势下，两桌都错失了低花成局定约。

总结

1♦-1NT-?

开叫人高限54型和4441型时无法像1♦-1♥/♠那样叫1NT，只能把这类牌加入显示低限♣套的2♣中，使2♣成为多义的叫品。

1♦-1NT-2♣开叫人不可能持任意牌力的单套。开叫人单套时，低限叫2♦，18-20点叫3♦，21+点叫2NT。所以1♦-1NT-3♦不再是8到8个半赢墩的独立长♦。这样处理的理由是应叫人支持♦的概率大大增加。而1♦-1♥/♠-1NT却包含18-20点单套，要留意其中的区别。

应叫人显示无高花，所以1♣-1♠中的"薄弱高花"理念仍然采用。应叫人叫二阶高花是薄弱高花邀请。三阶的非跳叫高花是半自然试探3NT。

开叫人低限4441型时，有4张♣无论什么牌力都叫2♣。♣单张时14-15点放过1NT，16-17点大胆重叫4张♦。

叫品结构表

表34　1♦-1NT后的发展

1♦-1NT				0-9点无高花
	2♣			低限（14-17点）5+♦4♣
				14-15点5♦5♣
				14-17点持牌1444
				高限（18+点）54型
				高限4441型
	2♦			接力（6-9点）
		2♥		高限5♦4♥，后续2NT=DAG
		2♠		高限5♦4♠，后续2NT=DAG
		2NT		高限5♦4♣
				高限持牌1444
		3♣		低限5+♦4+♣
				14-17点持牌1444
		3♦		高限持牌4441
	2NT			弱牌想停在3阶低花
	3♣			弱牌

			3♦	弱牌
	2♦			低限单套
				低限5+♦4♥/♠
				16-17点持牌4441
		2♥		薄弱高花邀请
		2♠		薄弱高花邀请
		2NT		自然邀请
		3♣		弱牌
		3♦		邀请低花成局
	2♥			18+点6+♦4♥，后续2NT=DAG64
	2♠			18+点6+♦4♠，后续2NT=DAG64
	2NT			21+点单套
				18+点5+♦5+♣，或18+点6♦4♣
		3♣		接力，逼局
			3♦	单套
			3♥	55型♥单缺
			3♠	55型♠单缺
			3NT	6♦4♣
	3♣			16-17点5+♦5+♣
	3♦			18-20点单套

35. 1♦开叫二盖一应叫后的发展

1♦开叫后的二盖一新花应叫逼局。其中1♦-2♣是多义的叫品，1♦-2♥/♠则为自然。

1♦-2♣：10+点，包括均型，4441型，♣套，♦加叫

开叫人自然地叫出第二套2♥/2♠/3♣，不需要额外牌力。叫高花（4441型叫2♥）形成DAG的局势。

开叫人任意牌力的单套都叫2♦。后续2NT接力问单缺，通常有满贯兴趣。但如果单套牌是6322型并且高花都有挡张，任意牌力都叫2NT。

1♦-2♣-?

2♦		单套
	2NT	接力问单缺
	3♣	♣单缺
	3♦	无单缺
	3♥	♥单缺
	3♠	♠单缺
2♥		5+♦4♥，后续2NT=DAG
		4441型
	2♠	4张♠（非第四花色）
2♠		5+♦4♠，后续2NT=DAG
2NT		6322型，保证高花挡张
3♣		5+♦4♣
3♦		设定♦

```
Nunes              Fantoni
♠ Q8               ♠ K42
♥ QJ7              ♥ A9
♦ Q876             ♦ AKJ532
♣ AT83             ♣ J5
```

西	北	东	南
−	−	1♦	−
2♣	−	2N	−
3♦	−	3N	−
−			

东家的2NT表示任意牌力6322型，保证高花挡张。由于同伴牌力无上限，西家显示♦支持。

```
Nunes
♠ KT84
♥ AK9
♦ K8752
♣ K

Fantoni
♠ 32
♥ T763
♦ AQ
♣ AT532
```

西	北	东	南
			−
−	1♦	−	2♣
−	2♠	−	2N
−	3♦	−	3♥
−	3♠	−	3N
−	−		

南家使用DAG，北家显示低限持牌4351。南家知道3NT是最佳定约。如果北家显示♥单缺，福尔维奥也许有其他想法。

对同伴的1♦开叫，你一旦用多义2♣做二盖一应叫，立即成为叫牌的主导人，理由来自你可能的均型和多义的属性。但是，如果有更高效的叫品来描述明显的特征，你可以通过一个自然叫品放弃主导权利，常见的情形是显示单套或跳叫3NT。

```
Nunes                    Fantoni
♠ K43                    ♠ AQ82
♥ QJT                    ♥ 863
♦ T42                    ♦ KQJ853
♣ KJ74                   ♣ —
```

西	北	东	南
—	—	1♦	—
2♣	—	2♠	—
3N	—	—	—

克劳迪奥跳叫3NT显示低限和挡张比用DAG接力更有效率。3NT是个描述性叫品，并非止叫，因为同伴的牌没有上限。

```
Fantoni
♠ AK
♥ Q876
♦ AQT82
♣ 42

Nunes
♠ T983
♥ T52
♦ K6
♣ AKQJ
```

西	北	东	南
—	1♦	—	2♣
—	2♥	—	2♠
—	2N	—	3N
—	—	—	—

南家2♠不是第四花色DAG，而是自然的。原因出在2♣，因为它是多义的，所以双方并没有明确显示三门花色。南家有义务叫出4张♠，因为北家可能持牌4441。

1♦-2♥/♠：10+点5+♥/♠

开叫人首先表明对高花的支持情况。3张支持就叫2NT，4张支持就加叫到三阶。其他情形都是否认支持的自然描述，不承诺额外牌力。

开叫人4441型时，有4张高花支持简单加叫即可。持牌1444同伴又用2♠

二盖一时，规定叫3♣而不是3♥。

西	北	东	南
			—
1♦	—	2♥	—
2♠	—	2N	—
3♥	—	4N	—
—			

西家自然的2♠否认持有3张♥，不承诺额外牌力。东家用DAG接力，西家叫3♥表示低限64型。东家这时叫3♠是设定♠，4♣和4♦是设定♥的扣叫，4NT是示量。

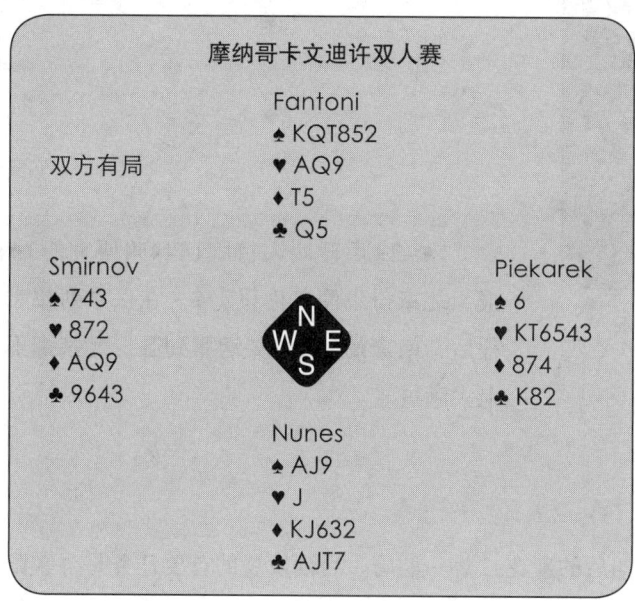

西	北	东	南
			1♦
—	2♠	—	2N
3♣	—	3N	—
—	4♥	—	4♠
—			

结果：北4♠做成。

南家的2NT在较低的阶次快速显示了♠配合，北家得以扣叫4♥。对手双人赛特有的捣乱如同隔靴搔痒。

Fantoni
♠ AJ98743
♥ K9
♦ —
♣ KQJ4

Nunes
♠ 5
♥ AJT8
♦ AQ54
♣ A972

西	北	东	南
		—	1♦
—	2♠	—	3♣
—	4♣	—	4♦
—	4♥	—	4♠
—	4N	—	5N
—	7♣	—	—

1♦-2♠后开叫人持牌1444叫便宜的3♣得到了回报，北家得以简单地设定♣。在一系列扣叫和特博进程后，南家的5NT是关键张到齐，北家毫不犹豫地叫上大满贯。

总结

1♦开叫后的新花二盖一逼局。后续发展的首要任务是寻找配合，而不是显示牌力。只有在确认配合后才使用接力或叫出显示牌力的人为叫品，很多进程双方需要在叫牌中根据逻辑推理探查定约的高度。

高花二盖一后开叫人的首要任务是表明支持，2NT是人为叫品，表示准确的三张支持。

任何时候开叫人重叫♦都表示单套，新花都是自然的，不承诺额外牌力。

在1♦开叫后的二盖一的局势下，DAG被频繁使用，并能高效地解决大多数问题。

叫品结构表

表35. 1♦开叫二盖一应叫后的发展

1♦					
	2♣				10+点5+♣
					10+点4+♦支持
					10+点均型或4441型
		2♦			单套
			2NT		接力问单缺
				3♣	♣单缺
				3♦	无单缺
				3♥	♥单缺
				3♠	♠单缺
		2♥			5+♦4♥或4441型，后续2NT=DAG
			2♠		4张♠
		2♠			5+♦4♠，后续2NT=DAG
		2NT			6322型，保证高花挡张
		3♣			5+♦4♣
		3♦			设定♦

	2♦					0-6,点5+♠4+♥
	2♥					10+,点5+♥
		2♠				5+♦4♠，后续2NT=DAG
		2NT				3张♥
			3♣			接力问单缺
				3♦		♣单缺
				3♥		回叫同意高花无单缺
				3♠		♠单缺
		3♣				5+♦4♣
		3♦				单套
		3♥				4张♥
	2♠					10+,点5+♠
		2NT				3张♠
			3♣			接力问单缺
		3♣				5+♦4♣
						持牌1444
		3♦				单套
		3♥				5+♦4♥
		3♠				4张♠

36. 1♦开叫2NT以上应叫后的发展

1♦开叫2NT以上应叫延续了1♣开叫的风格：

表36　1♦开叫2NT以上应叫的发展

1♦					
	2NT				10+点5M332型
		3♣			接力
			3♦		10-12点5张♥
			3♥		10-12点5张♠
			3♠		13-15点5张♥
			3NT		13-15点5张♠
			4♣		16+点5张♥
			4♦		16+点5张♠
		3♦			设定♦
		4♣			低花55满贯试探
	3♣				10-14点，5♥5♣型
		3♦			设定♦
		3♥			设定♥
		3♠			设定♠
	3♦				4+♦弱牌
	3♥				10-14点，5♠5♣型
		3♠			设定♠
		4♣			设定♣

	3♠			10-14点，5♥5♣型
		4♠		设定♠
		4♦		设定♦
		4♠		设定♥的扣叫
		4NT		设定♥特博，♠没控制

Fantoni
♠ AT96
♥ AKJ4
♦ Q542
♣ 5

Nunes
♠ KQJ32
♥
♦ K97
♣ K7432

西	北	东	南
	1♦	—	3♥
—	3♠	—	4♣
—	4♥	—	5♠
—	6♠		

"高花互换"（叫3♥表示♠套，叫3♠表示♥套）的设计使北家可以从容地设定♠。南家的4♣越过低限3NT鼓励，北家越过♦扣叫同样略带鼓励，克劳迪奥有缺门不愿叫4♠示弱（他应该这么做，同伴越过♦扣叫♥是坏消息），模糊的5♠邀请（正常理解应该是♦缺门）导致离谱的满贯。

37. 1♦开叫被干扰后的处理

由于1♦开叫是真实的花色。所以被干扰后的处理方式和1♣开叫不同。

1♦被加倍

同伴开叫1♦，马上遭遇对方加倍。你持0-5点通常不叫，5-6点以上就要积极竞叫。

如果有5张以上高花，5点就可以自然地叫出花色。5-9点在一阶显示，跳叫二阶高花逼叫，但不完全逼局。

1♦－（Dble）－?

♠ T5
♥ A6542
♦ 982
♣ J52

叫1♥。表示5-9点5+♥。有5张高花即使5点5332型也要积极竞叫。

♠ AJ7432
♥ 6
♦ T7543
♣ 9

叫2♠。5+♠逼叫一轮。叫不逼叫的1♠不足以显示这么强的牌。

如果只有4张高花，6点才能叫牌。4张高花不能直接叫花色，应该再加倍。

1♦－（Dble）－?

♠ Q
♥ KQT6
♦ JT852
♣ 876

叫再加倍。表示6+点。直接叫1♥要有5张套。

♠ K954
♥ JT87
♦ 84
♣ J53

不叫。虽然有5点和44高花，但是福尔维奥拒绝加入叫牌。如果换做克劳迪奥，也许会叫再加倍。

你拿54型高花时5-9点时先再加倍，以后再伺机显示5张套。再加倍后叫新花不逼叫，所以你不必担心叫得太高。但是如果你持10+点54型高花就应该跳叫二阶5张高花，暂时忽略4张高花，优先显示逼叫牌力。

1♦-（Dble）-？

♠ KQ53
♥ KJ542
♦ 876
♣ 3

叫再加倍。如果牌力再强（10+点），则应该先叫2♥逼叫，以后再寻找♠配合。

如果没有高花套，应首先显示♦支持情况。叫1NT表示6-7点3+♦支持，2NT表示4+♦支持邀请以上牌力。其他有支持的情形可以先叫再加倍。

1♦-（Dble）-？

♠ JT4
♥ 7
♦ Q76
♣ K98532

叫1NT。1♦开叫是真实花色，所以对方加倍后的1NT表示6-7点有支持，不一定是均型。

♠ K32
♥ A3
♦ Q762
♣ T932

叫2NT。表示4+♦邀请以上，不一定均型。

♠ 754
♥ A73
♦ A965
♣ K96

叫再加倍。4333型不适合叫2NT表示4+♦邀请以上牌力，福尔维奥选择先叫再加倍。

如果既没有高花套，♦也没有3张支持，意味着♣有一定长度。你可以叫2♣逼叫一轮，否则还是叫再加倍。

1♦-（Dble）-?

♠ 3
♥ K42
♦ 87
♣ KQ98653

叫2♣。虽然只有8点，但足以用2♣逼叫一轮，这一叫品并不逼局。

我们看到，应叫人再加倍表示6+点的多种类型的牌，不一定有4张高花。再加倍并未建立逼叫性不叫进程，后续叫新花不逼叫。

我们对上述介绍做个小结：

1♦-（Dble）-?

Rdbl　　6+点，后续新花不逼叫

1♥　　　5-9点5张♥

1♠　　　5-9点5张♠

1NT　　 6-7点3+♦支持

2♣　　　5+♣逼叫

2♦　　　弱牌

2♥　　　5+♥逼叫

2♠　　　5+♠逼叫

2NT　　 4+♦邀请以上牌力

3♦　　　到位叫

```
                2009年圣保罗杯赛
                Fantoni
                ♠ AK
  东西有局       ♥ K
                ♦ JT963
                ♣ KJ982

  Danailov                      Karakolev
  ♠ T96                         ♠ Q732
  ♥ Q9           N              ♥ A8532
  ♦ Q74        W   E            ♦ K8
  ♣ Q7543        S              ♣ T6

                Nunes
                ♠ J854
                ♥ JT764
                ♦ A52
                ♣ A
```

西	北	东	南
—	1♦	X	XX
2♣	—	—	2♥
—	2N	—	3♦
—	3N	—	—

结果：北3NT宕一。另一桌：南3NT做成。

如果南家认为他的牌逼局，常规的叫品是2♥，而不是再加倍。实战中克劳迪奥看到点力错位，调低了估值，选择再加倍。虽然导致后续的2♥不逼叫，但他毫不在意。如果同伴没有4张高花，南家的牌并没有看起来那么强。由于防守方式不同，造成12IMP的分差，但这不是我们讨论的范畴。

对方自然争叫1♥

同伴开叫1♦，你的右手敌方争叫1♥。你首先显示另一高花：叫加倍表示5+点5+♠或6+点4张♠，这一叫品没有上限。

1♦–（1♥）–?

♠ KQT93
♥ Q
♦ T853
♣ T53

叫加倍。一定牌力的4-5张♠总是加倍。

♠ QT76
♥ J85
♦ A96
♣ A83

叫加倍。即使逼局的牌也是先叫加倍，这次加倍没有上限。

如果持6+♠，无论什么牌力都可以叫扣叫2♥，这是转移性叫品。

1♦–（1♥）–?

♠ AJ8743
♥ Q4
♦ 9
♣ T863

叫2♥。转移性，6+♠，牌力不明。

如果你没有♠套，首先检查♥挡张，如果♥挡不错，6-7点可以叫不逼叫的1NT。如果♥的挡张较好，邀请牌力时也可以叫2NT，但一样不逼叫。如果有更好的♥挡张和更强的牌，可以直接叫3NT，也可以陷阱性不叫，等待叫牌的发展。

1♦–（1♥）–?

```
♠ KJ5
♥ AKT76
♦ J6
♣ K93
```

不叫。福尔维奥持强牌强♥陷阱性不叫，看看叫牌怎么发展。

如果既没有♠套又没有好的♥挡张，可以叫人为叫品1♠，这一叫品同样没有上限。但有时候你持邀请以上牌力的好牌型和好支持，不适合打无将定约，可以跳叫人为叫品2♠，第一时间通知同伴，以便更有效地探讨低花成局或满贯定约。

1♦-（1♥）-?

```
♠ AT3
♥ K4
♦ 9742
♣ J643
```

叫1♠。叫1NT牌太强，2NT♥挡张不好，先叫1♠否认♠套和好的♥挡张。

```
♠ 754
♥ J
♦ AQ6532
♣ A64
```

叫2♠。邀请以上牌力的4+♦支持，没叫1♠暗示无意打无将定约。

我们对上述介绍做个小结：

1♦-（1♥）-?

Dble	5+点，4-5张♠
1♠	5+点，否认好的♥挡张和♠套
1NT	6-7点自然
2♣	5+♣逼叫
2♦	自然加叫
2♥	转移性，6+♠，不限牌力
2♠	4+♦支持，邀请以上牌力
2NT	自然邀请

37. 1♦开叫被干扰后的处理

Fantoni
♠ QJ54
♥ Q98
♦ 5
♣ K9742

Nunes
♠ AK2
♥ T
♦ KQ943
♣ AJT6

西	北	东	南
—	—	—	1♦
1♥	X	3♥	X
—	4♣	—	5♣
—	—	—	

北家加倍表示4-5张♠，南家在三阶的加倍不是支持加倍，而是技术性的。在北家自然地叫出第二套后，南家加叫进局。

Nunes
♠ AK7
♥ Q98
♦ T74
♣ 8765

Fantoni
♠ JT3
♥ K
♦ AKQ85
♣ QJ32

西	北	东	南
—	—	—	1♦
1♥	1♠	—	2♣
2♥	X	—	2N
3♥	X	—	—
—			

双方无局。

结果：西3♥加倍宕一。另一桌：北3NT做成。

南家显示54型，北家对2♥的加倍是技术性的，南家用2NT做最接近的描述。克劳迪奥低花都有配合时选择了惩罚3♥并不是什么好主意，西家一定有很好的牌型。

对方自然争叫1♠

同伴开叫1♦，你的右手敌方争叫1♠。如果持高花套，加倍表示4-6张♥，直接2♥表示5+逼叫一轮，但不逼局。上述两个叫品均无上限。

和敌方争叫1♥相比，你的空间进一步压缩，没有转移性叫品显示6+

♥，叫加倍另一高花的长度更加模糊。

1♦-（1♠）-?

♠ KQT7
♥ A973
♦ JT8
♣ 64

叫加倍。先表示4+♥。这次加倍没有上限，但后续叫新花不逼叫。

♠ T94
♥ A8753
♦ 963
♣ J5

叫加倍。即使6张♥也必须加倍，因为实力不够用2♥逼叫一轮。

♠ 952
♥ KQT94
♦ A8
♣ KT9

叫2♥。强牌先用5+♥逼叫一轮。

如果没有♥套，首先检查♠挡张，6-7点♠有不错的挡张时叫1NT。邀请牌力♠好挡叫2NT。如果有更好的♠挡张和更强的牌，可以直接叫3NT，当然也可以陷阱性不叫，等待叫牌的发展。

1♦-（1♠）-?

♠ Q642
♥ J54
♦ T2
♣ KJ73

叫1NT。6-7点的自然1NT。

对方争叫1♥时如果高花均无特征，可以叫无上限的人为叫品1♠。现在对方争叫1♠，如果你既没有♥套，也没有好的♠挡张，没有适合的叫品，只能权益处理：6-7点不叫，8+点扣叫2♠。

扣叫2♠还表示多种类型邀请以上牌力的牌，包括4+♦支持或♠有挡的强牌。所以我们把1♦-（1♠）-2♠描述成：邀请以上牌力，否认♥套，♠挡张和♦支持情况均不明。

1♦-（1♠）-?

♠ Q97
♥ KT5
♦ 96
♣ J9632

不叫。叫1NT挡张不够好，扣叫2♠至少要好的8点，只能不叫。

♠ J6543
♥ 432
♦ AJ65
♣ Q

叫2♠。邀请以上牌力的扣叫，♠挡张不明。

1♦-（1♠）-2♣表示5+♣逼叫一轮，只要你觉得定约相对安全就可以使用这一叫品，不一定要多强的实力。

1♦-（1♠）-?

♠ 862
♥ T65
♦ Q
♣ AJ7654

叫2♣。福尔维奥只有7点，仍然用6张♣积极地竞叫。

♠ 87
♥ Q6
♦ AT
♣ AJ98543

叫2♣。强牌同样先用2♣逼叫一轮。

我们对上述介绍做个小结：

1♦-（1♠）-?

Dble　　5+点，4-6张♥

1NT　　6-7点自然

2♣　　5+♣逼叫

2♦　　自然加叫

2♥　　5+♥逼叫
2♠　　邀请以上
2NT　 自然邀请

Fantoni
♠ KJT9
♥ A9
♦ AKQ84
♣ 52

Nunes
♠ 3
♥ QT76
♦ 62
♣ QJT963

西	北	东	南
	1♦	1♠	X
XX	1N	—	2♣
—	—	—	

南家凭借良好的牌型加倍显示4+♥，北家自然地描述♠好的挡张。南家再叫2♣不逼叫。如果南家持逼局的5♣4♥，应该先用2♣逼叫，而不是叫加倍。

Fantoni
♠ Q
♥ T953
♦ KJ98
♣ AK63

Nunes
♠ K764
♥ QJ64
♦ AT53
♣ 5

西	北	东	南
			—
—	1♦	1♠	X
2♠	3♥	—	3♠
—	4♥	—	—
—			

北家第三家没有开叫1NT，选择轻开叫1♦。南家在敌方争叫后加倍表示4-6张♥。在激烈的竞叫中南北叫到一个临界的4♥定约。

```
                  意大利公开团体锦标赛
                         Bardin
                         ♠ KQJ84
    南北有局              ♥ K85
                         ♦ T852
                         ♣ J
    Nunes                              Fantoni
    ♠ 7                                ♠ AT653
    ♥ 64           N                   ♥ AQJ97
    ♦ AQJ63      W   E                 ♦ 7
    ♣ AKT95        S                   ♣ 42
                         Berti
                         ♠ 92
                         ♥ T32
                         ♦ K94
                         ♣ Q8763
```

西	北	东	南
			—
1♦	1♠	—	—
X	—	—	—

结果：北1♠加倍宕四。另一桌：西3♣超二。

福尔维奥♠的间张并不强大，但♥套却非常好。然而在对方有局的情况下仍然选择陷阱性不叫。期待的事情发生了，东西防守被加倍的1♠宕四，14IMP收入囊中。

对方争叫强无将

如果对方在同伴的1♦开叫后争叫强无将，加倍（7+点）是你唯一显示实力的叫品。

1♦-（1NT）-？

Dble	7+点实力加倍
2♣	弱牌双高花
2♦	弱牌加叫
2M	弱牌5+M
2NT	弱牌7+♣

1♦-（1NT）-?

```
♠ T3
♥ A97643
♦ 3
♣ K874
```

叫2♥。表示5+♥不逼叫。

对方迈克尔斯扣叫2♦

同伴开叫1♦，如果对方迈克尔斯扣叫2♦，你的加倍是技术性的，通常持有5+♣并支持♦，希望用低花竞叫。扣叫表示支持♦的邀请以上牌力：扣叫2♥表示3张支持，扣叫2♠表示4张以上支持。叫2NT是自然邀请，三阶低花竞争性。

1♦-（2♦）-?

Dble	技术性
2♥	3张♦邀请以上
2♠	4+♦邀请以上
2NT	自然邀请
3♣	竞争性
3♦	竞争性

1♦-（2♦）-?

♠ K7
♥ J87
♦ 953
♣ K9754

叫加倍。希望用3♣或3♦竞叫。

对方二阶实套争叫

同伴开叫1♦。如果对方争叫自然的2♣或跳争叫2♥/♠，你的加倍都是排除性的，叫新花都是自然的并且逼叫一轮。2NT也是自然的邀请。1♦-（2♣）-3♣表示混合加叫以上牌力的扣叫，扣叫3♥/♠表示有逼局实力，但允许停在4♦。

1♦-（2♣）-?

♠ A543
♥ J743
♦ AT5
♣ 87

叫加倍。排除性。

♠ A74
♥ QJ632
♦ J86
♣ 95

叫2♥。虽然点力不高，但这一叫品仍然逼叫一轮。

1♦-（2♥）-?

♠ K9652
♥ J
♦ A4
♣ K9863

叫2♠。先逼叫一轮。

1♦（2♠）？

♠ K5
♥ J97652
♦ K84
♣ JT

叫3♥，逼叫，但仍然允许停在4♦。

总结

1♦开叫被加倍后应叫人叫无将表示对同伴花色的支持，而对方实套争叫后应叫人叫无将是自然的，保证对方花色较好的挡张。

应叫人叫加倍通常是排除性的，平叫二阶以上的新花逼叫一轮，但不逼局。由于1♦开叫保证花色的真实性，在竞叫中所有没有超过3♦的叫品都不逼局，即使扣叫也是如此。这和1♣开叫被干扰不同，后者有些局势下应叫人叫新花是逼局的。

不同局势下的扣叫有各自的含义，没有规律可寻。请看以下比较：

1♦开叫被干扰后不同局势扣叫的含义

1♦			
	（1♥）		（实套争叫）
		2♥	转移性，6+♠，不限牌力
	（1♠）		（实套争叫）
		2♠	邀请以上，否认♥套，♠挡张和♦支持情况不明
	（2♣）		（实套争叫）
		3♣	混合加叫以上
	（2♦）		（双高争叫）
		2♥	3张♦邀请以上
		2♠	4+♦邀请以上

	（2♥）		（实套争叫）
		3♥	逼局实力
	（2♠）		（实套争叫）
		3♠	逼局实力

叫品结构表

表37　1♦开叫被干扰后的处理

1♦	（Dble）		（技术性加倍）
		Rdbl	6+点
		1♥	5-9点5张♥
		1♠	5-9点5张♠
		1NT	6-7点3+♦支持
		2♣	5+♣逼叫
		2♦	弱牌
		2♥	5+♥逼叫
		2♠	5+♠逼叫
		2NT	4+♦邀请以上牌力
		3♦	到位叫
	（1♥）		（实套争叫）
		Dble	5+点，4-5张♠
		1♠	5+点，否认好的♥挡张和♠套
		1NT	6-7点自然
		2♣	5+♣逼叫
		2♦	自然加叫

		2♥	转移性，6+♠，不限牌力
		2♠	4+♦支持，邀请以上牌力
		2NT	自然邀请
	（1♠）		（实套争叫）
		Dble	5+点，4-6张♥
		1NT	6-7点自然
		2♣	5+♣逼叫
		2♦	自然加叫
		2♥	5+♥逼叫
		2♠	邀请以上
		2NT	自然邀请
	（1NT）		（强无将）
		Dble	7+点实力加倍
		2♣	弱牌双高花
		2♦	弱牌加叫
		2M	弱牌5+M
		2NT	弱牌7+♣
	（2♣）		（实套争叫）
		Dble	排除性，至少一门4张高花
		2♦	自然加叫
		2M	5+M逼叫
		2NT	自然邀请
		3♣	混合加叫以上
		3♦	弱牌
	（2♦）		（双高）
		Dble	技术性

		2♥	3张♦邀请以上
		2♠	4+♦邀请以上
		2NT	自然邀请
		3♣	竞争性
		3♦	竞争性
	（2♥）		（自然）
		Dble	排除性
		2♠	逼叫
		2NT	自然邀请
		3♣	5+♣逼叫
		3♦	自然加叫
	（2♠）		（自然）
		Dble	排除性
		2NT	自然邀请
		3♣	5+♣逼叫
		3♦	自然加叫
		3♥	5+♥逼叫

38. 1♥开叫及第一应叫

1♥开叫是逼叫的，表示14+点5+♥或11-13点5+♥4+♠。

一阶高花开叫除了常规的14+点5张以上套外，还包含11-13点带另一高花的牌。我们把开叫人11-13点的牌称为弱牌，14-17点称为低限，18+点称为高限。

如果是第三、第四家，只需要好的12点就可以开叫，而且不需要持有♠套。

♠ A7
♥ A9865
♦ KQ8
♣ Q83

在我们的体系里，5M332型定义为非均型，不要当成均型开叫1♣。

1♥开叫后一阶总是弱应叫。如果应叫人持0-9点4+♠，通常叫1♠，即使有更长的低花，也不排除有3张♥。

1♥-?

♠ AJ643
♥ AT5
♦ 6432
♣ 5

叫1♠。1♥-1♠不否认支持♥，但通常没有4张♥。

如果应叫人持0-9点没有4+♠，应叫1NT，不逼叫。1♥-1NT否认4张♠，通常也不支持♥，但可能包含0-2点3张♥支持的牌，所以1NT应叫也是高花加叫结构中的一个叫品。

1♥-?

```
♠ 64
♥ 986
♦ J765
♣ 9865
```

叫1NT。0-2点3张♥支持时也是应叫1NT，它是高花加叫结构中的一个叫品。

体系二盖一应叫通常是10+点逼局，但高花开叫应叫2♣是唯一的例外。1♥-2♣尚未逼局，应叫人10-12点对应开叫人弱牌（11-13点）可能不够成局实力，所以在1♥-2♣后设置特定的进程停在部分定约（详见第41节）。

1♥-2♣也是10+点的多义叫品，包含♣套、均型、4441型、♥加叫等牌。5♦3♥32型虽然也属于均型，但是规定应叫2♦，这是10+点均型不应叫2♣的唯一情形。

1♥-?

```
♠ AK7
♥ T7
♦ KJ975
♣ 964
```

叫2♦。有5张♦的均型牌叫2♦时，♥必须是无支持的。

有时候你持10-12点5+♦非均型不敢逼局，同伴弱牌（11-13点）开叫时想停在二阶高花，只好叫2♣，后续视叫牌发展见机行事。

1♥-?

```
♠ AQ8
♥ 8
♦ KQ985
♣ J984
```

叫2♣。不敢叫2♦逼局，只好叫2♣。试图在同伴弱牌（11-13点）时停在2♠。

1♥-2♦/♠是货真价实的自然逼局。其中1♥-2♦可能是5♦3♥32型。

1♥-?

```
♠ J3
♥ Q76
♦ KT762
♣ AQT
```

叫2♦。3张♥支持的5♦332型虽然是均型，但不能叫2♣。

```
♠ KQ975
♥ 62
♦ 96
♣ AJ73
```

叫2♠。虽然实力较弱，但是如果同伴是低限，必有4张♠，一样是逼局的牌。

1♥开叫后，三阶应叫仍然表示55型

1♥–?

3♣　　10–14点♣♥55型

3♦　　10–14点♦♥55型

3♠　　10–14点♠♥55型

1♥–?

```
♠ KQJ93
♥ 2
♦ KT
♣ AQJ92
```

克劳迪奥持16点叫3♣表示♣♥55型，超出了规定点力范围。虽然实战并未造成损失，但有时候会给满贯试探带来很大的困扰，所以本例叫3♣不可取，应该应叫2♠。

在1♥开叫的加叫结构中，应叫人直接加叫通常否认4+♠。体系对持3张♥或4+♥有精细的区分。

1♥–?

1NT　　0–2点3张♥

2♥　　3–6点3张♥

　　　2–5点4+♥

2NT　　7–9点3张♥

　　　5–9点4张♥

3♥	0-5点4+♥
3NT	4+♥，♣缺门，2-3个控制
4♣	4+♥，♦缺门，2-3个控制
4♦	4+♥，♠缺门，2-3个控制

1♥-?

♠ QT5
♥ T83
♦ J974
♣ KQ2

叫2NT。属于用2NT加叫两种类型之一：7-9点3张♥。

♠ 6
♥ 9853
♦ QJT65
♣ K63

叫2NT。属于用2NT加叫另一类：5-9点4张♥。类似混合加叫。

♠ A632
♥ JT763
♦ QJ2
♣ 7

叫2NT。5张♥就不要应叫1♠了，同伴低限时未必有局。

1♥开叫的第一应叫依然秉承体系"一阶弱应叫，二阶逼局，三阶55型"的风格，其加叫结构别具一格。

细致入微

Nunes
♠ AKQT
♥ KJT94
♦ 52
♣ 96

Fantoni
♠ J972
♥ A763
♦ T84
♣ 54

西	北	东	南
			1♠
—	1♥	—	1♠
—	2♣	—	—
—			

正常情况下，南家应该叫2NT表示5-9点4+♥或7-9点3张♥。本例中福尔维奥注意到同伴是第三家开叫，可能只有12点并且没有4张♠，那么叫2NT可能叫到过高的3♥定约。先叫1♠试探，即使同伴放过，打43配的1♠而没有打54配的3♥也未必是坏事。实战中2♠超二，而另一桌东西抢到3♣定约并打成超二，双得分净赚8IMP。

叫品结构表

表38 1♥开叫及第一应叫

1♥		14+点5+♥
		11-13点5+♥4+♠
	1♠	0-9点4+张♠
	1NT	0-9点无4张♠,无支持
		0-2点3张♥支持
	2♣	10+点5+♣,未逼局
		10+点均型（5♦3♥32型除外）
		10+点♥加叫
		10+点4441型
		5+♦非均型不敢逼局
	2♦	10+点5+♦非均型
		10+点5♦3♥32型
	2♥	3-6点3+♥
	2♠	10+点5+♠
	2NT	7-9点3张♥
		5-9点4张♥
	3♣	10-14点♠♣55型
	3♦	10-14点♠♦55型
	3♥	4+♥弱牌
	3♠	10-14点♣♦55型
	3NT	4+♥,♣缺门,2-3个控制
	4♣	4+♥,♦缺门,2-3个控制
	4♦	4+♥,♠缺门,2-3个控制

39. 1♥-1♠后的发展

1♥-1♠表示0-9点4+♠。理论上这一叫品不逼叫，但是绝大多数情况开叫人会继续叫牌。所以如果你有4+♠，同时还有3张♥，通常先应叫1♠。但4+♥时尽量选择其他叫品。

开叫人的再叫

开叫人弱牌（11-13点）或低限（14-17点）时在2♠之下叫牌，再叫2♠是可能持弱牌的唯一叫品，其他叫品牌力都在14+点。

1♥-1♠-?

1NT	低限（14-17点）5♥332型
2♣	低限5+♥4♣
	14-15点5♥5♣型
2♦	低限5+♥4♦
	14-15点5♥5♦型
2♥	低限6+♥
2♠	11-15点4张♠

有时候开叫人持特殊的16-17点中性牌：♠已经配合，或者自己有很强的进攻牌型。这些牌虽然点力是低限，但就总体实力而言，已经超出低限的范畴。体系为它们设置了专门叫品。

1♥-1♠-?

3♣	16-17点♥♣55型
3♦	16-17点♥♦55型
3♥	8到8个半赢墩的独立长♥
3♠	16-17点4张♠

如果开叫人持高限（18+点），大多数情况下都使用人为叫品2♣，少见的情形用1♥-1♠-2NT表示55型或64型。

1♥-1♠-?
2♣　　　高限（18+点）5♥332型
　　　　高限54型
　　　　高限单套
2NT　　高限5♥5m型
　　　　高限6♥4m型

我们看到，1♥-1♠-2♣是个多义叫品，它包含低限（14-17点）♣套和除55型和64型外的所有高限（18+点）牌。

1♥-1♠-1NT：低限（14-17点）5♥332型

应叫人持弱牌时可以不叫，或用2♦/♥/♠停叫。如果持邀请以上牌力，可以叫2♣重询♠张数，或叫2NT邀请。6+♣/♦时也可以用3♣/♦邀请。

Fantoni
♠ AK2
♥ QT832
♦ K4
♣ AT8

Nunes
♠ 9643
♥ 5
♦ AQT852
♣ K5

西	北	东	南
	1♥	–	1♠
–	1N	–	3N
–	–	–	

南家在同伴显示低限（14-17点）5332型后直接叫3NT成局。

1♥–1♠–2♣：低限（14-17点）自然，或高限（18+点）多种类型的牌。

"多种类型的牌"包括54型，5♥332型，单套，不包括55型或64型。后续应叫人接力2♦表示6-9点，其他叫品均是弱牌（0-5点）试图停叫。

1♥–1♠–2♣–?

2♦	接力，6-9点
2♥	弱牌
2♠	弱牌
2NT	弱牌，双低44或54
3♣	弱牌
3♦	弱牌

应叫人2♦接力时，开叫人高限构成逼局形势，低限5+♥4+♣时叫2♥：

1♥–1♠–2♣–2♦–?

2♥		低限
2♠		高限3-4张♠
	2NT	接力
	3♣	4张♣
	3♦	4张♦
	3♥	单套
	3♠	4张♠
	3NT	18-20点5♥3♠32型
2NT		高限持牌2533
3♣		高限4张♣
3♦		高限4张♦
3♥		高限单套
3♠		23+点5♥332型

```
          Nunes                    Fantoni
          ♠ T65432                 ♠ J8
          ♥ 86                     ♥ QT943
          ♦ AKT                    ♦ Q
          ♣ J4                     ♣ AKQT6
```

西	北	东	南
—	—	—	—
—	—	1♥	—
1♠	—	2♣	—
2♦	—	2♥	—
2♠	—	—	—

西家显示6-9点任意牌，东家重叫2♥表示低限♣套，西家2♠显示6张♠略带建设性。

```
          Nunes                    Fantoni
          ♠ 9872                   ♠ A6
          ♥ 96                     ♥ AQJT842
          ♦ AK52                   ♦ 6
          ♣ Q92                    ♣ AKT
```

西	北	东	南
—	—	1♥	—
1♠	—	2♣	—
2♦	—	3♥	—
4♦	—	4♥	—

东家在同伴的6-9点接力后不能叫显示低限♣套的2♥，必须用3♥表示高限单套。因为东家的牌没有上限，西家越过♣扣叫4♦是♥配合的鼓励性叫

品。♦的点力对东家不是什么好消息，福尔维奥虽然控制很好。仍然保守地停在4♥。阴差阳错的是被克劳迪奥越过的♣中有珍贵的皇后，东西错失了"天仙配"满贯。

Fantoni
♠ KQJ63
♥ 82
♦ J42
♣ T82

Nunes
♠ A54
♥ AKQ95
♦ A8
♣ J53

西	北	东	南
—	—	—	1♥
—	1♠	—	2♣
—	2♦	—	2♠
—	3♠	—	3N
—	4♠	—	—

南家在同伴6-9点接力后叫2♠显示高限（18+点）3-4张♠。因同伴的牌无上限，北家先设定♠以图长远。南家叫低限3NT，北家知道双方都是低限，止叫于4♠。

1♥-1♠-2♦/♥/♠：低限自然描述

1♥-1♠-2♠表示11-15点4张♠，这是开叫人可能持弱牌（11-13点）的唯一叫品，1♥-1♠-2♦/♥都是14-17点的自然描述。1♥-1♠-2♦-3♣是第四花色逼局（三阶第四花色总是逼局）。

Nunes
♠ —
♥ KQJ82
♦ J432
♣ AKT5

Fantoni
♠ Q976
♥ —
♦ KQ8765
♣ 987

西	北	东	南
1♥	—	1♠	—
2♦	—	3♣	—
3N	—	4♦	—
5♦	—	—	—

一副很难叫到的满贯牌。西家显示低限，东家用第四花色逼局后支持♦显示温和的满贯兴趣，概率不支持克劳迪奥采取任何积极行为。

1♥-1♠-2NT：高限（18+点）5♥5m型或6♥4m型

开叫人再叫2NT表示强而奇的怪牌（Monster），逼叫但尚未逼局。应叫人如果持弱牌（0-5点），可以用3♥尝试停叫，其他叫品均逼叫。

1♥-1♠-2NT-?

3♣		接力，逼局
	3♦	5♥5♦型
	3♥	64型
	3♠	5♥5♣型
	4m	6♥5m型
3♦		4+张♦逼叫
3♥		弱牌
3♠		6+♠逼叫

Fantoni
♠ QJT8
♥ T9
♦ 75
♣ J9872

Nunes
♠ A7
♥ KQ8763
♦ 2
♣ AKQ4

西	北	东	南
—	—	—	1♥
—	1♠	—	2N
—	3♣	—	3♥
—	4♥	—	—

2NT：高限5♥5m型或6♥4m型。

3♣：接力，逼局。

3♥：64型，低花套不明。

4♥：不需要知道低花信息。

中性进攻牌型

中性进攻牌型主要指16-17点加叫♠或55型：

Fantoni
♠ K943
♥ 32
♦ K3
♣ J8432

Nunes
♠ QJ76
♥ AQT754
♦ Q
♣ A9

西	北	东	南
—	—	—	1♥
—	1♠	—	3♠
—	4♠	—	—

同伴应叫1♠后南家重新估值，3♠是描述性叫品，表示中性牌力（16-17点）4张♠支持。

```
Nunes              Fantoni
♠ AK96             ♠ J
♥ 4                ♥ AKQJ9
♦ QT94             ♦ J6
♣ 8643             ♣ AQT72
```

西	北	东	南
—	—	1♥	—
1♠	—	3♣	—
3N	—	—	—

东家的3♣描述中性进攻牌型：16-17点♥♣55型。西家目标明确，停在3NT。

总结

桥牌比赛解说员看见1♥-1♠-2♣进程时都会解释说："葛兹里（Gazzilli），14-17点自然，或18+点任意牌。""任意牌"这一说法不准确，真实的体系并不包含少见的55型和64型强牌。"葛兹里"这一说法也不准确，因为类似的风格贯穿整个体系，相关进程随处可见，不能统称"葛兹里"。

叫品结构表

表39　1♥–1♠后的发展

1♥–1♠						
						0-9点,4+♠
	1NT					低限（14-17点）5♥332型
		2♣				重询，邀请
		2♦				弱牌
		2♥				弱牌
		2♠				弱牌
		2NT				自然邀请
		3♣				6+♣邀请
		3♦				6+♦邀请
	2♣					低限5+♥4♣
						14-15点,5♥5♣型
						高限（18+点）5♥332型
						高限54型
						高限单套
		2♦				接力，6-9点
			2♥			低限
			2♠			高限3-4张♠
				2NT		接力
					3♣	4张♣
					3♦	4张♦
					3♥	单套
					3♠	4张♠
					3NT	18-20点,5♥3♠32型

			2NT		高限持牌2533
			3♣		高限4张♣
			3♦		高限4张♦
			3♥		高限单套
			3♠		23+点5♥332型
		2♥			弱牌
		2♠			弱牌
		2NT			弱牌，双低44或54
		3♣			弱牌
		3♦			弱牌
	2♦				低限5+♥4♦
					14-15点5♥5♦型
		2♥			弱牌
		2♠			弱牌
		2NT			邀请
		3♣			第四花色逼局
		3♦			邀请
		3♥			邀请
		3♠			6+♠邀请
	2♥				低限6+♥
	2♠				11-15点4张♠
		2NT			接力问单缺（不逼局）
			3♣		♣单缺
			3♦		♦单缺
			3♥		6♥4♠
			3♠		低限（11-13点）5422

			3NT		高限（14-15点）5422
		3♣			试探
		3♦			试探
		3♥			试探
		3♠			邀请
	2NT				高限5♥5m型
					高限6♥4m型
		3♣			接力，逼局
			3♦		5♥5♦型
			3♥		64型
			3♠		5♥5♣型
			4m		6♥5m型
		3♦			4+张♦逼叫
		3♥			弱牌
		3♠			6+♠逼叫
	3♣				16-17点♥♣55型
	3♦				16-17点♥♦55型
	3♥				8赢墩的独立长♥
	3♠				16-17点4张♠

40. 1♥-1NT后的发展

1♥-1NT表示0-9点无4张♠。应叫人通常没有♥支持，但在高花加叫结构中，1♥-1NT也表示0-2点3张♥支持。

开叫人的再叫

开叫人可以不叫。由于应叫人低花颇有长度，持5♥4m时即使最低限也要尽量叫牌，以便寻找更理想的部分定约。开叫人不叫通常是：

1♥-1NT-?

♠ AQ83
♥ Q7632
♦ A2
♣ J4

不叫。11-15点5♥4♠不叫是唯一的选择。

♠ KT2
♥ K8643
♦ K6
♣ AQ8

不叫。14-15点5♥332型不叫也是唯一的选择。

开叫人低限（14-17点）时在2♥以下自然地平叫花色。弱牌（11-13点）开叫时有时候也会叫牌，如弱牌6♥4♠叫2♥。

大多数高限（18+点）牌使用多义的人为叫品2♣，少见的高限6♥4♠叫2♠，高限55型和其他高限64型叫2NT。中性进攻牌型仍然设置了专门的叫品。

如果开叫人持16-17点5♥4♠或5♥332型，也会再叫多义的2♣。所以和1♥-1♠-2♣相比，1♥-1NT-2♣多了16-17点的两种牌（详见本节末表40）。

1♥–1NT–2♣：低限自然，16-17点5♥4♠或5♥332型，或多种类型的高限牌

后续应叫人接力2♦表示6-9点，其他叫品均是弱牌（0-5点）。

1♥–1NT–2♣–?

2♦	接力，6-9点
2♥	弱牌
2♠	弱牌，持牌31（54）
2NT	弱牌，双低55型
3♣	弱牌
3♦	弱牌

应叫人2♦接力时，开叫人低限5+♥4+♣时叫2♥，16-17点叫2NT，高限构成逼局形势。

我们先在本节末表40中寻找1♥–1NT–2♣–2♦后的发展。通过研究可以发现，应叫人6-9点的2♦接力后，有两种情形后续仍有接力。第一种情形是开叫人叫2♠显示18+点3-4张♠，后续应叫人的2NT是接力，可以澄清牌型和♠张数。另一种情形是开叫人叫2NT，专门警示自己持16-17点的牌力，后续应叫人可以不叫，如果他觉得仍可成局，可以用3♣继续接力（逼局）问单缺，开叫人澄清牌型并回答单缺后就能知道是打3NT还是5♣/♦。

Fantoni
♠ T98
♥ T4
♦ KT532
♣ A43

Nunes
♠ KJ52
♥ AK973
♦ A4
♣ KT

西	北	东	南
			1♥
–	1N	–	2♣
–	2♦	–	2♠
–	2N	–	3♣
–	3N	–	–

北家通过两次接力探明同伴为54型，放心打3NT。

1♥-1NT-2♦：低限（14-17点）5+♦4♦，或14-15点5♥5♦型

开叫人否认了弱牌（11-13点）开叫，后续叫牌自然地发展。应叫人可以不叫，或用2♦停叫。由于开叫人仍可能有3张♣，所以应叫人叫3♣表示5+♣邀请。叫3♦通常也有5+♦，也是邀请。由于应叫人否认过4+♠，所以他如果没有5张低花，可以叫2♠表示♠无挡的邀请，有挡时叫2NT。

Fantoni
♠ 954
♥ A
♦ K872
♣ T8753

Nunes
♠ A86
♥ J9762
♦ AQT6
♣ K

西	北	东	南
–	–	–	1♥
–	1N	–	2♦
–	3♣	–	3♦

北家叫3♣显示5+♣邀请。南家绝对低限只想打部分定约，但又不愿放过3♣。这种局势同伴低花都有一定的长度，更可能是5+♣4♦，所以叫3♦停叫。

1♥-1NT-2♥：11-17点6+♥

开叫人可能是弱牌（11-13点）开叫。开叫人有宽幅的牌力，应叫人邀请的难度增大。由于这一进程预示着失配，应叫人犹豫不决时通常采取保守的策略。

```
Fantoni
♠ J8
♥ AQT9873
♦ KT
♣ K8

Nunes
♠ 963
♥ KJ
♦ J9862
♣ QT5
```

西	北	东	南
	1♥	—	1N
—	2♥	—	—

南家顾虑同伴持弱牌（11-13点）开叫，宁愿停叫也不邀请。

1♥-1NT-2♠/2NT：高限（18+点）64型或55型

1♥-1NT-2♠表示高限6♥4♠，后续2NT=DAG64。1♥-1NT-2NT表示高限55型或64型，后续发展如下：

1♥-1NT-2NT-？

3♣		接力，逼局
	3♦	5♥5♦型
	3♥	64型
	3♠	5♥5♣型
	4m	6♥5m型
3♦		4+张♦逼叫
3♥		弱牌

```
Nunes              Fantoni
♠ A3               ♠ J75
♥ AJT84            ♥ 65
♦ AKQ52            ♦ J973
♣ 4                ♣ KQ85
```

西	北	东	南
–	–	–	–
1♥	–	1N	–
2N	–	3♣	–
3♦	–	4♣	–
4♥	–	4N	–
6♦	–	–	–

2N：高限5♥5m型或6♥4m型。

3♣：接力，逼局。

3♦：5♥5♦型。

4♣：设定♦的扣叫，启动满贯进程，关键性的鼓励叫品。

4♥：响应性扣叫，有将牌Q。

4N：越过♠的特博，偶数关键张，这里是0个。

6♦：明确的选择。

总结

1♥–1NT的后续发展和1♥–1♠类似，但由于开叫人不能再叫1NT，导致某些细节不同。

开叫人再叫2♣依然是多义的人为叫品，但除了低限自然和某些高限牌外，还包括16-17点的5♥4♠和5♥332型。这两种牌在应叫人6-9点的2♦接力后叫2NT警示。

1♥–1NT后应叫人否认4张♠，打3NT定约♠的挡张至关重要。所以在1♥–1NT–2♣–2♦后开叫人仍然沿用显示♠长度的机制，目的不是为了寻求配合，而是让应叫人对是否打无将定约有更准确的判断。

日臻完善

早期的体系开叫人16-17点5♥4♠在1♥–1NT后没有合适的再叫。权宜的处理方式是16点时放过1NT，而17点视同高限（18+点）再叫2♣。下面的牌例中南北代表的摩纳哥俱乐部因为这种"权宜"损失了10IMP。

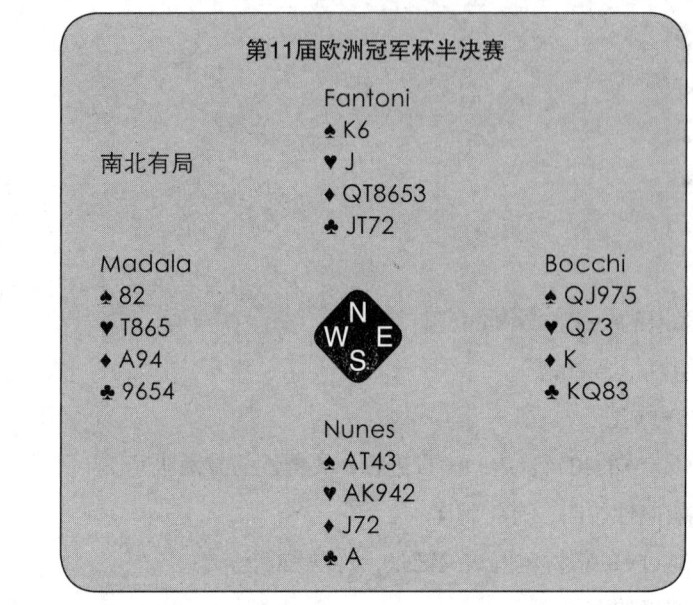

西	北	东	南
			1♥
—	1N	—	—

结果：北1NT超一。另一桌：北5♦做成。

克劳迪奥持16点5♥4♠放过同伴的1NT，而3NT和5♦都是很好的成局定约。我们介绍的方式是2013年改进的版本，用新的版本上面的牌例将出现以下进程：

西	北	东	南
			1♥
—	1N	—	2♣
—	2♦	—	2N
—	?		

现在北家虽然也可能放过2NT，但更可能进局：他可以叫3NT或用3♣接力获悉同伴♣单缺后因牌力升值而直接叫5♦。

叫品结构表

表40　1♥-1NT后的发展

1♥-1NT					0-9点无4张♠
	2♣				低限（14-17点）5+♥4♣
					14-15点5♥5♣型
					16-17点5♥4♣
					16-17点5♥332型
					高限（18+点）5♥332型
					高限54型
					高限单套
	2♦				接力，6-9点
		2♥			低限（14-17点）♣套
		2♠			高限（18+点）3-4张♠
			2NT		接力
				3♣	4张♣
				3♦	4张♦
				3♥	6+♥
				3♠	4张♠
				3NT	18-20点,5♥3♣32型
		2NT			16-17点5♥332型
					16-17点5♥4♣
			3♣		接力问单缺
				3♦	♣单缺
				3♥	♦单缺
				3♠	持牌5♥4♣22

					3NT	5♥332型
			3♣			高限4张♣
			3♦			高限4张♦
			3♥			高限单套
			3♠			23+点,5♥332型
			3NT			18-20点持牌2533
		2♥				弱牌
		2♠				弱牌持牌31（45）
		2NT				弱牌双低55型
		3♣				弱牌
		3♦				弱牌
	2♦					低限5+♥4♦
						14-15点,5♥5♦型
	2♥					11-17点,6+♥
	2♠					高限6♥4♠, 后续2NT=DAG64
	2NT					高限5♥5m型
						高限6♥4m型
		3♣				接力，逼局
			3♦			5♥5♦型
			3♥			64型
			3♠			5♥5♣型
			4m			6♥5m型
		3♦				4+张♦逼叫
		3♥				弱牌
	3♣					16-17点,♥♣55型
	3♦					16-17点,♥♦55型
	3♥					8到八个半赢墩独立长♥

41. 1♥-2♣后的发展

1♥-2♣是多义的叫品，尚未逼局。它包含以下五种含义：

10+点5+♣；

10+点均型（5♦3♥32型除外）；

10+点♥加叫；

10+点4441型；

5+♦不敢逼局。

如果对方在2♣后立即加倍，开叫人不叫表示♣有挡，再加倍表示有♣第一轮控制，不理会加倍继续叫牌保持原意，但是♣无挡。如果对方在2♣后做花色争叫，叫牌回归自然。

开叫人的再叫

开叫人低限（14-17点）5♥332型时叫2♥，但并不能明确他的牌型，因为2♥还包括不限牌力的单套和低限5+♥4♣。如果开叫人持高限（18+点）5♥332型，就可以用2NT表示准确的牌型，但牌力没有上限。

开叫人第二套是♠时叫2♦。由于开叫人可能弱牌（11-13点）开叫，用2♦显示另一高花可以在必要的时候停在二阶高花。

♠ AQT3
♥ JT986
♦ A92
♣ 5

在1♥-2♣后叫2♦。弱牌开叫，应叫人低限时有机会停在二阶高花。

由于2♦用来表示另一高花，开叫人第二套是♦时叫2♠。这一人为叫品不受牌力和牌型限制。

开叫人再叫3♣表示第二套是♣，但是承诺16+点的额外实力或♣额外长度。如果开叫人只有14–15点5+♥4♣（即使是6♣4♠），他只能再叫2♥。

开叫人跳叫3♥表示持有独立长♥，设定♥，通常承诺持有♥Q（独立长套原本的概念是同伴单张时只丢一墩。但现在是设定♥，通常对♥套有更高的要求。在第8届欧洲冠军杯上克劳迪奥持♠A　♥AKJT543　♦QT7　♣63叫3♥，但福尔维奥认为2♥是更好的叫品）。

1♥–2♣–?

2♦	11+点4+♠，尚未逼局
2♥	单套
	低限（14–17点）5♥332型
	14–15点5+♥4♣
2♠	14+点5+♥4+♦
2NT	高限（18+点）5♥332型
3♣	16+点5+♥4♣
	14+点5♥5♣型
3♥	设定♥

1♥–2♣–2♦：11+点4+♠，尚未逼局

应叫人可以叫2♥/♠建议开叫人在弱牌（11–13点）开叫时停在二阶高花。除了以上进程外，1♥–2♣的其他所有进程均逼局。

如果应叫人的牌力足以在同伴弱牌开叫时逼局，就形成DAG局势，所以应叫人叫2NT是DAG。当DAG被启动后，DAG的低限规定为弱牌（11–13点）开叫。

应叫人持逼局实力时也可以不使用DAG，直接描述明显的特征。特别是原本是支持♥或5+♣的牌。

西	北	东	南
	1♥	–	2♣
–	2♦	–	2♠
–	–		

克劳迪奥拿着5张♦却不敢叫2♦逼局，建议同伴低限（11–13点）时停在2♠。

西	北	东	南
			1♥
–	2♣	–	2♦
–	2N	–	3♦
–	4♥	–	–

2♦：11+点4+♠，尚未逼局。

2N：DAG。

3♦：弱牌开叫（11–13点）5431型。

4♥：直奔目标。

1♥–2♣–2♥：低限（14–17点）5♥332型，或低限5+♥4♣，或任何牌力单套

应叫人可以叫2♠描述自己的5♣4♠，并形成DAG局势。如果应叫人想知道开叫人的牌型，可以用2NT接力，开叫人回答围绕♣张数展开：

1♥–2♣–2♥–2NT–?

3♣   4张♣

3♦		接力问单缺
	3♥	♦单缺
	3♠	♠单缺
	3NT	持牌2524
	4♣	64型
3♦		低限3张♣
	3♥	接力问牌型
	3♠	6♥3♣
	3NT	5♥332型
3♥		低限单套
3♠		高限单套
3NT		持牌3532

```
Fantoni              Nunes
♠ Q96                ♠ AK7
♥ AQ9543             ♥ T7
♦ A4                 ♦ KJ975
♣ AT                 ♣ 964
```

西	北	东	南
		—	—
1♥	—	2♣	—
2♥	—	2N	—
3♥	—	4♥	—
—			

　　东家用2NT接力，西家叫3♥表示低限（14–17点）单套，如果只有6张♥通常否认持有3张♣，7张♥则无所谓♣张数。东家预感♠薄弱，选择高花成局。

```
Nunes              Fantoni
♠ J3               ♠ K98
♥ QJT75            ♥ K2
♦ AKJ              ♦ QT9
♣ KJ8              ♣ A9543
```

西	北	东	南
1♥	—	2♣	—
2♥	—	2N	—
3♦	—	3♥	—
3N	—	—	—

2N：接力；3♦：低限3张♣；3♥：接力问牌型；3N：5♥332型。

1♥–2♣–2♠：14+点5+♥4+♦

应叫人后续2NT=DAG，他也可以不使用DAG直接加叫♥或描述自己的♣单套。

```
Nunes              Fantoni
♠ KQ72             ♠ T6
♥ 95               ♥ AQT32
♦ J4               ♦ AK762
♣ KJT85            ♣ 9
```

西	北	东	南
—	—	1♥	—
2♣	—	2♠	—
2N	—	3♠	—
3N	—	—	—

西家2NT=DAG，东家回答55型，牌力不明。所以西家的3NT是描述性叫品，在显示低限想打3NT的牌。

1♥-2♣-3♣：♣第二套，16+点5+♥4♣，或14+点5♥5♣型

应叫人通常用自然的方式控制叫牌。如果想知道同伴的牌型可以叫3♦接力，回答3♥/♠表示54/55型。

Fantoni
♠ 975
♥ KT6
♦ K63
♣ KQ96

Nunes
♠ Q
♥ AQJ72
♦ J4
♣ AT543

西	北	东	南
—	—	—	1♥
—	2♣	—	3♣
—	3♥	—	4♥

南家♣有额外长度，所以即使低限也能叫3♣。北家设定♥，南家4♥显示最低限的牌力，同时确认了55型。

总结

一阶高花开叫后的2♣应叫是整个体系唯一的二盖一应叫不逼局的情形，而1♥-2♣-2♦-2♥/♠是1♥-2♣唯一尚未逼局的进程。

1♥-2♣-2♥包含多种类型的牌，也是出现最频繁的进程。后续2NT是接力，开叫人围绕♣张数回答。

和体系的其他二盖一进程一样，高效的双色套工具DAG发挥了重要作用。

设定高花的特约

我们上文介绍过，1♥-2♣-2♦开叫人显示双高花，应叫人叫2NT是DAG。有时候在一系列DAG的进程后，应叫人需要启动满贯进程，那就牵涉到设定将牌。我们来看下面的牌例：

```
Nunes                      Fantoni
♠ AQ98                     ♠ K3
♥ AKQ73                    ♥ JT9
♦ 9                        ♦ A65
♣ KT7                      ♣ AQ942
```

西	北	东	南
			—
1♥	—	2♣	—
2♦	—	2N	—
3♣	—	3♦	X
3♠	—	?	

在DAG进程后，西家显示了高限（14+点）54型♦单缺。现在轮到东家叫牌。东家的点值很好，显然想探讨满贯。但如何设定♥呢？如果只有一门高花是可能的将牌，可以叫同伴确认的单缺设定高花。但从西家的角度看东家可能是任意一门高花有配合。

所以我们规定在两门高花都可能是将牌的情况下，如果没有空间叫3♠设定♠，则4♣是设定♥，4♦是设定♠。这意味着你不能设定低花了。牌例中的东家即使知道同伴有♣配合，也没有手段设定♣了。所以如果前期高花没有支持，应该谨慎使用DAG。如果有更明显的特征，应该拒绝DAG而描述自己的特征，特别是持有6张以上低花长套时。接下去的发展：

```
                    2012年意大利团体公开赛
                         Manno
                         ♠ J654
          双方有局          ♥ 86
                         ♦ J8432
                         ♣ 83

         Nunes                              Fantoni
         ♠ AQ98                             ♠ K3
         ♥ AKQ73          N                 ♥ JT9
         ♦ 9            W   E               ♦ A65
         ♣ KT7            S                 ♣ AQ942

                         Lanzarotti
                         ♠ T72
                         ♥ 542
                         ♦ KQT7
                         ♣ J65
```

西	北	东	南
			—
1♥	—	2♣	—
2♦	—	2N	—
3♣	—	3♦	X
3♠	—	4♣	—
4♦	—	5♣	—
6♥	—	—	—

结果：西6♥超一。另一桌：西6♥超一。

4♣：人为叫品，设定♥。但东家似乎忘记了这一约定。

4♠：扣叫，鼓励，西家并没有忘记4♣是设定♥。

5♣：应该叫4NT显示偶数关键张。

6♥：同伴只显示一个关键张，自然止于小满贯。

叫品结构表

表41　1♥-2♣后的发展

1♥-2♣						10+点5+♣
						10+点均型（5♦3♥32型除外）
						10+点♥加叫
						10+点4441型
						5+♦不敢逼局
	2♦					11+点4+♠，尚未逼局
		2♥				2-3张♥，建议同伴11-13点时停叫
		2♠				建议同伴11-13点时停叫
		2NT				DAG
	2♥					单套
						低限（14-17点）5♥332型
						14-15点5+♥4♣
		2♠				5♥4♠，后续2NT=DAG
		2NT				接力
			3♣			4张♣
				3♦		接力问单缺
					3♥	♦单缺
					3♠	♠单缺
					3NT	持牌2524
					4♣	64型
			3♦			低限3张♣
				3♥		接力问牌型

					3♠	6♥3♣
					3NT	5♥332型
			3♥			低限单套
			3♠			高限单套
			3NT			持牌3532
		3♣				♣单套
		3♦				5♣4♦
2♠						14+点5+♥4+♦，后续2NT=DAG
	2NT					高限（18+点）5♥332型
		3♣				16+点5+♥4+♣
						14+点5♥5♣型
		3♦				接力问牌型
			3♥			5♥4♣
			3♠			5♥5♣型
			4♣			6♥4♣型
	3♥					设定♥

42. 1♥-2♦后的发展

1♥-2♦表示10+点5+♦逼局，包括非均型和5♦3♥32型。

开叫人持5♥332型时，低限（14-17点）叫2♥，高限叫2NT；任意牌力的单套或低限5+♥4♣也叫2♥；持双高花自然地叫2♠；5+♥4+♣有额外牌力或♣有额外长度时叫3♣；5♥4♦叫3♦；而跳叫3♥是设定♥，表示有♥Q的独立长套。

1♥-2♦-2♥：低限（14-17点）5♥332型，或14-15点5+♥4♣，或不限牌力单套

应叫人叫2♠/3♣/3♦自然描述他的第二套或单套，如果想知道开叫人更多的信息，可以用2NT接力，开叫人回答围绕低花信息展开：

1♥-2♦-2♥-2NT-?

3♣		4张♣
	3♦	接力
	3♥	♦单缺
	3♠	♠单缺
	3NT	持牌2524
	4♣	64型
3♦		低限3张♦
	3♥	接力问牌型
	3♠	单套
	3NT	5♥332型
3♥		低限单套
3♠		高限单套
3NT		持牌5♥2♦33

```
              2012年摩纳哥卡尔迪许双人赛
                    Fantoni
                    ♠ AK
    东西有局          ♥ AQT852
                    ♦ A7
                    ♣ 954

    Smirnov                              Piekarek
    ♠ Q76              N                 ♠ T98432
    ♥ J973         W       E             ♥ K4
    ♦ KT3              S                 ♦ 96
    ♣ T86                                ♣ QJ3

                    Nunes
                    ♠ J5
                    ♥ 6
                    ♦ QJ8542
                    ♣ AK72
```

西	北	东	南
—	1♥	—	2♦
—	2♥	—	3♣
—	3♥	—	4♥
—	—	—	

结果：北4♥宕二。

南家有明显的牌型特征，决定不使用接力，描述自己的第二套。在北家3♥表示单套后，南家可以叫第四花色3♠表示♥没有配合而且♠无挡，这样就可能叫到更好的3NT定约。实战中克劳迪奥选择了高花成局。

1♥-2♦-2♠：11+点5+♥4♠

这一逆叫进程不承诺额外牌力，开叫人甚至可能是弱牌（11-13点）开叫。后续DAG的低限规定为11-13点。应叫人有高花配合禁止使用DAG，应尽快设定将牌。

```
     Nunes              Fantoni
   ♠ J985              ♠ AQ
   ♥ AKQJ7             ♥ 8
   ♦ —                 ♦ AT9876
   ♣ 7432              ♣ KJ86
```

西	北	东	南
1♥	—	2♦	—
2♠	—	2N	—
3♦	—	3♥	—
3N	—	—	—

东家启动DAG，西家显示低限（11-13点）5431型。由于工具先进，东家有条件想入非非。如果西家配合♦，可能有低花满贯。福尔维奥用3♥问到同伴♦单缺后幻想破灭，顺势停在3NT。

1♥-2♦-2NT：高限（18+点）5♥332型

开叫人没有上限，可能有3张♦。后续叫牌自然地发展。

```
Fantoni
♠ Q7
♥ KQT9
♦ KJ752
♣ 94

Nunes
♠ AT
♥ AJ432
♦ AT9
♣ AT2
```

西	北	东	南
—	—	—	1♥
—	2♦	—	2N
—	3♥	—	3♠
—	4♦	—	4♠
—	5♣	—	5♦
—	5N	—	6♥

南家持有8个控制和3张♦支持，克劳迪奥调高了估值叫2NT。北家设定♥后并不示弱，在一系列扣叫和特博进程后，北家的5NT已"扣无可扣"。尽管南北异常凶悍，小满贯的概率却在情理之中。

1♥-2♦-3♣：16+点5+♥4♣，或14+点5♥5♣型

后续应叫人3♦是询问牌型的接力，回答3♥/♠表示54/55型。但应叫人通常不使用接力，叫牌以自然的方式展开。

1♥-2♦-3♥：设定♥

开叫人不承诺赢墩和牌力，但独自设定♥要求将牌在同伴单张，对方无缺门时没有输墩的概率超过50%，并且必须持有将牌Q。如：

♥AKQT643	典型的独自设定将牌的结构
♥AQJT643	通常叫2♥，但进取的牌手可以勉强独自设定♥
♥AQJ9643	结构不够坚强，不能独自设定将牌
♥AKJT643	没有将牌Q，不能独自设定将牌，否则将妨碍满贯叫牌

Fantoni
♠ T7
♥ AKQT854
♦ 5
♣ KJ4

Nunes
♠ KJ
♥ 976
♦ AKJ82
♣ 983

西	北	东	南
	1♥	—	2♦
—	3♥	—	3♠
—	3N	—	4♣
—	4♥	—	—

3♥：设定♥。

3♠：扣叫，牌力不明。

3NT：低限。

4♣：越过♦的扣叫，鼓励。

4♥：示弱或♣没有控制。

总结

1♥-2♦是逼局的叫品，但后续发展的逻辑和不逼局的1♥-2♣十分类似。1♥-2♦-2♥仍然是出现频率最高的进程，后续2NT接力后，开叫人回答是否有4张♣或3张♦，两者都有时优先选择显示4张♣。

1♥-2♦-2♠和1♥-2♦-3♣都是逆叫进程,但前者不承诺额外牌力,甚至可能是弱牌(11-13点)开叫,后者却要求额外牌力或额外长度。

百密一疏

下面一副牌例说明即使是世界级的牌手,同伴间也需要对某些局势进行更深入的探讨,以便达成进一步的默契:

2012年法国DN1锦标赛

双方有局

T.Bessis
- ♠ J8732
- ♥ T75
- ♦ 74
- ♣ J54

Nunes
- ♠ AT95
- ♥ AKQJ8
- ♦ 63
- ♣ Q2

Fantoni
- ♠ KQ
- ♥ 96
- ♦ AKQ985
- ♣ A93

M.Bessis
- ♠ 64
- ♥ 432
- ♦ JT2
- ♣ KT876

西	北	东	南
			—
1♥	—	2♦	—
2♠	—	2N	—
3♣	—	3♦	—
3N	—	4♣	X
—	—	XX	—
4♠	—	4N	—
6♥	—	6N	—

结果:东6NT超一。另一桌:东7NT做成。

2♠：11+点5+♥4♠。

2NT：DAG。

3♣：高限（14+点）。

3♦：接力问单缺。

3N：5422型。

4♣：扣叫，满贯试探。但是未设定将牌。

XX：♣有第一轮控制。

4♠：扣叫。

4N：因为未设定将牌，所以4NT是自然的邀请。

6♥：叫同伴选择高花满贯。

6N：被迫的选择。

东西方显然未讨论过有三门花色可能成为将牌时的DAG的局势，从4♣开始，一切按照自然的方式粗糙地发展，这样很难叫到大满贯。

关键是对4♣这一叫品的理解。如果东西家对DAG的进程做深入的探讨，就可以发现：如果有三门花色可能成为将牌，高花配合时不启动DAG，而是立即在三阶设定高花。果真如此的话，牌例中的4♣就是设定♦的扣叫，后续叫牌也就明朗了，不难叫到7♦或7NT（详见第70节）。

叫品结构表

表42　1♥-2♦后的发展

1♥-2♦						
						10+点5+♦非均型
						10+点5♦3♥32型
	2♥					单套
						低限（14-17点）5♥332型
						14-15点5+♥4♣
		2♠				5♦+4♠，后续2NT=GAR
		2NT				接力

42. 1♥-2♦后的发展

				3♣		4张♣
					3♦	接力
					3♥	♦单缺
					3♠	♠单缺
					3NT	持牌2524
					4♣	64型
			3♦			低限3张♦
				3♥		接力问牌型
					3♠	单套
					3NT	5♥332型
				3♥		低限单套
				3♠		高限单套
				3NT		持牌5♥2♦33
		3♣				5♦4♣
			3♦			单套♦
	2♠					11+点5+♥4♠,后续2NT=DAG
	2NT					高限（18+点）5♥332型
3♣						16+点5+♥4♣
						14+点5♥5♣型
			3♦			接力问牌型
				3♥		54型
				3♠		55型
				4♣		64型
		3♦				5♥4♦
	3♥					设定♥

43. 1♥-2♠后的发展

1♥-2♠应叫人显示5+♠逼局。开叫人首先显示是否5332型。如果持5332型，无论是否有3张♠支持，都应该叫2NT。后续应叫人如果♥有配合，应该首先叫3♣告诉同伴。如果不支持♥，则用双路重询♠支持：3♣是低限（10-12点）重询，3♦是高限（13+点）重询，3♠则表示不限牌力的6张♠。

开叫人如果不是5332型，首先显示♠支持。如果支持♠，无论是否有6张♥或第二套都要叫3♠。

如果既不是5332型，也没有3+♠支持，就自然地叫3♣/♦表示第二套（不需要额外牌力），或叫3♥表示单套。

表43　1♥-2♠后的发展

1♥-2♠				10+点，5+♠，逼局
	2NT			5♥332型，可能有3张♠
		3♣		低限（10-12点）重询
			3♥	高限（18+点），2张♠
			3♠	3张♠
			3NT	低限（14-17点）2张♠
		3♦		高限（13+点）重询
		3♥		3+♥
		3♠		6+♠，不限牌力
	3♣			5+♥4+♣
	3♦			5+♥4+♦
	3♥			单套
	3♠			3+♠

Fantoni
♠ 85
♥ AQJ94
♦ AK6
♣ KT4

Nunes
♠ AKQJ76
♥ 7
♦ 72
♣ A986

西	北	东	南
—	1♥	—	2♠
—	2N	—	3♦
—	3N	—	4♣
—	4♦	—	4♥
—	4N	—	6♠
—	—		

南家高限牌用3♦重询，同时否认♥配合。在同伴显示14-17点持牌2533后的4♣是设定♠的扣叫。南家也可以不重询，直接叫3♠确定将牌，效果是一样的。

Fantoni
♠ 42
♥ AKJT9
♦ 5
♣ KQ732

Nunes
♠ KQ876
♥ Q
♦ K764
♣ AJ4

西	北	东	南
—	1♥	—	2♠
—	3♣	—	3♦
—	3♠	—	3N
—	4♣	—	5♣
—	—		

南家在叫第四花色后拉回3NT表示高限♦有挡，北家受到鼓舞显示55型。因为已经显示过高限，克劳迪奥谦逊地示弱在5♣。

Fantoni
♠ 8
♥ QJ8652
♦ J
♣ AKQT4

Nunes
♠ AK532
♥ A4
♦ 942
♣ 532

西	北	东	南
—	1♥	—	2♠
—	3♣	—	3♦
—	3♥	—	4♥
—	—		

南家用第四花色试探。北家显示♦无挡，64型的概率较大。克劳迪奥知道最后定约了。

44. 1♥开叫后的加叫结构

大多数逼局加叫从二盖一起步，本节主要介绍应叫人不足10点的情形。

1♥-2♥：3-6点3张♥，或2-5点4张♥

通常应叫人持3-6点3张♥，但如果有4张♥，觉得不适合阻击，你也可以先叫2♥。

1♥-?

♠ J832
♥ 8654
♦ K87
♣ 96

叫2♥。大牌不在♥，福尔维奥觉得不适合阻击。

1♥-2♥后开叫人叫新花是长套试探。2NT是接力，邀请以上牌力，要求应叫人在高限时叫出短套或者无短套时叫3NT。

Fantoni
♠ J832
♥ JT5
♦ 75
♣ AT93

Nunes
♠ KQ5
♥ AKQ873
♦ J
♣ J75

西	北	东	南
			1♥
—	2♥	—	2N
—	3♦	X	4♥

南家用2NT接力，北家高限，所以回答短套。南家已胸有成竹。

44. 1♥开叫后的加叫结构

```
Fantoni
♠ J832
♥ 8654
♦ K87
♣ 96

Nunes
♠ —
♥ AKJ92
♦ A94
♣ AKQ42
```

西	北	东	南
—	—	—	1♥
—	2♥	—	3♠
—	4♦	—	6♥

南家非寻常跳叫显示缺门，北家仅有的点力没有浪费，扣叫鼓励，南家一蹴而就。

1♥-2NT：7-9点3张♥，或5-9点4+张♥

应叫人的大牌点被限制在9点以下，但调整后的牌力可能差距很大。在同伴1♥开叫后，以下三手牌福尔维奥或克劳迪奥都应叫2NT：

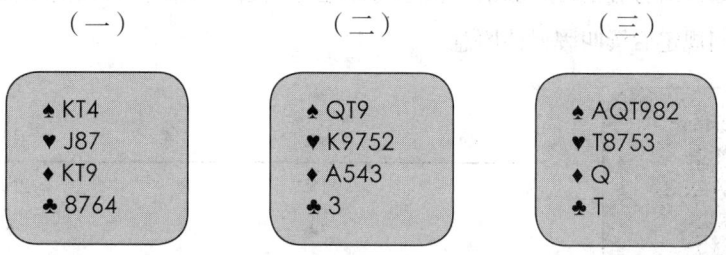

（一）
♠ KT4
♥ J87
♦ KT9
♣ 8764

（二）
♠ QT9
♥ K9752
♦ A543
♣ 3

（三）
♠ AQT982
♥ T8753
♦ Q
♣ T

第一手牌想成局，需要同伴接近高限（18+点）的调整牌力；第二手牌即使同伴是弱牌（11-13点）开叫也必须成局；第三手牌也是逼局的，大牌点太低不适合用2♠做二盖一应叫。

由于开叫人不会放过2NT，所以应叫人持逼局加叫牌时，只要大牌点在9点以下，即使有5张可以二盖一的边花，通常都应叫2NT。10+点支持♥的牌绝不可应叫2NT。

开叫人弱牌（11-13点）时通常叫3♥示弱；14-16点要根据应叫人的实

力决定是否进局，这时，开叫人可以采用人为叫品3♦邀请；17+点是逼局牌力。开叫人根据上述大牌点力参考值结合自己的牌型对整体实力进行评估，决定下一步的行动。

开叫人叫3♣是接力，但尚未逼局，因为他可以放过同伴的3♥答叫。在同伴回答3♦后叫3♥有温和邀请的意愿。

1♥–2NT–?
3♣　　　　　接力
　　3♦　　　　7–9点3张♥
　　3♥　　　　5–6点4+♥
　　3♠　　　　7–9点4+♥
3♦　　　　　人为叫品邀请（14–16点）
3♥　　　　　11–13点5♥4♠
3♠　　　　　17+点4张♠
3NT　　　　 17–19点5332型

如果对方在2NT后加倍，由于将牌已经配合，不需要自然的叫品，所以我们规定后续叫牌保持原意。

Fantoni
♠ KQJ
♥ AQ832
♦ KJ8
♣ A9

Nunes
♠ 42
♥ JT6
♦ Q3
♣ KJ8642

西	北	东	南
	1♥	–	2N
–	3♣	–	3♦
–	3N	–	4♥
–			

北家用3♣接力，准备在同伴回答3♠表示高限（7–9点）4+♥后做满贯试探。南家显示7–9点3张支持，北家放弃满贯，建议同伴持均型牌时考虑3NT。

```
Nunes                    Fantoni
♠ J8                     ♠ KQ43
♥ K84                    ♥ AJ962
♦ KT843                  ♦ 62
♣ T76                    ♣ A5
```

西	北	东	南
—	—	1♥	—
2N	—	3♦	—
3♥	—	—	—

东家叫3♦邀请，告诉同伴不是弱牌（11-13点）开叫，是14-16点。西家低限止叫。

西	北	东	南
—	—	—	—
—	1♥	—	2N
—	3N	—	4♥
—	—	—	—

南家如果只有3张♥可以应叫1♠，但4张♥通常选择直接加叫（见第39节）。北家直接叫3NT表示17-19点5332型，南家做最后决定。

东西有局

```
Nunes                    Fantoni
♠ T6                     ♠ 975
♥ Q953                   ♥ KT872
♦ KJT6                   ♦ AQ4
♣ T97                    ♣ AQ
```

西	北	东	南
—	—	1♥	—
2N	X	3♦	3♠
4♥	4♠	X	—
—	—		

东家不理会对方的加倍叫3♦还是邀请。在激烈竞叫中克劳迪奥对成局的信心更为坚定。

Fantoni
♠ A964
♥ AKT97
♦ AQ6
♣ A

Nunes
♠ Q
♥ QJ8
♦ JT874
♣ J643

西	北	东	南
			—
—	1♥	—	2N
—	3♣	—	3♦
—	3♠	—	4♥

北家的3♣接力尚未逼局，在同伴回答3♦后叫3♥是邀请，不是设定将牌。所以北家扣叫3♠显示满贯兴趣。南家没有叫低限3NT表示更弱的牌。

1♥-3♥：0-5点4+♥

应叫人阻击，开叫人持什么样的实力可以继续叫牌？下面两个牌例可以给出启示。

44. 1♥开叫后的加叫结构

Fantoni
- ♠ A5
- ♥ AKQ32
- ♦ KJT6
- ♣ 87

Nunes
- ♠ JT43
- ♥ JT64
- ♦ 3
- ♣ JT53

西	北	东	南
	1♥	—	3♥
3♠	—	—	

北家在西家争叫后选择不叫，防守3♠宕一。另一桌北家在相同的进程中叫4♥宕一。

Fantoni
- ♠ QJT5
- ♥ A9653
- ♦ AK
- ♣ A8

Nunes
- ♠ 4
- ♥ QT84
- ♦ JT94
- ♣ J542

西	北	东	南
			—
—	1♥	—	3♥
	4♥		
—			

北家持与上例同样的牌型叫了4♥。虽然福尔维奥将牌处理不当导致定约宕一，但不能否认定约的合理性。

总结

本节的重点和难点是1♥-2NT进程，因为应叫人的实力范围很大，包含多种类型的牌。幸运的是高花配合后的非将牌花色叫品都是逼叫。无论开叫人还是应叫人，都要充分利用这一有利条件，在有限的空间探索同伴的持牌情况，显示自己的实力，决定定约的最后高度。

战术需要

```
                    2010年巴菲特杯赛
                    Fantoni
                    ♠ T97
     南北有局         ♥ K96
                    ♦ A2
                    ♣ 86532

  Gitelman                          Hampson
  ♠ 5432                            ♠ K86
  ♥ QT4         N                   ♥ 75
  ♦ KT84      W   E                 ♦ J9763
  ♣ AQ          S                   ♣ KT9

                    Nunes
                    ♠ AQJ
                    ♥ AJ832
                    ♦ Q5
                    ♣ J74
```

西	北	东	南
—	—	—	1♥
—	2N	—	3♣
—	3♦	—	3N
—	4♥	—	—
—			

结果：南4♥宕一。另一桌：南3♥做成。

在某节比赛的中段，南家拿着5332型邀请的牌逼局。做出这一决定有两个原因，一是即使同伴是最低限的牌，成局仍有机会。更重要的是，克劳迪奥预感自己代表的欧洲队已经领先较多，对手可能持临界牌搏杀成局，他希望与对方同步。克劳迪奥没有用3♦直接邀请，也没有在同伴回答3♦后叫3♥温和邀请，而是试图打3NT定约。福尔维奥改成4♥。

然而另一桌对手的心态依然平稳，叫到正常的3♥，克劳迪奥同步的计划落空，损失了6IMP。这是本节12副牌欧洲队的唯一失分，他们仍然以52：6大比分战胜美国队。

叫品结构表

表44　1♥开叫后的加叫结构

1♥				
	1NT			0-2点,3张♥
	2♥			3-6点,3张♥
				2-5点,4张♥
		2♠		长套试探
		2NT		接力，邀请以上
			3♣	高限♣短套
			3♦	高限♦短套
			3♥	低限
			3♠	高限♠短套
			3NT	高限无短套
		3♣		长套试探
		3♦		长套试探
		3♥		邀请
	2NT			7-9点,3张♥
				5-9点,4+张♥
		3♣		接力
			3♦	7-9点,3张♥
			3♥	5-6点,4+♥
			3♠	7-9点,4+♥

		3♦		人为叫品邀请（14–16点）
		3♥		11–13点5♥4♠
		3♠		17+点4张♠
		3NT		17–19点5332型
	3♥			0–5点4+♥
	3NT			4+♥，♣缺门，2–3个控制
	4♣			4+♥，♦缺门，2–3个控制
	4♦			4+♥，♠缺门，2–3个控制

45. 1♥开叫被干扰后的处理

1♥被加倍

如果应叫人♥没有支持，0-6点不叫，7+点再加倍（不必担心同伴弱牌开叫）。

应叫人支持♥时直接加叫2♥可能牌力略低，其他加叫结构保持愿意。也许你认为可以用1NT表示原本加叫2♥的牌，而直接叫2♥表示更弱的0-2点，但是体系没有这么用。

由于对方暗示边花有实力，应叫新花的情形并不多见，除非持有6张以上的好套。如果是♣套，叫2♣不逼叫，而♣套的逼叫牌叫1NT。持其他花色时没有不逼叫的手段，新花都逼叫一轮。

1♥-（Dble）-?

♠ JT975
♥ T5
♦ A76
♣ T86

不叫。如果♠更好且点力略高，依然可以选择不叫。

♠ 42
♥ 53
♦ AK7632
♣ T95

叫再加倍。这种进程几乎不出新花，7+点再加倍。

♠ Q82
♥ QT93
♦ 9
♣ QT632

叫2NT。加叫结构保持原意。

2013年欧洲冠军杯赛

东西有局

Fantoni
♠ 862
♥ AKQJ843
♦ 2
♣ A8

Duboin
♠ 3
♥ 75
♦ KQ75
♣ Q97542

Sementa
♠ KJ95
♥ T2
♦ AJT94
♣ KJ

Nunes
♠ AQT74
♥ 96
♦ 863
♣ T63

西	北	东	南
	1♥	X	—
2♣	2♥	—	—
2N	3♥	4♦	4♥
—	—	X	—

结果：北4♥加倍超一。另一桌：北3♥超二。

对方加倍1♥暗示♠有实力，南家的牌升值。但是这种进程没有必要急于显示实力或者♠套，克劳迪奥平静地不叫为摩纳哥队从昔日的意大利队友手里赢得10IMP。

```
              Nunes              Fantoni
              ♠ A84              ♠ 9653
              ♥ AJ985            ♥ T62
              ♦ AQJ7             ♦ 982
              ♣ 5                ♣ AT7
```

西	北	东	南
1♥	X	2♥	3♣
X	—	3♦	—
3♥	—	—	—

西家对3♣加倍是技术性的，表示中等（15+点）以上牌力的短♣。东家用3♦继续试探，表明非低限但还未到直接进局的实力。

对方自然争叫1♠

如果应叫人对♥没有支持，0-5点通常不叫；如果♠很强，持更高点时可能做陷阱性不叫。如果支持♥，优先显示配合是个重要原则，因为对方可能迅速抬高叫牌的阶次。加倍通常是6+点排除性的，但也可能是不好处理的牌。

1♥-（1♠）-?

Dble	6+点排除性或不好处理的牌
1NT	6-9点自然
2♣	5+♣逼叫
2♦	5+♦逼叫
2♥	2-6点3张♥
2♠	4+♥邀请以上
2NT	3张♥邀请以上
3♣	自然弱跳

3♦	5-6点4+♥
3♥	0-5点4+♥
3♠	逼叫3NT
3NT	低限逼局，4+♥无单缺

1♥-（1♠）-?

♠ 6 ♥ 96 ♦ JT987643 ♣ 42	不叫。如果长套是♣，可以跳叫3♣。3♦是混合加叫，只好希望还有机会显示♦。
♠ 95 ♥ J2 ♦ KQJT83 ♣ 764	叫2♦。虽然牌力较低，仍然逼叫一轮。
♠ T52 ♥ J972 ♦ K982 ♣ J9	叫3♦。这是人为叫品，表示5-6点4+♥，混合加叫。
♠ Q84 ♥ 874 ♦ QJ54 ♣ KQ7	叫加倍。当然也可以叫2NT。但如果牌型比较平均，3张支持邀请的牌也可以从加倍起步。

45. 1♥开叫被干扰后的处理

Fantoni
♠ KJ92
♥ A97
♦ J96
♣ 943

Nunes
♠ 875
♥ KT542
♦ AT
♣ AKJ

西	北	东	南
—	—	—	1♥
1♠	X	—	2♥
—	3N	—	—

北家可以叫1NT表示6-9点不错的♠挡张，也可以叫2NT表示3张支持邀请以上牌力。但都只能描述一种特征。福尔维奥叫加倍保留了多种可能性。虽然南家可能轻开叫，但不能阻止北家由于牌力升值而决定进局的决心。

Nunes
♠ JT82
♥ J753
♦ AJ7
♣ T2

Fantoni
♠ Q4
♥ KQ984
♦ KQ32
♣ A8

西	北	东	南
—	—	—	1♥
1♠	2♠	—	3♦
—	3♥	—	—

北家扣叫表示4+♥邀请以上牌力。南家看到相对均型和♠Q，调低估值止于3♥。

Fantoni
♠ J43
♥ 853
♦ QJT8
♣ AQ6

Nunes
♠ —
♥ AKJT6
♦ K976
♣ K983

西	北	东	南
—	—	—	1♥
1♠	2N	3♥	4♥
4♠	X	—	—

北家显示3张♥邀请以上牌力，后续抢先加倍表示低限适合防守。西家打加倍的4♠宕三。

```
              摩纳哥卡文迪许双人赛
                   Fantoni
                   ♠ 7432
    南北有局        ♥ KJ875
                   ♦ Q7
                   ♣ QT

 Hornslien                      Froland
 ♠ KQJ985          N             ♠ T
 ♥ T             W   E           ♥ 62
 ♦ 9653            S             ♦ J4
 ♣ A3                            ♣ KJ876543

                   Nunes
                   ♠ A6
                   ♥ AQ943
                   ♦ AKT82
                   ♣ 9
```

西	北	东	南
			1♥
1♠	3N	4♣	4♦
4♠	5♥	—	—
—			

结果：南5♥超一

北家显示无单缺低限逼局，4+♥支持。在激烈竞叫的局势下，南家无法同时描述♦套和♠控制以及额外牌力。虽然打到6♥，但满贯的概率不到50%。

对方争叫强无将

对方争叫自然的1NT后，只有两个示强的叫品：加倍和2NT。
1♥-（1NT）-?

Dble	7+点
平叫新花	不逼叫
跳叫新花	无局阻击，有局建设
2♥	3+♥到位叫
2NT	3+♥邀请以上
3♥	4+♥到位叫

对方自然争叫2♣/♦

1♥-（2♣/♦）-？

Dble	6+点4+♠或不好处理的牌
2♦	逼叫
2♥	2-6点3张♥
2♠	逼叫
2NT	3张♥邀请以上
3♣	对方争叫2♣时是4+♥邀请以上；对方争叫2♦时是新花逼叫
3♦	对方争叫2♣时是5-6点4+♥；对方争叫2♦时是5+点4+♥
3♥	0-5点4+♥
3♠	逼叫3NT
3NT	4+♥低限逼局，通常无单缺
4♣	4+♥逼局实力，♣缺门
4♥	弱牌或想打

我们看到，对方争叫2♣后，应叫人叫3♦是混合加叫的人为叫品。如果对方争叫2♦后，3♦既是4+♥邀请以上的扣叫，也是混合加叫的人为叫品，无法区分牌力。

```
Fantoni
♠ Q975
♥ 9842
♦ KJ95
♣ T

Nunes
♠ AT3
♥ AK763
♦ A86
♣ 32
```

西	北	东	南
			1♥
2♣	3♣	3N	X
4♣	—	—	4♥
—	—	—	

对方争叫2♣后有专门显示混合加叫的装置（3♦：5-6点4+♥），所以北家扣叫超过混合加叫实力，表示邀请以上牌力。由于北家牌力略显不足，南家竞叫4♥导致定约失败。南家应该从叫牌看出4♥定约一定会碰上恶劣的分布。

```
Nunes                Fantoni
♠ KQJ4              ♠ T8
♥ KQ942             ♥ 85
♦ 2                 ♦ KJ94
♣ 732               ♣ AKQT6
```

西	北	东	南
1♥	2♦	X	—
2♠	—	3N	—
—			

从东家的角度看，同伴的牌力没有上限，♠的挡张不明，所以定约的方向不明。福尔维奥用加倍应对这种不好处理的牌。当同伴显示低限4张♠后，3NT顺理成章。

```
              Nunes                    Fantoni
              ♠ T974                   ♠ AQ3
              ♥ AT73                   ♥ KQJ54
              ♦                        ♦ K863
              ♣ AK976                  ♣ 4
```

西	北	东	南
	—	1♥	2♦
4♦	—	4♠	—
4N	—	5♥	—
6♣	—	6♥	—
—			

4♦：4+♥逼局实力，♦缺门。

4♠：扣叫。

4N：特博，偶数关键张。

5♥：防止同伴0个关键张。

6♣：2个关键张，扣叫。

6♥：止叫。

对方迈克尔斯扣叫2♥

1♥–（2♥）–?

Dble　　显示9+点有惩罚能力

2♠　　　4+♥邀请以上

2NT　　 3张♥邀请以上

3m　　　5+m逼叫

3♥　　　竞争性

3♠　　　逼叫3NT

3NT　　 4+♥逼局牌力

	双方有局		
西	北	东	南
—	—	—	—
—	1♥	2♥	2N
4♠	5♥	—	—
—			

结果：北5♥做成。另一桌：东4♠加倍宕一。

南家的2NT非常及时，显示3张♥邀请以上牌力。东西的强力阻击挡不住北家叫出5♥。

对方2♠阻击

1♥-（2♠）-?

Dble	排除性
2NT	3+♥邀请以上
3m	5+m逼叫
3♥	竞争性
3♠	逼叫3NT
3NT	4+♥逼局牌力

随着空间的减少，叫牌的精确度也相应降低。现在的局势应叫人♥有配合并且持邀请以上牌力时无法分清3张还是4张以上支持了。

西	北	东	南
	1♥	2♠	2N
3♠	—	—	4♣
—	4♦	—	4♥
—	—	—	

Fantoni
♠ AT83
♥ A9842
♦ K5
♣ 95

Nunes
♠ —
♥ T65
♦ AJT93
♣ AK763

南家的2NT是3+♥邀请以上，分不清将牌张数。北家在3♠后不叫暗示弱牌（11-13点）开叫。南家用鼓励性的4♣和示弱的4♥恰如其分地描述了他的整体实力。

对方争叫2NT显示双低

对方做不寻常的2NT争叫，扣叫3♣表示♥配合，邀叫以上实力；而扣叫3♦，表示♠套邀请以上牌力。直接叫3♥则是竞争性的，直接叫3♠依然是逼叫3NT，而3NT是4+♥的逼局实力。

加倍通常表示对敌方花色有惩罚的能力，但也不排除以后再支持♥（后续如果支持♥，应叫人承诺均型有防守实力）。加倍以后，双方的任何加倍都是惩罚性的。

1♥-（2NT）-?

Dble	显示9+点有惩罚能力
3♣	3+♥邀请以上
3♦	5+♠邀请以上
3♥	竞争性
3♠	逼叫3NT
3NT	4+♥逼局牌力

第四家干扰后的叫牌

1♥-1♠后第四家干扰，使用支持性加倍和再加倍。

1♥–2♥–（3X）–?

Dble：如果对方竞叫花色为开叫高花的低一级花色（这里是3♦），则为邀请。否则惩罚。

新花：帮张邀请。

3♥：竞争性。

感觉良好

摩纳哥巴顿杯赛

双方有局

Fantoni
♠ KQ52
♥ K86
♦ A63
♣ KJ2

Eidi
♠ J8743
♥
♦ JT972
♣ A94

Vroustis
♠ T96
♥ QT532
♦ Q54
♣ 87

Nunes
♠ A
♥ AJ974
♦ K8
♣ QT653

西	北	东	南
			1♥
1♠	2N	–	4♥
–	4♠	–	4N
–	6N	–	–
–			

结果：北6NT做成。另一桌：南6♥宕一。

这副精彩的作品来自福尔维奥，南家的4♥表示非低限。北家持均型牌，为了保护♣结构，在核实关键张后直接上6NT，避开了♥的恶劣分布。

叫品结构表

表45　1♥开叫被干扰后的处理

1♥	（Dble）		（技术性加倍）
		不叫	0-6点
		Rdbl	7+点
		加叫结构	保持原意
		1NT	6+♣好套，逼叫一轮
		2♣	6+♣不逼叫
		其他新花	逼叫一轮
	（1♠）		（实套争叫）
		Dble	6+点排除性或不好处理的牌
		1NT	6-9点自然
		2♣	5+♣逼叫
		2♦	5+♦逼叫
		2♥	2-6点3张♥
		2♠	4+♥邀请以上
		2NT	3张♥邀请以上
		3♣	自然弱跳
		3♦	5-6点4+♥
		3♥	0-5点4+♥
		3♠	逼叫3NT
		3NT	4+♥低限逼局，通常无单缺
	（1NT）		（强牌）
		Dble	7+点

		平叫新花	不逼叫
		跳叫新花	无局阻击，有局建设
		2♥	3+♥到位叫
		2NT	3+♥邀请以上
		3♥	4+♥到位叫
	(2♣)		（实套争叫）
		Dble	6+点4+♠或不好处理的牌
		2♦	逼叫
		2♥	2-6点3张♥
		2♠	逼叫
		2NT	3张♥邀请以上
		3♣	4+♥邀请以上
		3♦	5-6点4+♥
		3♥	0-5点4+♥
		3♠	逼叫3NT
		3NT	4+♥低限逼局，通常无单缺
		4♣	4+♥逼局实力，♣缺门
		4♥	弱牌或想打
	(2♦)		（实套争叫）
		Dble	6+点4+♠或不好处理的牌
		2♥	2-6点3张♥
		2♠	逼叫
		2NT	3张♥邀请以上
		3♣	逼叫
		3♦	4+♥混合加叫以上（5+点）
		3♥	0-5点4+♥
		3♠	逼叫3NT

45. 1♥开叫被干扰后的处理 | 315

		3NT	4+♥低限逼局，通常无单缺
		4♦	4+♥逼局实力，♦缺门
		4♥	弱牌或想打
	（2♥）		（迈克尔斯）
		Dble	显示9+点有惩罚能力
		2♠	4+♥邀请以上
		2NT	3张♥邀请以上
		3m	5+m逼叫
		3♥	竞争性
		3♠	逼叫3NT
		3NT	4+♥逼局牌力
	（2♠）		（阻击）
		Dble	排除性
		2NT	3+♥邀请以上
		3m	5+m逼叫
		3♥	竞争性
		3♠	逼叫3NT
		3NT	4+♥逼局牌力
	（2NT）		（双低）
		Dble	显示9+点有惩罚能力
		3♣	3+♥邀请以上
		3♦	5+♠邀请以上
		3♥	竞争性
		3♠	逼叫3NT
		3NT	4+♥逼局牌力

46. 1♠开叫及第一应叫

1♠开叫的第一应叫和1♥开叫完全相同

表46　1♠开叫及第一应叫

1♠		14+点5+♠
		11-13点5+♠4♥
	1NT	0-9点无支持
		0-2点3张♠支持
	2♣	10+点5+♣，未逼局
		10+点均型（5♦3♠32型除外）
		10+点♠加叫
		10+点4441型
		5+♦不敢逼局
	2♦	10+点5+♦非均型
		10+点5♦3♠32型
	2♥	10+点5+♥
	2♠	3-6点3+♠
		2-5点4+♠
	2NT	7-9点3张♥
		5-9点4张♥
	3♣	10-14点♥♦55型
	3♦	10-14点♥♣55型

	3♥	10-14点♣♦55型
	3♠	0-5点4+♠
	3NT	4+♠，♣缺门，2-3个控制
	4♣	4+♠，♦缺门，2-3个控制
	4♦	4+♠，♥缺门，2-3个控制

1♠-?

♠ —
♥ Q876532
♦ K964
♣ QT

叫1NT。无法在第一声叫出7张♥。

♠ T9
♥ 43
♦ KQJ72
♣ A632

叫2♣。高花无配合，福尔维奥不敢叫逼局的2♦。

♠ AT7
♥ 65
♦ KQJ94
♣ 962

叫2♦。虽是均型牌，但逼局的5♦3♠32型应叫2♦。

♠ QT83
♥ 9
♦ AJ632
♣ JT5

叫2NT。有单张的4+♠支持叫2NT时牌力不会超过9点。

♠ 8
♥ A8765
♦ AQ973
♣ 98

叫3♣。10-14点♥♦55型。注意，低花的叫品和含义也互换了。

```
              第二届智力运动会循环赛
                    Fantoni
                    ♠ AKQ974
       东西有局        ♥ 843
                    ♦ KT2
                    ♣ A
       Lavings                    Krochmalik
       ♠ 8             N           ♠ T3
       ♥ Q6         W     E        ♥ KJ
       ♦ Q9764         S           ♦ AJ853
       ♣ KQ942                     ♣ T876
                    Nunes
                    ♠ J652
                    ♥ AT9752
                    ♦ —
                    ♣ J53
```

西	北	东	南
—	—	—	—
—	1♠	—	4♣
X	XX	5♣	—
—	5♦	—	5♥
—	5♠	—	6♠
—	—	—	—

结果：北6♠做成。另一桌：北4♠超二。

4♣：4+♣，♦缺门，2-3个控制。

XX：♣有第一轮控制。

5♦：同伴在5♣后的不叫是逼叫性的，叫同伴缺门鼓励。

5♥：响应性扣叫。

5♠：示弱。

6♠：搏杀的底气来自于同伴♣的第一轮控制和前期的鼓励性叫品。

47. 1♠–1NT后的发展

1♠–1NT表示0–9点无支持或0–2点3张♠支持。其后续发展和1♥–1NT类似。我们先阅读叫品结构表，然后指出和1♥–1NT的不同之处。

表47　1♠–1NT后的发展

1♠–1NT				
				0–9点无支持
				0–2点3张♠支持
	2♣			低限（14–17）5♠4♣
				14–15点5♠5♣型
				16+点5♠332型
				高限（18+点）54型
				16+点6♠4♥
				高限单套
	2♦			接力，6–9点
		2♥		高限3–4张♥
				16–17点6♠4♥
		2♠		接力
			2NT	18+点5♠3♥32型
			3♣	持牌5314
			3♦	持牌5341
			3♥	4张♥
			3♠	6+♠
		2♠		低限5♠4♣
				14–15点5♠5♣型
			2NT	16–17点5♠332型
			3♣	高限4张♣

			3♦		高限4张♦
			3♥		高限5♠5♥型
			3♠		高限单套
			3NT		18-20点,5♠332型
		2♥			弱牌
		2♠			弱牌
		2NT			弱牌持牌1444
		3♣			弱牌
		3♦			弱牌
	2♦				低限5+♠4♦
					14-15点,5♠5♦型
	2♥				11-17点,5♠4♥
					11-15点,6♠4♥
					11-15点,5♠5♥型
		2♠			弱牌
		2NT			8-9点自然邀请
		3♣			6+♣邀请
		3♦			6+♦邀请
		3♥			4+♥邀请
	2♠				低限6+♠
		2NT			高限5♠5m型
					高限6♠4m型
		3♣			接力,逼局
			3♦		5♠5♣型
			3♥		64型
			3♠		5♠5♦型
			4m		6♠5m型
	3♣				16-17点,♠♣55型
	3♦				16-17点,♠♦55型
	3♥				16-17点,♠♥55型
	3♠				8赢墩独立长♠

开叫人持双高花的情形

先看1♥/♠-1NT后开叫人持54高花的区别：

1♥-1NT-？（开叫人持5♥4♠）

11-15点　　不叫。因为♠已经没有配合了，所以成局可能性不大。

16-17点　　先叫多义2♣。同伴如果叫2♦，就再叫2NT。

18+点　　　先叫多义2♣。同伴如果叫2♦，就叫2♠。

1♠-1NT-？（开叫人持5♠4♥）

11-17点　　叫2♥。依然可能存在♥配合，所以应该显示第二门高花。

18+点　　　先叫多义2♣。同伴如果叫2♦，就叫2♥。

如果1♥/♠-1NT后开叫人持64型高花，处理的方式也不一样：

1♥-1NT-？（开叫人持6♥4+♠）

11-17点　　叫2♥。♠已经没有配合了，当成低限单套处理。

18+点　　　叫2♠。这是体系处理这种牌的专用装置。

1♠-1NT-？（开叫人持6♠4+♥）

11-15点　　叫2♥。和低限（14-17点）5♠4♥一样处理。

16+点　　　先叫多义2♣。16点64高花已跻身高限行列，当成高限5♠4♥处理。

开叫人持高花55型时只能开叫1♠，在同伴应叫1NT后：

在1♠-1NT-？（开叫人持高花55型）

11-15点　　叫2♥。和低限（14-17点）5♠4♥一样处理。

16-17点　　叫3♥。这是体系处理这种牌的专用装置。

18+点　　　先叫多义2♣。同伴如果叫2♦再跳叫3♥。

Fantoni
♠ 65
♥ QJ5
♦ QJ83
♣ J962

Nunes
♠ AKJ72
♥ KT87
♦ T6
♣ 74

西	北	东	南
			1♠
—	1N	—	2♥
—	2♠	—	—

尽管南家持最低限的牌，仍然不能放过1NT，以免错失4♥定约。叫2♥表示11-17点5♠4♥型，如果任一高花有额外长度，大牌点不超过15点。

Fantoni
♠ 85
♥ T3
♦ T852
♣ AKJ95

Nunes
♠ AKQ976
♥ AJ86
♦ Q43
♣

西	北	东	南
—	—	—	1♠
—	1N	—	2♣
—	2♦	—	2♥
—	2♠	—	3♥
—	3♠	—	4♠

南家的16点64高花已经跻身高限的行列，不能叫低限系列的2♥。北家接力后再叫3♠显示2张支持，因为他知道同伴可能是64型。

Nunes
♠ AK942
♥ AKT2
♦ A4
♣ 42

Fantoni
♠ 3
♥ Q98764
♦ 962
♣ KQ6

西	北	东	南
—	1♠	—	1N
—	2♣	—	2♦
—	2♥	—	3♥
—	3♠	—	3N
—	4♥	—	—
—			

北家标准的18+点5♠4♥叫多义的2♣，南家设定♥表示有5+♥。在南家显示低限的3NT后北家止叫。

开叫人叫2NT的情形

现在我们来看1♠–1NT和1♥–1NT的另一个差别，先看三个含义相同的进程：

1♥–1♠–2NT

1♥–1NT–2NT

1♠–1NT–2NT

以上三个进程表达的含义都是一样的：高限（18+点）5M5m型或高限6M4m型。它并不逼局，只是逼叫一轮。它是高花和低花组合的强牌型牌，并不包含双高花的牌。这三个进程的后续3♣都是逼局接力，但回答方式截然不同：

1♥–1♠/1NT–2NT–3♣–?		1♠–1NT–2NT–3♣–?	
3♦	5♦5♦型	3♦	5♠5♣型
3♥	64型	3♥	64型
3♠	5♥5♣型	3♠	5♥5♦型

3♣接力后直接叫四阶低花表示6M5m，如果是6m5M，因为只有5张高花

不宜越过3NT，所以应先显示55型，有机会再叫四阶低花。

Fantoni
♠ AJ864
♥ KQ
♦ AKQT9
♣ 7

Nunes
♠ Q5
♥ AJ84
♦ 64
♣ J9632

西	北	东	南
—	1♠	—	1N
—	2N	—	3♣
—	3♠	—	4♠
—	—	—	

北家的3♠表示5♠5♦型，南家选择高花定约。

Fantoni
♠ J9
♥ AJ7543
♦ T7
♣ 964

Nunes
♠ AKQ865
♥ —
♦ AJ652
♣ QT

西	北	东	南
—	—	—	1♠
—	1N	—	2N
—	3♣	—	4♦
—	4♠	—	—

南家在3♣接力后直接叫4♦表示6♠5♦。北家知道有配合，选择4♠。

下一副牌例显示了逼叫性一阶开叫后再叫2NT双套牌的威力：

47. 1♠–1NT后的发展

```
           国际俱乐部联赛
              Cabanes
              ♠ KT7
双方有局      ♥ AT987
              ♦ K76
              ♣ J8

Nunes                        Fantoni
♠ AQJ53        N             ♠ 862
♥ 5         W     E          ♥ 643
♦ AT           S             ♦ Q543
♣ AKQ54                      ♣ 972

              Gautret
              ♠ 94
              ♥ KQJ2
              ♦ J982
              ♣ T63
```

西	北	东	南
		—	—
1♠	—	1N	—
2N	—	4♠	—
—			

结果：西4♠做成。另一桌：西3♠超一。

如果西家开叫不逼叫的1♠，很可能成为最终定约。如果使用强♣体系开叫1♣，必将遭遇南北方♥的强烈竞叫（这也是另一桌的局势）。本体系开叫逼叫性的1♠优势尽显，先封住了北家的♥套。在同伴弱应叫后再叫2NT显示强双套牌，这一装置使东西方如虎添翼。福尔维奥知道自己有双套配合，搏杀高花成局合情合理（同伴可能持更理想的♦套）。

48. 1♠-2♣后的发展

1♠-2♣的含义和1♥-2♣相同，其后续发展也完全一致。

表48　1♠-2♣后的发展

1♠-2♣				
				10+点5+♣
				10+点均型（5♦3♠32型除外）
				10+点♠加叫
				10+点4441型
				5+♦不敢逼局
	2♦			11+点4+♥，尚未逼局
		2♥		建议同伴11-13点时停叫
		2♠		2-3张♠，建议同伴11-13点时停叫
		2NT		DAG
	2♥			14+点5+♠4+♦，后续2NT=DAG
	2♠			单套
				低限（14-17点）5♠332型
				14-15点5+♠4♣
		2NT		接力问♣张数
			3♣	4张♣

48. 1♠–2♣后的发展

				3♦		接力问单缺
					3♥	♦单缺
					3♠	♥单缺
					3NT	持牌5224
					4♣	64型
			3♦			低限3张♣
				3♥		接力问牌型
					3♠	单套
					3NT	5♠332型
				3♥		高限单套
				3♠		低限单套
				3NT		持牌5332
		3♣				♣单套
		3♦				5♣4♦
2NT						高限（18+点）5♠332型
	3♣					16+点5♠+♣4
						14+点5♠5♣型
		3♦				
				3♥		54型
				3♠		55型
				4♣		64型
		3♠				设定♣

Fantoni
♠ KT954
♥ KJ986
♦ A8
♣ 7

Nunes
♠ A62
♥ —
♦ Q543
♣ KJ8632

西	北	东	南
	1♠	—	2♣
—	2♦	—	2N
—	3♠	—	4♦
X	XX	—	4♥
—	4♠	—	—

南家完成DAG后用4♦人为设定♠（4♣是人为设定♥），北家的再加倍表示♦有第一轮控制。

扣叫法则

2007年意大利杯半决赛

Fantoni
♠ AKT6543
♥ Q6
♦ QJT3
♣

双方有局

Attanasio
♠ Q8
♥ J875
♦ 7
♣ JT9852

Failla
♠ 972
♥ AK43
♦ K965
♣ 76

Nunes
♠ J
♥ T92
♦ A842
♣ AKQ43

西	北	东	南
—	1♠	—	2♣
—	2♥	—	3♦
—	3♠	—	4♠
—	—		

结果：北4♠超一。另一桌：南5♦宕一。

在前两轮的叫牌中，北家显示了14+点5+♠4+♦，南家支持但非设定♦。北家不可能扣叫自己的开叫套，重叫3♠表示额外长度并且暗示♥没有控制。克劳迪奥知道同伴至少64型并且挡不住♥，凭借宝贵的♠J选择4♠进局（不可能扣叫同伴长套的单缺，见第71节）。

49. 1♠–2♦后的发展

1♠–2♦表示10+点5+♦逼局，包括非均型和5♦3♠32型。它的后续发展和1♥–2♦相同。

表49　1♠–2♦后的发展

1♠–2♦					说明
					10+,点5+♦非均型
					10+,点5♦3♠32型
	2♥				11+,点5+♦4♥，后续2NT=DAG
	2♠				单套
					低限（14–17点）5♠332型
					14–15点5+♠4♣
	2NT				接力
		3♣			4张♣
			3♦		接力
				3♥	♦单缺
				3♠	♥单缺
			3NT		持牌5224
			4♣		64型
		3♦			低限3张♦
				3♥	接力问牌型
				3♠	单套
				3NT	5♠332型

49. 1♠—2♦后的发展

				说明
			3♥	高限单套
			3♠	低限单套
			3NT	持牌5♠2♦33
		3♣		5♦4♣
		3♦		单套♦
	2NT			高限（18+点）5♠332型
	3♣			16+点5+♠4♣
				14+点5♠5♣型
	3♦			接力问牌型
			3♥	54型
			3♠	55型
			4♣	64型
	3♦			5♠4♦
	3♠			设定♠

Fantoni
♠ AQJT982
♥ A4
♦ Q76
♣ 3

```
     N
  W  E
     S
```

Nunes
♠ 53
♥ KJ
♦ KJT32
♣ AQ95

西	北	东	南
	1♠	—	2♦
—	2♠	—	2N
—	3♠	—	3N
—	4♠	—	
—			

北家的♠结构可以进取地叫3♠设定将牌，但实战中北家只是叫2♠（也是常规的选择，参见第42节）。南家用2NT接力，获悉同伴低限单套后仍然坚持打3NT。福尔维奥坚持自己的7张♠成局。

Fantoni
♠ KJ985
♥ 62
♦ AT
♣ AQ84

Nunes
♠ AQT4
♥ J43
♦ KJ543
♣ J

西	北	东	南
	1♠	—	2♦
2♥	X	—	2♠
—	3♣	—	3♦
—	3N	—	4♠
—	—		

10+点有支持的牌一律先二盖一，北家的加倍是技术性的，不显示额外牌力。高花配合后在三阶将牌之下首先理解成自然叫，当北家用低限3NT示弱后，南家停在4♠。

Fantoni
♠ KJ
♥ 8
♦ KQT32
♣ QJT76

Nunes
♠ AQ942
♥ AJ5
♦ A98
♣ 92

西	北	东	南
			1♠
—	2♦	—	2♠
—	3♣	—	3♦
—	3♥	—	3N
—	—		

北家特殊的牌型不适合叫2NT接力，而是自然自描述自己的特征。在北家第四花色试探后，双方停在3NT。

致命诱惑

当持有边花缺门而未能明确显示时，福尔维奥和克劳迪奥的叫牌都极其凶悍，希望在和对手的差异中获胜（需要一些运气）。

2009年圣保罗杯赛

双方有局

Khiuppenen
- ♠ 32
- ♥ AKT62
- ♦ AT
- ♣ QT64

Nunes
- ♠ A954
- ♥ 9
- ♦ J9763
- ♣ AJ7

Fantoni
- ♠ KQJ87
- ♥ —
- ♦ KQ854
- ♣ K98

Kholomeev
- ♠ T6
- ♥ QJ87543
- ♦ 2
- ♣ 532

西	北	东	南
		1♠	—
2♦	—	3♦	—
3♠	—	4♣	—
4♥	X	XX	—
4N	—	5♥	—
5♠	—	—	—

结果：东5♠宕一。另一桌：东4♠做成。

东西及时地停在五阶，但防守方可以将吃♦导致定约失败。东家持绝对低限的牌，但双套配合后凭借缺门先用4♣鼓励，再用再加倍显示♥的第一轮控制，西家受到鼓舞主动显示关键张。如果东家前期不叫鼓励性的4♣，而是叫更加恰如其分的低限3NT，叫牌的节奏将变得可控（但也很难叫到6♦）。

50. 1♠-2♥后的发展

1♠-2♥显示10+点，5+♥逼局。

开叫人有3张♥支持叫2NT，有4+♥支持叫3♥/4♥。

如果开叫人没有♥支持，在三阶叫低花必须有额外牌力（16+点）或低花的额外长度（55型），否则和其他情形一样，都叫2♠。

1♠-2♥-2♠：14-15点5+♠4m，或不限牌力的持牌5233和单套

开叫人再叫2♠是多义的，后续应叫人用2NT接力让开叫人澄清牌型：

1♠-2♥-2♠-2NT-?

3♣	4张♣
3♦	4张♦
3♥	高限单套
3♠	低限单套
3NT	低限（14-17点）持牌5233

Fantoni
♠ K43
♥ KJ9862
♦ AT75
♣ —

Nunes
♠ QJ9865
♥ 7
♦ KJ
♣ AQT3

西	北	东	南
			1♠
—	2♥	—	2♠
—	4♣	—	4♦
—	4♥	—	4♠
—			

南家叫2♠可能是多种类型的牌，北家不理会同伴是什么牌，用非寻常跳叫显示支持♠并且♣缺门。在两声响应性扣叫后，轻开叫的南家示弱在4♠。

1♠-2♥-2N：3张♥

开叫人只要有3张♥必须用2NT立即显示配合。后续应叫人可以用3♣接力问单缺：

1♠-2♥-2N-3♣-?

3♦ ♣单缺

3♥ ♦单缺

3♠ 持牌6322

3NT 低限5332型

	Nunes		Fantoni
	♠ AQT76		♠ 943
	♥ JT3		♥ AK964
	♦ A		♦ KQ
	♣ QJ84		♣ A52

西	北	东	南
			—
1♠	—	2♥	—
2N	—	3♣	—
3♥	—	3NT	—
4♥	—	—	—

2N：3张♥。

3♣：接力问单缺。

3♥：♦单缺。

3NT：越过♠的低限3NT，东家觉得♦KQ很浪费。

4♥：示弱。

1♠-2♥-3♣/♦：第二套低花，有额外牌力（16+点）或低花额外长度，不否认6张♠。

开叫人叫3♣后应叫人3♦仍然是接力问牌型，回答3♥/3♠/4♣分别表示54/55/64型。

1♠-2♥-3♦后没有接力，叫牌自然发展。

总结

1♠-2♥的后续发展和1♥-2♠截然不同。原因是1♠-2♥后有空间用2♠作为多义的"垃圾箱式叫牌"（Catchall Bid），所以开叫人可以用2NT显示3张♠支持，并且开叫人叫三阶低花可以显示额外牌力或牌型。1♥-2♠就没有这种条件了，2NT只能用来显示5♥332型，三阶低花也无法显示牌力。

逆叫策略

1♦/♥/♠开叫二盖一应叫后，开叫人逆叫或在三阶叫新花是否需要额外牌力？

如果开叫人在二阶叫新花，无论是否逆叫，都可以形成DAG局势，因为DAG本身可以控制牌力，所以开叫人不需要额外牌力。如：1♦-2♣-2♥/♠；1♦-2♥-2♠；1♥-2♣-2♦/♠；1♥-2♦-2♠；1♠-2♣-2♦/♥；1♠-2♦-2♥。

如果开叫人可以再叫"垃圾箱式"的二阶高花（通常表示低限5332型、低限5M4m型，或任意牌力的单套），那么这一"垃圾箱"不妨包含低限无法在二阶显示的新花，所以三阶新低花需要额外实力或额外长度。如：1♥-2♣-3♣/♦；1♠-2♥-3♣/♦。

否则，如1♦-2♣/♥/♠，1♥-2♦后开叫人再叫三阶新花不需要额外牌力（1♦-2♣-2♦不是"垃圾箱"，是显示明确的单套，因为5332型不会开叫1♦，所以不需要处理）。

叫品结构表

表50　1♠-2♥后的发展

1♠-2♥				10+点,5+♥逼局
	2♠			14-15点5+♠4m
				不限牌力持牌5233
				不限牌力单套
		2NT		接力
			3♣	4张♣
			3♦	4张♦
			3♥	高限单套
			3♠	低限单套
			3NT	低限（14-17点）持牌5233
	2NT			3张♥
		3♣		接力问单缺
			3♦	♣单缺
			3♥	♦单缺
			3♠	持牌6322
			3NT	低限5332型
	3♣			16+点5+♠4♣
				14+点5♠5♣型
		3♦		接力问牌型
			3♥	54型
			3♠	55型
			4♣	64型
	3♦			16+点5+♠4♦
				14+点5♠5♦型
	3♥			4+♥

51. 1♠开叫后的加叫结构

1♠开叫后的加叫结构和1♥开叫完全一致。

表51　1♠开叫后的加叫结构

1♠				
	1NT			0-2点3张♠
	2♠			3-6点3张♠
				2-5点4张♠
		2NT		接力，邀请
			3♣	高限♣短套
			3♦	高限♦短套
			3♥	高限♥短套
			3♠	低限
			3NT	高限无短套
		3♣		长套试探
		3♦		长套试探
		3♥		长套试探
		3♠		邀请
	2NT			7-9点3张♠
				5-9点4+张♠
		3♣		接力
			3♦	7-9点3张
			3♥	7-9点4+张
			3♠	5-6点4+张

		3♦	人为叫品邀请（14-16点）
		3♥	14+点5♠4♥
		3♠	11-13点5♠4♥
		3NT	17-19点5332型
	3♠		0-5点4+♠
	3NT		4+♠，♣缺门，2-3个控制
	4♣		4+♠，♦缺门，2-3个控制
	4♦		4+♠，♥缺门，2-3个控制

Fantoni
♠ KQ9864
♥ 96
♦ AKQ9
♣ 4

Nunes
♠ T73
♥ JT5432
♦ 4
♣ T87

西	北	东	南
	1♠	—	2♠
X	3♦	—	3♠
—			

在2010年巴菲特杯上，北家长套邀请，克劳迪奥已经决定无论同伴采取哪种形式的邀请都示弱。另一桌齐亚和哈曼打4♠宕一。

Fantoni
♠ AKJ97
♥ JT76
♦ 4
♣ Q76

Nunes
♠ QT83
♥ 9
♦ AJ632
♣ JT5

西	北	东	南
—	1♠	—	2N
—	3♠	—	4♠
—			

北家显示弱牌开叫（11-13点4+♥），南家有很强的将吃能力，虽然牌力不足，仍然进取地进局。福尔维奥反明手完成了4♠定约。不难猜出，另一桌只停在部分定约。

```
                    2013年冠军杯季后赛
                       Pachtman
                       ♠ —
   双发无局            ♥ QJ654
                       ♦ A96
                       ♣ T9864
     Nunes                              Fantoni
     ♠ AKQT7                            ♠ J8643
     ♥ AKT92         N                  ♥ —
     ♦ K7          W   E                ♦ 542
     ♣ Q             S                  ♣ AJ532
                       Tarnovski
                       ♠ 952
                       ♥ 873
                       ♦ QJT83
                       ♣ K7
```

西	北	东	南
1♠	—	4♦	—
4N	—	5♣	—
5♦	—	5♥	—
6♠	—	—	—

结果：西6♠做成。另一桌：西4♠超三。

西家可以推出同伴持有一个低花A，也许还有♣K。理论上可以直接叫6♠结束叫牌。但克劳迪奥还是规矩地显示同伴缺门花色以外的关键张个数，以防止同伴的叫牌和规定有冲突。在没有意义的特博和一系列扣叫后，东西还是停在6♠定约。

52. 1♠开叫被干扰后的处理

1♠被加倍

1♠被加倍后的处理方式和1♥开叫被加倍一样，应叫人通常只有三种类型的叫品。♠配合时，高花加叫结构保持原意。其他情形0-6点不叫，7+点再加倍。

应叫新花的情形并不多见，除非持有6张以上的好套。如果是♣套，叫2♣不逼叫，而♣套的逼叫牌是叫1NT。叫其他花色的新花都逼叫一轮（详见本节末表52，下同）。

西	北	东	南
	1♠	X	XX
2♣	2♠	—	—
—			

因为对方加倍是排除性的，所以除非6张以上好套，是不宜叫新花的。南家再加倍显示7+点实力，但是不承诺再叫。

对方争叫强无将

处理方式和1♥开叫对方争叫1NT一样。应叫人加倍显示7+点实力，2NT表示3+♠邀请以上，其他叫品均不逼叫。

对方自然争叫2♣/♦

应叫人可以用不同的方式支持同伴的花色，要留意的是3♥是表示混合加叫的人为叫品。如果应叫人不能支持同伴，可以叫排除性加倍或用新花逼叫。加倍还包括某些不好处理的牌，包括有3张♠较平均的邀请牌。

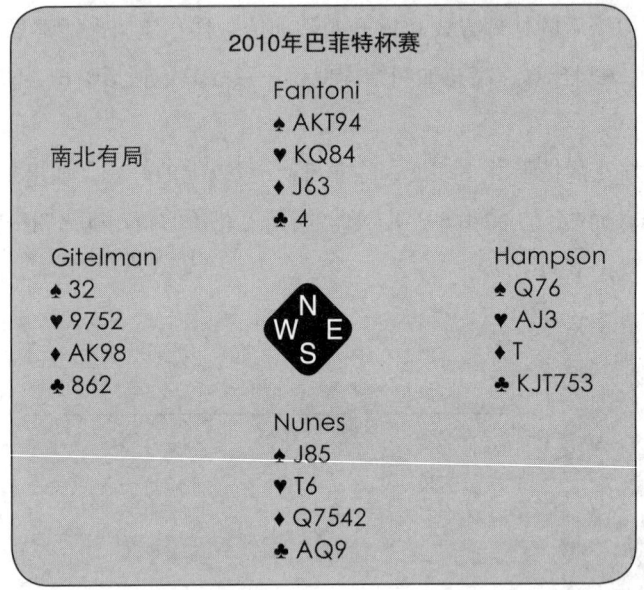

西	北	东	南
			—
—	1♠	2♣	X
3♣	3♥	—	3♠
—	—	—	

结果：北3♠做成。另一桌：北3♠做成。

南家持3张♠的邀请牌，但牌型平均，有不错的防守能力，不愿意叫2NT。克劳迪奥先加倍后支持♠，恰如其分地描述了实际持牌。

对方自然争叫2♥

原本应叫人混合加叫（5-6点4+♠）总是叫三阶将牌的低一级花色，现在和扣叫重叠，所以含义也重叠。扣叫3♥表示5+点4+♠无上限。其他处理和对方争叫低花时相同。

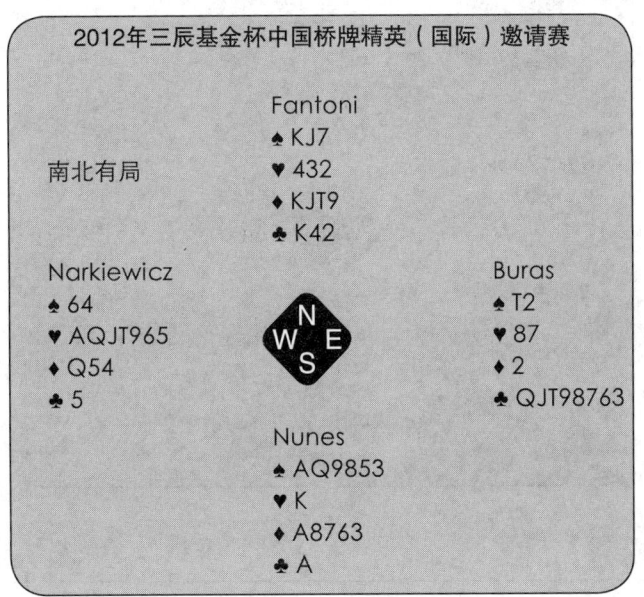

西	北	东	南
			1♠
2♥	2N	—	3♥
—	4♠	5♣	5♦
—	5♠	—	—
—			

结果：南5♠超一。另一桌：南6♠超一。

北家先用2NT表示3张♠邀请以上牌力，再跳叫4♠表示低限。在本届冠军波兰队的强力干扰下无法同时找到♦配合和♥控制，错失了满贯。

对方叫迈克尔斯扣叫2♠

2012年三辰基金杯中国桥牌精英（国际）邀请赛

南北有局

Fantoni
♠ KQT82
♥ J9
♦ K976
♣ AK

Brad Moss
♠ J9653
♥ 876
♦ A5
♣ 984

Joe Grue
♠ —
♥ KT532
♦ T8432
♣ Q72

Nunes
♠ A74
♥ AQ4
♦ QJ
♣ JT653

西	北	东	南
	1♠	2♠	2N
—	3♦	—	3♥
—	3♠	—	4♥
—	4N	—	5♦
—	6♠	—	—
X	—	—	6N
X	—	—	—

结果：南6NT加倍宕一。另一桌：北4♠超一。

2N：3张♠邀请以上。

3♦：对方低花套不明，三阶将牌以下不是扣叫，所以是自然叫。

3♥：扣叫，非低限。

3♠：等待。

4♥：越过♦的扣叫。

4N：特博。偶数关键张。

5♦：扣叫曾经越过的花色表示有Q。

6♠：止叫。

6N：对将牌畸形分布的调整。

对方争叫双低花的2NT

1♠-（2NT）-?
　　　　（双低）

3♣	5+♥邀请以上
3♦	3+♠邀请以上
3♥	6+♥不逼叫
3♠	竞争性
3NT	4+♠逼局牌力

Fantoni
♠ AQJT7
♥ A95
♦ K42
♣ K8

Nunes
♠ K86
♥ K643
♦ 7
♣ T9654

西	北	东	南
			—
—	1♠	2N	3♠
—			

北家虽非低限，然而牌型平均，恰如其分地放过同伴的竞争性叫牌。

总结

高花开叫遭遇对方二阶自然争叫后，应叫人配合同伴花色的处理方式基本一致：

简单加叫	略带建设性，上下限比无干扰时有所延伸
扣叫	4张以上支持，邀请以上牌力
2NT	3张支持邀请以上牌力
跳叫三阶将牌	0-5点4张以上支持
三阶将牌低一级	5-6点4张以上支持，混合加叫的人为叫品
3NT	低限逼局，4张以上支持，通常无单缺

如果三阶将牌低一级刚好是扣叫，则表示5+点4张以上支持。叫品合并含义也随之合并，无法区分混合加叫还是邀请以上的牌。

叫品结构表

表52　1♠开叫被干扰后的处理

1♠	（Dble）		（技术性加倍）
		不叫	0-6点
		Rdbl	7+点
		加叫结构	保持原意
		1NT	6+♣好套，逼叫一轮
		2♣	6+♣不逼叫
		其他新花	逼叫一轮
	（1NT）		（强牌）
		Dble	7+点
		平叫新花	不逼叫
		跳叫新花	无局阻击，有局建设

52. 1♠开叫被干扰后的处理

		2♠	3张♠到位叫
		2NT	3+♠邀请以上
		3♠	4+♠到位叫
	(2♣)		（实套争叫）
		Dble	6+点4+♥或不好处理的牌
		2♦	逼叫
		2♥	逼叫
		2♠	2-6点3张♠
		2NT	3张♠邀请以上
		3♣	4+♠邀请以上
		3♦	弱跳
		3♥	5-6点4张♠
		3♠	0-5点4张♠
		3NT	4+♠低限逼局，通常无单缺
	(2♦)		（实套争叫）
		Dble	6+点4+♥或不好处理的牌
		2♥	逼叫
		2♠	2-6点3张♠
		2NT	3张♠邀请以上
		3♣	5+♣逼叫
		3♦	4+♠邀请以上
		3♥	5-6点4张♠
		3♠	0-5点4张♠
		3NT	4+♠低限逼局，通常无单缺
	(2♥)		（实套争叫）
		Dble	6+点排除性或不好处理的牌

		2♠	2-6点3张♠
		2NT	3张♠邀请以上
		3m	5+m逼叫
		3♥	5+,点4+♣
		3♠	0-5点4张♠
		3NT	4+♠低限逼局，通常无单缺
	（2♠）		（迈克尔斯）
		Dble	显示9+点有惩罚能力
		2NT	3张♠邀请以上
		3m	5+m逼叫
		3♥	5+,点4+♣
		3♠	竞争性
		3NT	4+♠逼局牌力
	（2NT）		（双低）
		3♣	5+♥邀请以上
		3♦	3+♠邀请以上
		3♥	6+♥不逼叫
		3♠	竞争性
		3NT	4+♠逼局牌力

53. 1NT开叫及第一应叫

开叫

1NT开叫包含多种牌型（见表53），但以下14点的牌太强，不能开叫1NT，只能做一阶花色开叫：

♠ 42
♥ AK432
♦ A73
♣ K86

♠ 2
♥ AQT5
♦ KQT5
♣ K843

♠ KQ
♥ 72
♦ KQ864
♣ A976

第一应叫

表53　1NT开叫的第一应叫

1NT		12-14点4432型或4333型
		11-13点5m332型
		11-13点5M332型
		11-13点5422型（非双高花）
		12-13点4441型
	2♣	斯台曼
	2♦	转移到♥，不保证4张♥
	2♥	转移到♠，保证4+♠
	2♠	转移到2NT，相邻55型邀请
		转移到2NT，双低55型逼局
	2NT	转移到3♣，低花止叫
		转移到3♣，间隔55型邀请
	3♣	询问5张高花的斯台曼，逼局

	3♦	6+♦邀请
	3♥	持牌31（54）
	3♠	持牌13（54）
	4♣	转移到♥
	4♦	转移到♠
	4♥	想打
	4♠	想打

斯台曼遭遇干扰

斯台曼（2♣或3♣）遭遇对方加倍，开叫人不叫表示♣有挡，后续应叫人用再加倍重开叫要求开叫人继续原有的斯台曼进程；开叫人立即再加倍表示有♣A；不理会加倍继续叫牌保持原意，但是♣无挡。

斯台曼遭遇对方争叫2♦，开叫人无高花不叫，其他如同对方没有干扰时一样叫牌。

斯台曼遭遇对方争叫二阶高花，开叫人的加倍是技术性的，应叫人的加倍是惩罚性的。

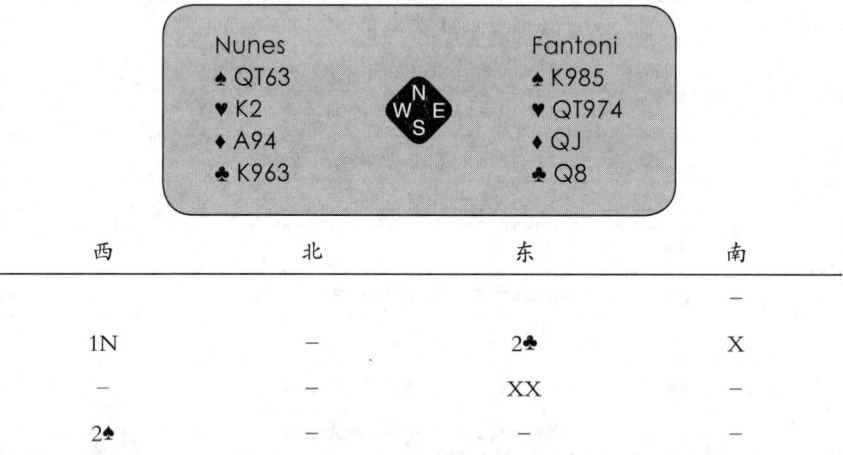

西	北	东	南
			—
1N	—	2♣	X
—	—	XX	—
2♠	—	—	—

西家在对方加倍后不叫表示♣有挡，后续东家用再加倍重开叫要求继续原有的斯台曼进程，克劳迪奥现在可以回答高花了。

```
               Nunes              Fantoni
               ♠ KJ92             ♠ A854
               ♥ K74              ♥ AJ52
               ♦ KQ53             ♦ 42
               ♣ 95               ♣ Q84
```

西	北	东	南
—	—	—	—
1N	—	2♣	X
2♠	—	—	—

克劳迪奥不理会对方加倍回答2♠保持愿意，但同时表示♣无挡。

```
Fantoni
♠ Q7
♥ AKJ82
♦ 3
♣ QT765

Nunes
♠ K6
♥ T974
♦ AQ
♣ KJ432
```

西	北	东	南
—	—	—	1N
—	2♣	2♦	2♥
3♦	4♥	—	—

南家不理会对方争叫回答2♥保持愿意，如果对方没有继续叫牌，后续也按原意发展。

转移叫遭遇干扰

转移叫（2♥或2♠）遭遇对方加倍，不叫表示没支持，后续应叫人再加倍要求继续转移；接受转移表示3张支持，三阶叫转移花色表示4张以上支持；再加倍表示转移花色短的3套牌，后续重新寻找配合。

转移叫遭遇对方扣叫的（对方叫转移花色），开叫人立即加倍表示3张支持，三阶叫转移花色表示4张以上支持。

```
Fantoni              Nunes
♠ Q9                 ♠ A753
♥ AKT73              ♥ QJ9
♦ 64                 ♦ 73
♣ J985               ♣ KQT3
```

西	北	东	南
—	—	1N	—
2♦	X	2♥	—
2N	—	3♥	—

东家主动接受转移表示3张♥，西家用2NT表示5张♥邀请，东家示弱。

```
Nunes                Fantoni
♠ AT72               ♠ 943
♥ QJT5               ♥ A7643
♦ K86                ♦ J2
♣ J4                 ♣ A52
```

西	北	东	南
1N	—	2♦	X
3♥	—	—	—

西家三阶叫转移花色表示4+♥，东家原本想停在2♥，现在由于对方的干扰，只好多打一阶定约。

53. 1NT开叫及第一应叫 | 353

```
Nunes              Fantoni
♠ A65              ♠ J92
♥ A7               ♥ Q9653
♦ AQ74             ♦ 832
♣ 9873             ♣ J4
```

西	北	东	南
		—	
1N	—	2♦	X
—	—	XX	—
2♥	2N	—	—

西家不叫表示♥没有支持，东家用再加倍重开叫要求继续转移，西家遵命。

```
Nunes              Fantoni
♠ QT874            ♠ K
♥ J6               ♥ K987
♦ A643             ♦ KT87
♣ KJ               ♣ A953
```

西	北	东	南
			—
—	—	1N	—
2♥	X	XX	—
3♦	—	—	—

结果：西3♦超一。另一桌：东3NT宕一。

东家再加倍表示转移花色短的3套牌，西家显示54型。福尔维奥正确地选择不叫。

```
Nunes                    Fantoni
♠ 7                      ♠ J963
♥ KJT85                  ♥ A73
♦ 86542                  ♦ AJ9
♣ 72                     ♣ A64
```

西	北	东	南
—	—	1N	—
2♦	2♥	X	2N
—	3♣	—	4♠
—	—		

北家扣叫转移花色是迈克尔斯，东家加倍表示3张♥。最终定约被对方买走。

总结

范托内斯的1NT开叫不同于任何体系，它包含太多不同类型的牌。所以它的应叫结构也有独到之处，不建议用其他体系的应叫框架拼接。

54. 1NT-2♣后的发展

1NT-2♣是斯台曼，开叫人回答如下：

1NT-2♣-?

- 2♦   无4张以上高花
- 2♥   4+♥，可能有4张♠
- 2♠   4+♠，少于4张♥
- 2NT   持牌4441
- 3♣   持牌4414

斯台曼回答2♦

开叫人在斯台曼后回答2♦表示无4张以上高花。在这一局势下，体系嵌入两个工具：应叫人叫2♥和2♠都是人为叫品，用以解决某种类型的牌。

1NT-2♣-2♦-?

- 2♥   转移到2♠
- 2♠   问5张低花
- 2NT   自然邀请，不保证高花
- 3♣/3♦/3♥/3♠ 5张以上花色，逼局

1NT-2♣-2♦-2♥：转移到2♠，后续应叫人不叫或再叫表示特定的牌

1NT-2♣-2♦-2♥-2♠-?

不叫	想打
2NT	低限4441逼局
3♣	问单张
3♦	♣单张

	3♥	♦单张
	3♠	♥单张
	3NT	♠单张
3♥		5♠4♥邀请
3♠		5♥4♠22逼局

应叫人迫使同伴叫2♠后不叫是持5+♠4♥弱牌时的逃叫装置,但并不限于弱牌逃叫。

```
Nunes              Fantoni
♠ A9               ♠ 76432
♥ J8               ♥ K763
♦ A9654            ♦ KQ2
♣ KJ53             ♣ 6
```

西	北	东	南
1N	—	2♣	—
2♦	—	2♥	—
2♠	—	—	—

东家的实力当然不是逃叫,同伴如果有4张高花,他是邀请成局的牌。实际情况是同伴没有高花,但东家早以胸有成竹,一旦同伴回答2♦,可以叫2♥迫使同伴停在2♠。

54. 1NT-2♣后的发展

```
Fantoni
♠ 532
♥ A7
♦ A87
♣ AQT86

Nunes
♠ KT974
♥ JT652
♦ 3
♣ J3
```

西	北	东	南
	1N	—	2♣
—	2♦	—	2♥
—	2♠	—	—

南家高花55型，如果同伴在斯台曼后回答高花，南家是否邀请取决于牌手的进取风格。现在同伴表示没有高花，克劳迪奥迫使同伴停在2♠。当然，南北可能错失8张♥而打7张♠，但这并不是灾难。

有时候为了逃叫♠可以只有4张，但是需要点运气，比如下面一副牌例，东家如果碰到同伴5张方块和两张♠，就有点尴尬了：

西	北	东	南
1N	—	2♣	—
2♦	—	2♥	—
2♠	—	—	—

1NT-2♣-2♦-2♥-2♠-2NT：低限4441型逼局

更高牌力的4441型当然也可以这么叫，但是把叫牌的主动权掌握在自己手里比较合理，所以可以选择其他叫品。后续3♣是接力问单张，回答单张的高一级花色。下面一副牌例克劳迪奥用12点的4441型逼局：

Fantoni
♠ Q3
♥ KQ6
♦ A7543
♣ K85

Nunes
♠ JT74
♥ AT93
♦ 6
♣ AQJ3

西	北	东	南
—	1N	—	2♣
—	2♦	—	2♥
—	2♠	—	2N
—	3♣	—	3♥
—	3N	—	—

2♦：无高花。

2♥：迫叫2♠。

2♠：按要求转移。

2N：4441型逼局，通常是低限。

3♣：接力问单张。

3♥：♦单张。

3N：止叫。

1NT- 2♣-2♦-2♠：询问5张低花

1NT- 2♣-2♦-2♠-?

2NT	低限没有5张低花
3♣	5♣332型
3♦	5♦332型
3♥	5♣4♦22型
3♠	5♦4♣22型
3NT	高限没有5张低花

应叫人关注同伴3张高花时是不会使用这一装置的，所以有些人把答叫设计成能显示3张高花，这是不符合逻辑的。

54. 1NT-2♣后的发展

Fantoni
- ♠ AT
- ♥ Q8
- ♦ A9643
- ♣ A975

Nunes
- ♠ KQJ3
- ♥ AT93
- ♦ 7
- ♣ KJ84

西	北	东	南
	1N	–	2♣
–	2♦	–	2♠
–	3♠	–	3N

南家持4441型，询问高花未果后继续用2♠了解同伴牌型。如果同伴显示5♣332型，♦显得薄弱，在点力充足时有可能打低花成局定约。北家答出了5♦4♣22型，南家放心打3NT。

Nunes
- ♠ KQJ9
- ♥ AQ42
- ♦ K
- ♣ A752

Fantoni
- ♠ AT7
- ♥ J3
- ♦ A98
- ♣ KJ864

西	北	东	南
		1N	–
2♣	–	2♦	–
2♠	–	3♣	–
4♣	–	4♦	–
4♥	–	4♠	–
4N	–	5N	–
6♣	–	–	–

这次西家持19点牌，2♠问低花意在满贯。东家回答5♣332型。在特博框架下的扣叫后，福尔维奥的5NT表示关键张到齐，克劳迪奥根据总体实力满足于小满贯。

1NT-2♣-2♦-2NT是自然邀请，不保证4张高花

因为1NT-2NT用作转移来显示其他牌型，所以即使应叫人持不需要询问高花的邀请牌也要从斯台曼起步。

西	北	东	南
—	—	—	—
1N	—	2♣	—
2♦	—	2N	—

东家持无意询问4张高花的邀请牌，但必须从斯台曼起步。注意，如果西家接受邀请，仍然可以叫出他的5张高花。如果东家持同样牌型的逼局牌，可以使用询问5张高花的斯台曼3♣。

1NT-2♣-2♦-3♣/3♦/3♥/3♠：5张以上花色，逼局

斯台曼回答无高花后应叫人三阶叫新花逼局，通常暗示单一长套，后续叫牌都是自然的：

西	北	东	南
	1N	—	2♣
—	2♦	—	3♦
—	3N	—	—

南家询问高花未果后用低花逼局，并不代表多强烈的满贯欲望。北家尽量不要越过3NT。

斯台曼回答2♥

斯台曼回答2♥表示4-5张红心，可能还有4张黑桃。后续2♠是接力，2NT和直接3NT都是自然的，不保证有4张黑桃。三阶新花色依然是自然逼局。

1NT – 2♣-2♥-？

2♠	接力，邀请以上
2NT	自然邀请，不保证4张♠
3♣	5+♣逼局
3♦	5+♦逼局
3♥	邀请
3♠	5+♠逼局

1NT – 2♣-2♥- 2♠：接力，邀请以上

应叫人想知道同伴高低限和♠长度时使用这一接力，开叫人回答如下：

1NT – 2♣-2♥- 2♠-？

2NT	低限且没有4张♠
3♣	接力，开叫人自然描述
3♣	高限4-5张♣，否认5张♥

3♦	高限4-5张♦，否认5张♥
3♥	高限4-5张♥
3♠	低限4张♠
3NT	高限4张♠

从答叫结构可以看出，由于2♠接力只保证邀请牌力，所以显示高低限和黑桃长度是主要任务，相比较而言，对低花和是否有5张♥的信息相对模糊，这是这一叫品的精髓所在。也因为如此，应叫人持更强的牌也会尽量这一接力，为是否启动满贯试探提供牌力依据。

把3♥描述成准确的5张♥是明显的误区，因为这样持牌3433的高限牌就没有叫品了，而且违背显示高低限和是否有4张♠这一主要宗旨。

西	北	东	南
			—
—	—	1N	—
2♣	—	2♥	—
2♠	—	3♦	—
3N	—	—	—

西家最想知道同伴的♠张数及高低限，2♠接力可谓量身定制。东家回答高限4-5张♦，西家踏实地叫出3NT。如果东家显示低限，西家是可以对同伴的2NT或3♣不叫。

1NT - 2♣-2♥-2NT/3♥：邀请

西	北	东	南
1N	—	2♣	—
2♥	—	2N	—
—			

西家11点5M332型开叫1NT，东家邀请牌力从斯台曼起步。西家如果接受邀请可以叫出5张高花，所以东家3张♥时不必担心错失配合。

西	北	东	南
		—	1N
—	2♣	—	2♥
—	3♥	—	4♥
—	—	—	

结果：南4♥做成。另一桌：南2♥超一。

2008年北京智运会上，北家积极地邀请，南家进局理所当然。福尔维奥的进取精神加上运气使意大利队从对手挪威队处获得7IMP的收益。

1NT－2♣-2♥-3♣/3♦/3♠：5张以上所叫花色，逼局

	2012年斯平果尔德杯赛
	Nunes ♠ KQ2 ♥ AKT7 ♦ T3 ♣ Q976
双方无局	
Martel ♠ T7 ♥ QJ986 ♦ KJ65 ♣ J3	Zia ♠ 986543 ♥ 53 ♦ 42 ♣ T42
	Fantoni ♠ AJ ♥ 42 ♦ AQ987 ♣ AK85

西	北	东	南
	1N	-	2♣
-	2♥	-	3♦
-	3N	-	4♣
-	4♦	-	4♠
-	5♣	-	6♦
-	-		

结果：南6♦宕一。另一桌：北6NT宕一。

两桌都没找到6♣，你能做到吗？（答案在70节）

斯台曼回答2♠

斯台曼回答2♠表示4-5张♠，决无4张♥。后续应叫人再叫2NT/3NT自然，再叫三阶新花色（3♣除外）自然逼局。

应叫人再叫3♣是接力。前文介绍过，斯坦曼答叫2♥后应叫人用2♠也是接力，只需要邀请以上牌力。而1NT - 2♣- 2♠- 3♣ 接力是逼局的，因此答叫既没有必要显示另一高花的情况也没必要显示高低限了，因此可以更为精确的显示♠和低花的长度：

1NT - 2♣-2♠- 3♣-？

3♦　　　4+♦，4-5张♠

3♥　　　持牌4333

3♠　　　5332型

3NT　　 4+♣，4-5张♠

西	北	东	南
	-	1N	-
2♣	-	2♠	-
3♦	-	3N	-
-			

西家如果用3♣接力，同伴回答3♥/3♠/3NT后再叫4♦是设定♠的扣叫。所以克劳迪奥直接叫3♦。双方停在3NT。

西	北	东	南
1N	—	2♣	—
2♠	—	3♣	—
3N	—	4♦	—
4♥	—	5♣	—
5♠	—	6♣	—
—			

2♠：4+♠，少于4张♥。

3♣：接力，逼局。

3N：4+♣，4-5张♠。

4♦：设定♠的扣叫。4♣是设定♣，如果拿♦长套前期不会接力而是叫3♦。

4♥：扣叫。

5♣：特博，扣叫，奇数关键张。

5♠：防止同伴仅1个关键张。

6♣：3个关键张。

斯台曼回答双高花4441型

如果开叫人持双高花4441型，在同伴斯台曼后叫2NT表示持牌4441；叫3♣表示持牌4414。

西	北	东	南
			1N
—	2♣	—	2N
—	3N	—	—

北家斯台曼后,南家回答2NT表示4441型♣单张。

总结

开叫人对1NT-2♣答叫后有多种询问开叫人牌情的接力装置,用来应对开叫人多种多样的牌型。在定约的可能性比较模糊时,应叫人通常想获得叫牌的主导权,这正是使用斯台曼的最佳时机。斯台曼通常意味着应叫人更想控制叫牌,转移叫或其他叫品意味着更想描述。

蓝队之魂

下面一副牌例中西家在同伴斯台曼回答2♠后直接叫4♦显示♠配合且♣没有控制,如果♣有控制,叫4♣就没有那么迫切,克劳迪奥可能先用3♠接力了解更多的情况。越过某一花色的扣叫是很有效率叫品,也是意大利牌手钟爱的手段。

2007年百慕大杯赛

南北有局

Gawrys
- ♠ —
- ♥ 76432
- ♦ T95
- ♣ K9872

Nunes
- ♠ AKQT8
- ♥ Q9
- ♦ AKQJ
- ♣ 63

Fantoni
- ♠ J632
- ♥ AJ
- ♦ 764
- ♣ AQT4

Chmurski
- ♠ 9754
- ♥ KT85
- ♦ 832
- ♣ J5

西	北	东	南
—	—	1N	—
2♣	—	2♠	—
4♦	—	4♥	—
5♣	X	XX	—
5♦	—	5♥	—
6♦	—	6♠	—
—			

结果：东6♠超一。另一桌：东6♠做成。

4♦：设定♠的扣叫，♣没有第二轮以上控制。

4♥：扣叫，同时暗示♣控制。

5♣：特博，奇数关键张，♣有第三轮控制。

再加倍：♣有第一轮控制。

5♦：扣叫。

5♥：扣叫，两个关键张时谨慎维持在5♠之下。

6♦：3个关键张，再扣♦，同时暗示有将牌Q（越过5NT），邀请大满贯。

6♠：看到同伴♣双小张，满足于小满贯。

叫品结构表

表54　1NT-2♣后的发展

1NT-2♣						斯台曼
	2♦					无4张以上高花
		2♥				转移到2♠
			2♠			遵命
				Pass		弱牌
				2NT		低限4441逼局
					3♣	问单张
					3♦	♣单张
					3♥	♦单张
					3♠	♥单张
					3NT	♠单张
				3♥		5♠4♥邀请
				3♠		5♥4♠22逼局
		2♠				问5张低花
			2NT			低限没有5张低花
			3♣			5♣332型
			3♦			5♦332型
			3♥			5♣4♦22型
			3♠			5♦4♣22型
			3NT			高限没有5张低花

		2NT				自然邀请,不保证高花
		3♣				5+♣逼局
		3♦				5+♦逼局
		3♥				5+♥逼局
		3♠				5+♠逼局
	2♥					4+♥
		2♠				接力,邀请以上
			2NT			低限且没有4张♠
				3♣		接力,开叫人自然描述
			3♣			高限4-5张♣,否认5张♥
			3♦			高限4-5张♦,否认5张♥
			3♥			高限4-5张♥
			3♠			低限4张♠
			3NT			高限4张♠
		2NT				自然邀请,不保证4张♠
		3♣				5+♣逼局
		3♦				5+♦逼局
		3♥				邀请
		3♠				5+♠逼局
	2♠					4+♠,少于4张♥
		2NT				自然邀请,不保证4张♥

54. 1NT-2♣后的发展

			3♣					接力，逼局
				3♦				4+♦，4-5张♠
				3♥				持牌4333
				3♠				5332型
				3NT				4+♣，4-5张♠
			3♦					5+♦逼局
			3♥					5+♥逼局
			3♠					邀请
		2NT						持牌4441
		3♣						持牌4414

55. 1NT-2♦后的发展

应叫人叫2♦要求转移到♥，包含多种类型的牌，甚至可能没有♥套。应叫人的牌包括：

5+♥	很多但非全部5+♥的牌，不限牌力
4张♥	5+m4♥邀请
与♥无关	某些5+♠逼局的牌

开叫人少于4张♥时简单接受转移，4+♥时使用"超转移"叫品：

1NT-2♦-?

2♥	简单接受转移，不会有4张♥
2♠	超转移，4+♥，♣短套无大牌
3♦	再次转移，下同
2NT	4+♥超转移，♦短套无大牌
3♣	4+♥超转移，♠短套无大牌
3♥	4+♥超转移，短套有大牌或持牌3433

超转移的情形

开叫人4+♥时做超转移，同时显示弱双张（4441型时显示单张），无弱双张叫3♥。

西	北	东	南
–	1N	–	2♦
–	2N	–	3♦
–	3♥	–	4♥
–	–		

Fantoni
♠ K642
♥ AQ94
♦ T6
♣ A97

Nunes
♠ A3
♥ KJ763
♦ 95
♣ Q653

北家超转移显示4张以上♥且短套♦上没有大牌。根据这一信息，南家发现联手有限的点力十分有效，决定进局。克劳迪奥用3♦再次转移让同伴做庄，如果他愿意，也可以自己做庄打4♥定约。

简单接受转移的情形

开叫人简单接受转移表示不会有4张以上♥。应叫人再叫2♠迫同伴叫2NT准备描述5M4x逼局的牌，这也是♥张数尚未明确的唯一叫品。其他叫品都能准确地显示♥张数。

1NT–2♦–2♥–？

2♠	转移到2NT，准备描述5M4x逼局的牌
2NT	5张♥邀请
3♣	5+♣4♥邀请
3♦	5+♦4♥邀请
3♥	6+♥邀请
3♠	高花55型满贯试探
3NT	5张♥，让开叫人选择定约
4♣	5♥5♣型满贯试探
4♦	5♥5♦型满贯试探

应叫人用2♠迫同伴叫2NT后，描述自己的5M4x逼局牌：

1NT–2♦–2♥–2♠–2NT–？

3♣			4张♣，不明的5张以上高花
	3♦		接力问高花
		3♥	5+♥
		3♠	5+♠
3♦			4张♦，不明的5张以上高花
	3♥		接力问高花
		3♠	5+♠
		3NT	5+♥
3♥			5♠4♥22型
3♠			持牌51（34）
3NT			持牌15（34）

Nunes
♠ K92
♥ J64
♦ KQ2
♣ AT72

Fantoni
♠ QJ853
♥ 2
♦ AT83
♣ KJ3

西	北	东	南
—	1N	—	2♦
—	2♥	—	2♠
—	2N	—	3♠
—	4♠	—	—
—			

在兜了一大圈后，南家叫3♠描述持牌51（34）逼局，北家立即知道3NT不可打。

55. 1NT-2♦后的发展

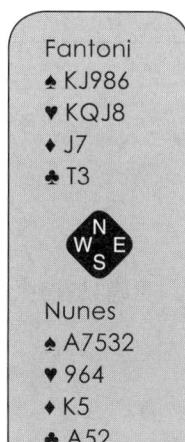

Fantoni
♠ KJ986
♥ KQJ8
♦ J7
♣ T3

Nunes
♠ A7532
♥ 964
♦ K5
♣ A52

西	北	东	南
			1N
—	2♦	—	2♥
—	2♠	—	2N
—	3♥	—	4♠
—			

北家的双高花点力集中，福尔维奥更愿意进取地认为可以逼局。3♥显示5♠4♥22型逼局。北家如果想描述5♠4♥22型邀请，应该从斯台曼起步。

Nunes
♠ AT8
♥ KJ743
♦ 862
♣ KJ

Fantoni
♠ QJ4
♥ A8
♦ AK753
♣ 963

西	北	东	南
	—	1N	—
2♦	—	2♥	—
3N	—	—	—

应叫人转移后直接叫3NT通常表示5332型，因为逼局的54型可以用2♠逼迫同伴叫2NT后再进行描述。

Nunes
♠ AJ52
♥ Q732
♦ A96
♣ QT

Fantoni
♠ Q
♥ KJ85
♦ 82
♣ K97532

西	北	东	南
		—	—
1N	—	2♦	—
2♥	—	3♣	—
4♥	—	—	—

克劳迪奥没有用3♥超转移。东家的3♣表示5+♣4♥邀请，明确只有4张♥，即所谓的"转四叫五"。

总结

1NT开叫后，应叫人用2♦做转移叫不保证♥张数。可能是任意牌力的5+♥，也可能是4张♥准备转四叫五，甚至可能准备在同伴简单接受转移后用2♠逼迫同伴叫2NT，之后再描述5+♠逼局的牌。

弦外之音

Fantoni
♠ K5
♥ A9832
♦ T4
♣ AK95

Nunes
♠ AQ3
♥ QJT5
♦ K863
♣ T3

西	北	东	南
		—	1N
—	2♦	—	2♠
	2N	—	3♥
—	4♥	—	—

北家在同伴显示♣为无大牌短套的超转移后，实力陡然提升，♣的天然配合使满贯呼之欲出，于是北家叫2NT等待。从南家的角度看，同伴一定是5+♥，于是2NT构成逼叫。如果南家有额外牌力，可以采用更积极的叫品。实战中南家叫3♥示弱，北家加叫成局。福尔维奥以辗转的方式成局暗示温和的满贯兴趣。

叫品结构表

表55　1NT-2♦后的发展

1NT-2♦							转移到♥
	2♥						简单接受转移,不会有4张♥
		2♠					转移到2NT,准备描述5M4x逼局的牌
			2NT				遵命
				3♣			4张♣,不明的5张以上高花
					3♦		接力问高花
						3♥	5+♥
						3♠	5+♠
				3♦			4张♦,不明的5张以上高花
					3♥		接力问高花
						3♠	5+♠
						3NT	5+♥
				3♥			5♠4♥22型
				3♠			持牌51（34）
				3NT			持牌15（34）
			2NT				5张♥邀请
			3♣				5+♣4♥邀请
			3♦				5+♦4♥邀请
			3♥				6+♥邀请
			3♠				高花55型满贯试探

		3NT					5张♥，让开叫人选择定约
		4♣					5♥5♣型满贯试探
		4♦					5♥5♦型满贯试探
	2♠						4+♥，♣短套无大牌
		3♦					再次转移，下同
	2NT						4+♥，♦短套无大牌
	3♣						4+♥，♠短套无大牌
	3♥						4+♥，短套有大牌或持牌3433

56. 1NT-2♥后的发展

1NT-2♥要求开叫人转移到♠，应叫人显示某些5+♠的牌，或持4♠5x准备转四叫五。

1NT-2♦转移到♥时不保证有♥套，但1NT-2♥应叫人保证♠套，所以后续叫也简单多了。

表56　1NT-2♥后的发展

1NT-2♥			
			转移到♠
	2♠		简单接受转移，不会有4张♠
		2NT	5张♠邀请
		3♣	5♠4♣邀请
		3♦	5♠4♦邀请
		3♥	5♠4♥邀请
		3♠	6+♠邀请
		3NT	5张♠，让开叫人选择定约
		4♣	5♠5♣型满贯试探
		4♦	5♠5♦型满贯试探
		4♥	高花55型，无满贯兴趣
	2NT		4+♠，♣短套无大牌
		3♥	再次转移，下同
	3♣		4+♠，♦短套无大牌
	3♦		4+♠，♥短套无大牌
	3♠		4+♠，短套有大牌或持牌（4333）

西	北	东	南
—	1N	—	2♥
—	2♠	—	4♣
—	4♠	—	—
—			

南家显示了高花55型逼局的有限牌力，有满贯兴趣的高花55型用2♦转移到2♥再跳叫3♣。

西	北	东	南
—	1N	—	2♥
—	2♠	—	3♥
—	4♥	—	—

南家持5♥4♠邀请牌，采取转四叫五的方式处理。请注意，应叫人5♠4♥邀请的牌从斯台曼起步（见表54或后文总结）。

总结

1NT开叫后，应叫人持54型高花时：

	5♠4♥	5♥4♠
弱牌	2♣-2♦-2♥-2♠后不叫	2♦-2♥后不叫
邀请	2♣-2♦-2♥-2♠-3♥	2♥-2♠-3♥（转四叫五）
逼局5431型	2♣-2♦-3♠	2♣-2♦-3♥
逼局5422型	2♦-2♥-2♠-2NT-3♥	2♣-2♦-2♥-2♠-3♠

用心良苦

Fantoni
♠ KT976
♥ A
♦ K6532
♣ T6

Nunes
♠ AJ853
♥ K2
♦ QT4
♣ KQ3

西	北	东	南
			1N
—	2♥	—	2♠
—	3♦	—	4♠
—			

福尔维奥对自己的单张A很不满意，觉得如果用2NT表示间隔55型邀请，会误导同伴对点值的评估，干脆把不大好的♠当成4张套处理，联手临界成局实力时不必过分注重♠的53配合。

57. 1NT-2♠后的发展

1NT-2♠逼迫开叫人转移到2NT。后续应叫人描述大多数但非全部相邻55型邀请以上的牌。相邻的花色包括：♣♦、♦♥、♥♠和♠♣。

表57　1NT-2♠后的发展

1NT				
	2♠			转移到2NT，相邻55型邀请以上牌力
		2NT		按要求转移
			3♣	♣♦邀请
			3♦	♦♥邀请
			3♥	♥♠邀请
			3♠	♠♣邀请
			3NT	♣♦逼局，可能有满贯兴趣
			4♥	♥♦无满贯兴趣
			4♠	♠♣无满贯兴趣

Fantoni
♠ A
♥ Q9653
♦ A9864
♣ 75

Nunes
♠ QJT75
♥ A82
♦ 72
♣ KJ4

西	北	东	南
–		–	1N
	2♠	–	2N
–	3♦	–	–
–			

北家显示5♦5♥型邀请，克劳迪奥担心示选3♥后同伴有进一步的行动，索性直接放过3♦。

57. 1NT-2♠后的发展 | 383

```
Fantoni
♠ A84
♥ A93
♦ Q65
♣ Q843

Nunes
♠ 5
♥ KQ642
♦ AT742
♣ KT
```

西	北	东	南
	1N	—	2♠
—	2N	—	4♥
—	—		

南家在用2♠逼迫同伴叫2NT后跳叫4♥显示5♦5♥型逼局但无满贯兴趣。南家持6♥5♦会选择以♥进局的其他进程，所以北家如果愿意，可以在持两张♥时大胆地将定约修正成5♦。

总结

1NT开叫后，应叫人不同牌力相邻55型的处理方式：

1NT-?

	5♣5♦型	5♦5♥型	5♥5♠型	5♠5♣型
弱牌	不叫	2♦-2♥	2♣-2♦-2♥-2♠	2♥-2♠
邀请	2♠-2NT-3♣	2♠-2NT-3♦	2♠-2NT-3♥	2♠-2NT-3♠
逼局无满贯兴趣	2♠-2NT-3NT	2♠-2NT-4♥	2♥-2♠-4♥	2♠-2NT-4♠
满贯兴趣	2♠-2NT-3NT	2♦-2♥-4♦	2♦-2♥-3♠	2♥-2♠-4♣

我们看到，本节的1NT-2♠进程处理了大多数相邻55型邀请以上的牌，但不包括逼局以上双高花55型和满贯兴趣的5♠5♣型/5♦5♥型。

58. 1NT-2NT后的发展

1NT-2NT逼迫同伴叫3♣，表示低花止叫或间隔55型邀请以上。间隔花色指♥♣和♠♦。

表58 1NT-2NT后的发展

1NT				
	2NT			转移到3♣，低花止叫或间隔55型邀请以上
		3♣		按要求转移
			Pass	6+♣止叫
			3♦	6+♦止叫
			3♥	♥♣
			3♠	♠♦
			4♥	5♥5♣型无满贯兴趣
			4♠	5♠5♦型无满贯兴趣

1NT开叫后，应叫人不同牌力间隔55型的处理方式：

1NT-?

	5♥5♣型	5♠5♦型
弱牌	2♦-2♥后不叫	2♥-2♠后不叫
邀请	2NT-3♣-3♥	2NT-3♣-3♠
逼局无满贯兴趣	2NT-3♣-4♥	2NT-3♣-4♠
满贯兴趣	2♦-2♥-4♣	2♥-2♠-4♦

我们看到，本节的1NT-2NT进程处理了某些间隔55型邀请以上的牌，不包括满贯兴趣的5♥5♣型/5♠5♦型。

59. 1NT-3♣后的发展

1NT-3♣可以寻找开叫人的5张高花和5m4M型，应叫人通常没有4张以上的高花，否则他会用斯台曼或转移等其他方式叫牌。开叫人叫3♦否认5m4M型，后续应叫人叫出他的三张高花：3♥表示有3张♥，可能还有3张♠；3♠表示有3张♠，否认3张♥。开叫人可以在同伴3♥后叫3♠表示5张♠，如果确定没有配合，简单地叫3NT。

表59　1NT-3♣后的发展

	3♣				询问5M或5m4M的逼局斯台曼
		3♦			否认5m4M型
			3♥		3张♥，可能还有3张♠
				3♠	5张♠
				3NT	没有5张高花
			3♠		3张♠，否认3张♥
				3NT	没有5张高花
		3♥			5♣4M型
			3♠		接力问高花
				4♥	5♣4♥型
				4♠	5♣4♠型
		3♠			5♦4♠型
		3NT			5♦4♥型

```
Fantoni              Nunes
♠ 74                 ♠ KQ32
♥ A93                ♥ KJ6
♦ K965               ♦ AJ87
♣ AQT4               ♣ 75
```

西	北	东	南
		1N	—
3♣	—	3♦	—
3♥	—	3N	—
—			

西家持逼局的牌，叫3♣寻找同伴的5张♥未果，停在3NT。整个过程只暴露庄家不可能是5m4M这一无关紧要的信息。

第11届欧洲冠军杯赛

南北有局

```
              Fantoni
              ♠ A93
              ♥ J64
              ♦ Q3
              ♣ AT973
Madala                      Bocchi
♠ K72                       ♠ 86
♥ KQ2                       ♥ 9853
♦ K9862                     ♦ JT7
♣ 62                        ♣ KQ84
              Nunes
              ♠ QJT54
              ♥ AT7
              ♦ A54
              ♣ J5
```

西	北	东	南
—	—	—	1N
—	3♣	—	3♦
—	3♥	—	3♠
—	4♠	—	—
—			

结果：南4♠做成。另一桌：南4♠宕一。

福尔维奥凶狠地用11点逼局，庄位十分有利，西家首攻♦，克劳迪奥上Q，明手将吃一墩♦，竖立♣套，明手的♠A9是两个桥，结果将牌，♥和♣各丢一墩完成定约。

对方对1NT-3♣干扰

如果对方在1NT-3♣后立即加倍，就像处理1NT-2♣被加倍一样，开叫人不叫表示♣有挡，再加倍表示有♣A，不理会加倍继续叫牌保持原意，但是♣无挡。如果对方在3♣后争叫花色，叫牌回归自然。

```
Fantoni              Nunes
♠ K98                ♠ AT6
♥ AK7                ♥ J43
♦ KQ943              ♦ AJ876
♣ 42                 ♣ Q8
```

西	北	东	南
			1N
3♣	X	3♦	—
3♥	—	3N	—
4♦	—	—	—

东家不理会对方加倍继续叫3♦除了否认5m4M型外，同时还表示♣无挡。西家知道挡不住♣，在寻找高花配合未果后，联手27点也愿意停在4♦。

总结

1NT-3♣不允许应叫人有4张以上高花。如果应叫人持高花43型，应该先用斯台曼寻找高花44配合。如果开叫人对斯台曼的回答刚好是应叫人的3张高花，某些但非全部进程也能找到开叫人的5张高花。

```
Nunes              Fantoni
♠ AT9              ♠ Q8764
♥ AK863            ♥ 72
♦ A5               ♦ KJT
♣ A73              ♣ KQ6
```

西	北	东	南
	–	1N	–
2♣	–	2♠	–
3♣	–	3♠	–
4♣	–	4♠	–
4N	–	5♣	–
6♠	–	–	

西家用3♣接力，东家显示5♠332。西家找到了♠配合，扣叫4♣启动满贯。

60. 1NT开叫的其他应叫

表60 1NT开叫的其他应叫

1NT		
	3♦	6+♦邀请
	3♥	持牌31（54）
	3♠	持牌13（54）
	4♣	转移到♥
	4♦	转移到♠
	4♥	想打
	4♠	想打

Fantoni
♠ A8753
♥ AK2
♦ T72
♣ J7

Nunes
♠ QT9
♥ J
♦ AQJ86
♣ K432

西	北	东	南
—	1N	—	3♥
—	4♠	—	—
—			

由于南家跳叫3♥是准确的持牌31（54），所以北家叫4♠。

Fantoni
♠ KQJ5
♥ 76
♦ AJT4
♣ K73

Nunes
♠ A98732
♥ KJ8
♦ KQ9
♣ 9

西	北	东	南
	1N	—	4♦
5♣	5♠	—	—
—			

南家可以直接叫4♠自己做庄。实战中克劳迪奥采用南非德克萨斯转移叫：用4♦表示♠套。在对方高阶争叫后，北家显然竞叫5♠。

Fantoni
♠ K8743
♥ AQ8
♦ KJ9
♣ 86

Nunes
♠ A9
♥ KJ95432
♦ QT
♣ 53

西	北	东	南
—	1N	—	4♥
—	—		

这次克劳迪奥没有叫4♦转移♥，而是直接封局。

总结

我们已经基本介绍完1NT开叫后的发展。由于范托内斯的1NT开叫包含的牌型很多，不能用其他体系的应叫框架拼接。体系仍然保留了传统的斯台曼问叫，但加入了许多独具匠心的科学人为叫品，其后续处理比较复杂。初、中级牌手通过仔细研习可以迅速提高桥牌素养，进而从中体验乐趣并在竞技中获胜。

61. 1NT开叫被干扰的处理

对抗1NT的约定叫纷繁复杂，所以1NT被干扰的局势十分复杂。我们只介绍一些常见情形。

1NT被加倍

对方加倍1NT可能是某种特定的牌型，如兰迪（Landy）约定叫表示5m4M。但大多数情况下，对弱无将的加倍是惩罚。很多专家牌手在弱无将被加倍后使用各种复杂精巧的逃叫方式，但这些方式对范托内斯体系都不适用。和其他叫牌体系的弱无将相比，范托内斯多牌型的1NT虽然给建设性叫牌带来困扰，但是对手惩罚我们的成功率也大大降低。所以体系的处理方式比较简单，总体原则是没有明显特征时静观其变，和对手进行心理较量。

1NT-（加倍）-？（应叫人）
有5张套　　　以转移的方式显示
没有5张套　　不叫（即使没有任何牌力也不主动逃叫）

如果对方在平衡位置加倍，开叫人不主动逃叫的信念更为坚定：
1NT-（Pass）-Pass-（加倍）-？（开叫人）
有5张套　　　通常还是不叫，如果想叫就自然出套
没有5张套　　不叫

我们看到，只有对方直接位置加倍且应叫方有5张套时才主动介入叫牌。

下面用一些牌例来体验福尔维奥和克劳迪奥在纠缠的局势中如何全身而退或反戈一击：

Fantoni
♠ JT82
♥ T63
♦ 53
♣ Q764

Nunes
♠ A976
♥ Q54
♦ AJ4
♣ K95

西	北	东	南
			1N
X	—	2♣	—
2♦	—	—	—

北家持极弱的牌，虽有44套却不主动逃叫。实战中东家叫牌，南北全身而退。

Fantoni
♠ Q7653
♥ 8432
♦ AK4
♣ Q

Nunes
♠ AJ2
♥ Q5
♦ QT9
♣ A9752

西	北	东	南
	—	—	1N
X	—	2♦	—
—	X	—	—
—			

北家持强牌依然不动声色，对方并不知道北家是胸有成竹还是故作镇定。这副牌南北12IMP收入囊中。

Fantoni
♠ A52
♥ Q4
♦ AJT65
♣ QT7

Nunes
♠ KQT8
♥ T763
♦ 84
♣ 954

西	北	东	南
	1N	X	—
—	2♦	X	—
2♥	—	—	—

北家有5张套，显然要重开叫。后续西家主动介入买到最终定约。

61. 1NT开叫被干扰的处理

Fantoni
♠ T32
♥ AKQ
♦ KJ985
♣ J6

Nunes
♠ AJ5
♥ 642
♦ 3
♣ Q97542

西	北	东	南
			—
—	1N	X	XX
—	2♣	X	—
2♠	—	—	—

南家再加倍表示5+♣。在右手敌方加倍后，应叫人如果持5张以上套应该主动介入叫牌，有时候是逃叫，有时候未必。

Fantoni
♠ Q8542
♥ 752
♦ 9532
♣ 7

Nunes
♠ JT
♥ KJ43
♦ 84
♣ AK953

西	北	东	南
			1N
X	2♥	2♠	—
2N	—	3N	—
—			

北家是名副其实的逃叫，转移性的叫品使东家得以舒服地扣叫♠显示实力和寻求挡张。

Fantoni
♠ A2
♥ AK853
♦ Q95
♣ 952

Nunes
♠ Q86
♥ Q2
♦ KJT42
♣ 743

南北有局

西	北	东	南
	1N	—	—
X	—	2♥	—
—			

北家在加倍后暂且不叫把球踢给对方，东家做出是否叫牌的决定并不容易。即使东家放过加倍，如果南家愿意，仍有机会逃叫。

对方争叫双高花的2♣

很多对抗1NT的约定中争叫2♣表示双高花（如兰迪约定叫），体系这么处理：

1NT-（争叫2♣表示双高花）-?

Dble	显示实力
2♦	5+♦竞争性
2♥	5+♣邀请以上
2♠	5+♦邀请以上
2NT	双低5+4+竞争性
3♣	5+♣竞争性

西	北	东	南
1N	2♣	2N	3♥
4♦	4♥	—	—
—			

2♣：双高花

北家使用兰迪约定叫，争叫双高花的2♣。东家用竞争性的双低2NT对抗。

61. 1NT开叫被干扰的处理

西	北	东	南
		—	1N
2♣	2♠	—	3♦
—			

2♣：双高花

当西家2♣表示双高时，北家扣叫2♠是5+♦邀请以上牌力。南家牌型和点值都不好，示弱在3♦。

西	北	东	南
1N	2♣	X	2♥
3♣	—	—	—

2♣：♦套或双高花

北家的2♣是多义的，表示♦套或双高花，东家加倍显示10+点实力。南家用2♥对套，暗示好的♦支持，愿意竞叫到3♦。西家自然地叫出自己的5张套并成为最终定约。

对方争叫多义2♦

用多义2♦对抗1NT的方式已经十分流行，争叫人叫2♦表示某一门高花6张以上。虽然对方高花的不确定性给我们带来一定的困扰，但是2♦的逼叫属性可以为我所用。

1NT-（2♦：某一门高花6张以上）-？

不叫	对方逼叫，所以不叫可能是强牌
Dble	10+点实力加倍
	8-10点有一门4张高花
2M/3m	5张以上所叫花色，不逼叫
2NT/3NT	自然
4♣	转移到♥
4♦	转移到♠

应叫人加倍通常是有一门4张高花。2M是自然地叫出5张以上高花，不逼叫。我们看到，如果应叫人持有4张以上高花，依然用自己的方式显示，并不担心可能是对方长套。

在竞叫的局势中应叫人任何时候跳叫到四阶低花都是南非德克萨斯转移叫，开叫人必须将4♣/4♦转移到4♥/4♠。

1NT-（2♦：某一门高花6张以上）-？

♠ 6
♥ T863
♦ AT7
♣ KT874

叫加倍。虽然也可能是没有高花的实力（10+点）加倍，但开叫人通常认为你是8-10点有一门4张高花。

♠ K964
♥ 74
♦ QT864
♣ A2

不叫。8-10点有一门4张高花也可以不叫，特别是♦有长度时。

61. 1NT开叫被干扰的处理 | 397

Fantoni
♠ QJ3
♥ KT74
♦ K5
♣ A965

Nunes
♠ AKT652
♥ Q
♦ JT8643
♣

西	北	东	南
—	1N	2♦	—
2♥	—	—	4♦
—	4♠	—	—
—			

南家强牌暂时不叫，等待对方显示真实高花。在竞叫的局势中南家跳叫4♦仍然是转移到4♠。

对方在二阶自然争叫

有时候对方二阶花色争叫显示两套牌，但只要对方的所叫花色是真实的，我们都当成在二阶自然争叫，处理方式也相同。

如1NT-（2♦），对方可能只是单纯的♦套，或者表示♦和♥，或者表示♦和某一门不明高花。无论是那种情形，对方都显示了真实♦套，体系处理的方式是一致的。

对方在二阶自然争叫时使用鲁本索尔约定叫（详见本节末表61）。

1NT-（2♦：♦和某一门高花）-？

♠ A2
♥ QJ982
♦ 85
♣ K542

叫2♥。5+♥不逼叫。如果持5+♥邀请以上牌力应该叫3♦（鲁本索尔）。

1NT-（2♠：自然或♠和另一套）-？

♠
♥ AJ9
♦ K97
♣ T875432

叫2NT。准备转移到♣后再叫4♣邀请。

Fantoni
♠ 2
♥ 942
♦ AKQT754
♣ K6

Nunes
♠ AK5
♥ KQ8
♦ J82
♣ T987

西	北	东	南
			1N
2♠	2N	-	3♣
-	3♦	-	3N
-	-		

使用鲁本索尔，北家先叫2NT转移到♣，再叫3♦表示♦无挡的♦套逼局。

2009年意大利杯男子团体赛

双方无局

Lanzarotti
♠ 975
♥ KQT76
♦ AKQ32
♣

Nunes
♠ K8643
♥ A93
♦ 65
♣ KQ3

Fantoni
♠ AQJ2
♥ 5
♦ J7
♣ AJ7542

Manno
♠ T
♥ J842
♦ T984
♣ T986

西	北	东	南
			—
1N	2♥	X	4♥
4♠	5♥	5♠	—
—	6♥	—	—
X	—		

结果：北6♥加倍宕一。另一桌：西5♠做成。

北家的2♥是♥和某一低花套（多义兰迪），东家排除性加倍。在激烈的竞叫中北家正确选择了6♥牺牲。

对方转移争叫

对抗1NT的转移争叫渐趋流行。我们只讨论向上转移一级的争叫，如争叫2♦表示♥套。这种局势和对方在二阶自然争叫的局势基本相同，我们也使用鲁本索尔。唯一的区别是我们多了一个可以利用的叫品：叫对方的转移花色是扣叫，表示均型邀请牌力，否认高花，对方的花色挡张不明。

1NT-（2x：转移性争叫，显示x+1套）-？

Dble	排除性
2x+1	均型，准确的邀请牌力，否认高花
2x+1以上	鲁本索尔

1NT-（2♦：♥套）-？

♠ T87
♥ A9
♦ AJT95
♣ 976

叫2♥。否认更好的均型邀请。虽然点力略有不足，但克劳迪奥仍然选择了扣叫。

```
                    2010年巴菲特杯赛
                    Fantoni
                    ♠ KQT5
双方无局              ♥ 9762
                    ♦ AK4
                    ♣ J9
    Sontag                              Berkowitz
    ♠ 74                                ♠ A98632
    ♥ Q853          N                   ♥ T
    ♦ Q5          W   E                 ♦ J732
    ♣ KQT86         S                   ♣ A7
                    Nunes
                    ♠ J
                    ♥ AKJ4
                    ♦ T986
                    ♣ 5432
```

西	北	东	南
–	1N	2♥	X
2♠	–	–	X
–	–	–	

结果：西2♠加倍宕一。另一桌：东2♠加倍宕一。

在巴菲特杯赛上，福尔维奥和克劳迪奥代表欧洲队迎战美国队。东家做转移性争叫。克劳迪奥第一个加倍是排除性的，通常有4张♥。第二个加倍是技术性的，但被同伴罚放。

对方争叫双低花2NT

1NT-（2NT：双低花）-？

Dble	显示实力
3♣	双高花邀请
3♦	问叫

3♥	5+♥
3♠	5+♠
3NT	高花44型
3♦	双高花逼局
3♥	5+♠逼叫
3♠	5+♥逼局

请留意高花叫品和实际花色的互换，这样在应叫人持5+♠时有机会停在3♠。

对方三阶自然争叫

无论对方三阶争叫是否保证牌力，我们处理的方式都是一致的。如果对方争叫3m，3♦为5+♦逼局；3♥表示5+♠，从而有机会停在3♠；而3♠表示5+♥逼局。

无论对方争叫高花还是低花，加倍都是排除性的，通常表示有一门高花4张。

Fantoni
♠ KQT9
♥ AQJ6
♦ 3
♣ 9764

Nunes
♠ A72
♥ K74
♦ AJ975
♣ AQ

西	北	东	南
	1N	3♣	3♦
—	3♥	—	6N
—	—	—	

在2009年圣保罗杯上，北家1NT开叫受到东家的干扰。南家先叫3♦逼局，看到没有配合后克劳迪奥用不足的牌力赌博6NT，结果惨遭宕一。对手荷兰队笑纳13IMP大礼。

```
Nunes                    Fantoni
♠ JT2                    ♠ A98743
♥ KJ9                    ♥ AQ2
♦ J932                   ♦ 64
♣ AK9                    ♣ 54
```

西	北	东	南
1N	3♦	3♥	—
3♠	—	—	—

东家的3♥表示5+♠逼叫，西家即使只有2张♠也要叫3♠表示低限。东家持较少的牌力也能用♠套参与竞叫，高花互换的优势可见一斑。

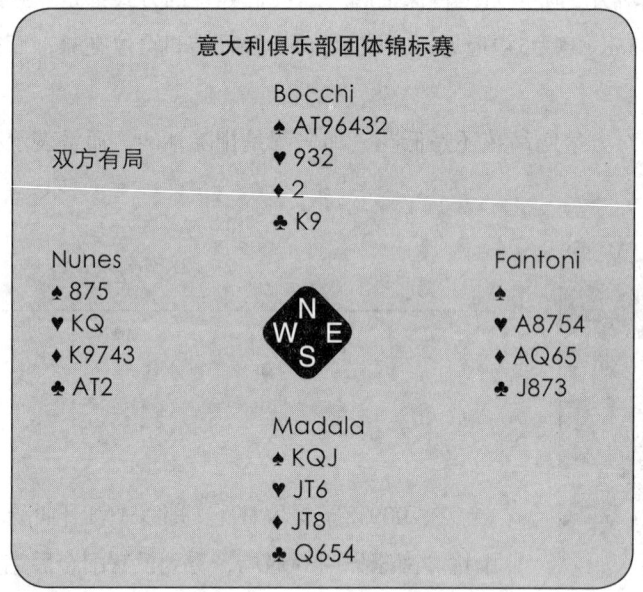

西	北	东	南
			—
1N	3♣	X	4♣
—	—	4N	
5♣	—		

结果：西5♣宕二。另一桌：西5♦做成。

东家加倍表示4-5张♥，在对方的干扰下，东西叫到错误的定约。范托内斯体系的1NT开叫封杀了♦套。另一桌西家开叫1♦，轻松叫到5♦。

叫品结构表

表61．1NT开叫后被干扰的处理

1NT	（Dble）				
					（惩罚）
		Rdbl			5+♣
		2♣			5+♦
		2♦			5+♥
		2♥			5+♠
	（Dble）	Pass	（Pass）		
				Rdbl	求救，4+4+型
				2x	自然叫出5张套
	（Pass）	Pass	（Dble）		（平衡位置加倍）
				叫花色	自然5张套
	（2♣）				（双高花）
		Dble			显示实力
		2♦			5+♦竞争性
		2♥			5+♣邀请以上
		2♠			5+♦邀请以上
		2NT			双低5+4+竞争性
		3♣			5+♣竞争性
	（2♦）				（任意6+M）

		不叫		可能是强牌
		Dble		10+点实力加倍
				8-10点有4张高花
		2M/3m		自然不逼叫
		2NT/3NT		自然
		4♣		转移到♥
		4♦		转移到♠
	（2x）			（自然或包含x）
		Dble		排除性
		其他		鲁本索尔
	（2x）			（转移性争叫）
		Dble		排除性
		2x+1		均型邀请，无高花
		2x+1以上		鲁本索尔
	（2NT）			（双低花）
		Dble		显示实力
		3♣		双高花邀请
			3♦	问叫
			3♥	5+♥
			3♠	5+♠
			3NT	高花44型
		3♦		双高花逼局
		3♥		5+♠逼叫
		3♠		5+♥逼局
	（3m）			（自然）
		Dble		排除性

61. 1NT开叫被干扰的处理

		3♦		5+♦逼局
		3♥		5+♠逼叫
		3♠		5+♥逼局
	（3M）			（自然）
		Dble		排除性
附表				鲁本索尔
1NT	（2x）			（自然或包含x）
		Dble		排除性
		2y+		竞争性（y=x+1）
		2NT		转移到3♣，5+♣，可能弱牌
				x无挡低花套逼局
		3♣		5+♦邀请以上
			3♦	低限（下同）
		3♦		5+♥邀请以上
		3♥		5+♠邀请以上
		3♠		均型x无挡
		3x−1		问高花
		3NT		x有挡想打
		4♣		转移到♥
		4♦		转移到♠

62. 2♣开叫后的发展

第一、第二家二阶花色开叫显示10-13点5张以上所叫套，同时保证非均型，非5422型，非5332型。第三、第四家的二阶开叫下限降低很多，牌型也不受限制，后续叫自然发展，所以没有必要介绍。

第一、第二家的2♣开叫显示10-13点5+♣非均型，非5422型，可能是10-13点5440型。

第一应叫

应叫人成局无望时当然可以不叫。成局的机会通常来自高花配合，所以第一应叫围绕着高花信息展开：

2♣-?

2♦	接力，逼局的任意牌
	接力，否认5张以上高花的邀请牌
2♥	5+♥邀请（10-13点）
	基于♥配合的邀请牌
2♠	5+♠邀请
	基于♠配合的邀请牌
2NT	5♠4♥邀请
3♣	非邀请
3♦	7+♦邀请
3♥	7+♥邀请
3♠	7+♠邀请

我们看到，任意逼局的牌都用2♦接力，仅仅邀请牌力用2♦接力时否认5张高花。

2♣–2♥/♠显示5张以上高花的邀请牌力，或基于高花配合的邀请牌。邀请牌力的大牌点在11–13点之间；基于高花配合的邀请牌指如果开叫人支持高花，应叫人的调整点可以达到邀请的实力，这意味着应叫人可能持更少的大牌点。

2♣–?

♠ K3
♥ QJ932
♦ KQ86
♣ 85

叫2♥。有5张高花的邀请牌不能用2♦接力。

♠ QJT9763
♥ 76
♦ JT8
♣ K

叫2♠。福尔维奥认为如果同伴♠有配合，完全具备邀请实力。这就是基于♠配合的邀请牌。

♠ A875
♥ KQJ64
♦ 95
♣ J2

叫2♥。5♥4♠邀请牌叫2♥，同伴可以顺势叫2♠。

♠ AQJ82
♥ A952
♦ 86
♣ T6

叫2NT。5♠4♥邀请采用人为叫品。

开叫人对2♦接力的回答

应叫人2♦接力后，开叫人有三张以上高花叫出较长的高花。等长时33型叫2♥，44型叫人为叫品3NT。

如果开叫人没有3张以上高花，可以在描述单套或6♣4♦时显示高低限。

2♣–2♦–?

2♥	3-4张♥，可能3张♠，否认4张♠
2♠	3-4张♠，♠比♥长
2NT	高限单套
3♣	低限单套
	低限6♣4♦
3♦	高限6♣4♦
3♥	持牌0445
3♠	持牌4045
3NT	持牌4405

Fantoni
♠ J9
♥ AQ32
♦ AQ865
♣ 42

Nunes
♠ A763
♥ K
♦ K43
♣ A9863

西	北	东	南
			2♣
—	2♦	—	2♠
—	3N	—	—
—			

对着2♣开叫人的非均型，应叫人13点牌通常做逼局处理。北家用2♦接力。南家回答2♠表示3-4张♠，且♠比♥长。北家知道同伴不可能有4张♥，且♠有长度，直接用3NT成局。

接力后开叫人回答高花

2♣-2♦-2♥/♠-?

开叫人显示3-4张所叫高花。后续应叫人唯一不逼局的叫品是3♣；叫新花（♦或另一高花）逼局；叫2NT是第二次接力，逼局，希望同伴澄清所叫高花的长度；将同伴显示的3-4张高花加到三阶是设定将牌，进入满贯进程。

2♣-2♦-2♥-?

2♠	5+♠逼局
2NT	接力，逼局

3♣　不逼叫
3♦　5+♦逼局
3♥　设定♥

2♣-2♦-2♠-?
2NT　接力，逼局
3♣　不逼叫
3♦　5+♦逼局
3♥　5+♥逼局
3♠　设定♠

2♣-2♦-2♥/♠-?

如果应叫人仅有邀请牌力，可以试图停在3♣，这也是这一进程唯一不逼局的叫品。

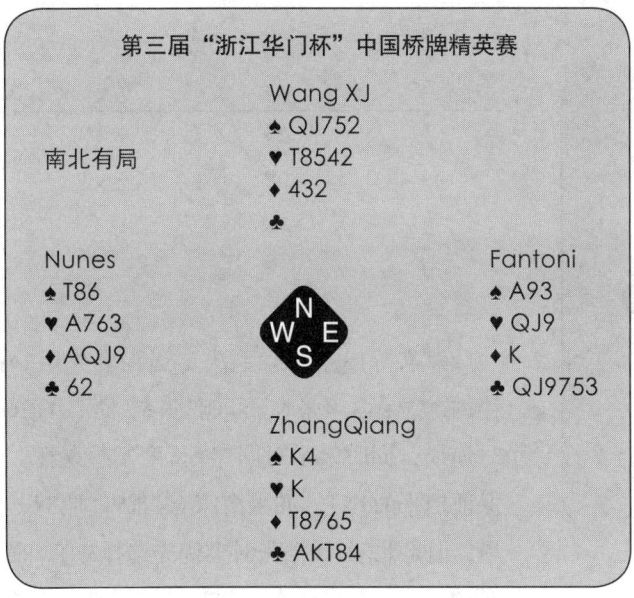

西	北	东	南
		2♣	—
2♦	—	2♥	—
3♣	—	3N	—
—			

结果：东3NT宕一。另一桌：东3♣宕一。

西家只有均型11点，害怕同伴有4张♥而丢掉一局，所以用2♦接力。同伴果然答叫2♥。现在不敢再用逼局的2NT接力了，只能叫3♣表示低限。东家如果持低限牌，即使有4张♥也是不叫，因为他并不知道♥有配合。东家一旦高限，可以叫他的4张♥，也可以像本例一样叫3NT。

2♣-2♦-2♥/♠-？

应叫人再叫新花逼局。如果再叫的是3♦，一定对同伴所叫高花的长度不感兴趣。

Fantoni
♠ KJ7
♥ AJ53
♦ —
♣ J87654

Nunes
♠ 83
♥ T87
♦ KQJ63
♣ AK9

西	北	东	南
	2♣	—	2♦
—	2♥	—	3♦
—	3N	—	—
—			

南家持13点5332型决定逼局。先用2♦接力，同伴的2♥显示3-4张♥，可能3张♠，否认4张♠。南家叫3♦逼局，同时暗示对同伴♥长度不感兴趣。北家叫出保证挡张的3NT。如果南家有4张♥时叫3♦，虽然也逼局，但是北家有♠挡张时会优先选择3NT，而不会显示4张♥。这就是应叫人再叫3♦暗示对高花不感兴趣的原因。

2♣-2♦-2♥/♠-?

如果应叫人对同伴所叫高花的准确长度感兴趣，或者有满贯兴趣，可以用2NT做第二次接力，逼局。开叫人的回答围绕所叫高花长度展开：

2♣-2♦-2♥-2NT-?

3♣			6+♣
	3♦		接力问高花张数
		3♥	4张♥
		3♠	3张♠
		3NT	否认3张♠和4张♥
3♦			持牌1345
3♥			持牌1435
3♠			持牌3415

2♣-2♦-2♠-2NT-?

3♣			6+♣
	3♦		接力问高花张数
		3♥	持牌4306
		3♠	4张♠
		3NT	否认3张♥和4张♠
3♦			持牌3145
3♥			持牌4315
3♠			持牌4135

我们看到，开叫人6+♣时即使高花是4张也先叫便宜的3♣，因为应叫人可以通过第三次接力3♦问出高花长度。

Fantoni
♠ 7
♥ KT86
♦ K82
♣ AQ865

Nunes
♠ KJ43
♥ AQ2
♦ AQT9
♣ J2

西	北	东	南
	2♣	—	2♦
—	2♥	—	2N
—	3♥	—	3N
—	—		

南家首先寻找♠配合，北家的2♥意味着联手没有高花配合。从南家的角度，如果同伴有4张♦仍然有满贯机会，所以用2NT继续接力。当知道北家持牌1435后，克劳迪奥从幻想回到现实。

Fantoni
♠ K2
♥ AK8
♦ 54
♣ JT9875

Nunes
♠ AQT8
♥ JT64
♦ AKJ
♣ 32

西	北	东	南
—	2♣	—	2♦
—	2♥	—	2N
—	3♣	—	3♦
—	3N	—	—

2♦：接力，希望同伴有4张高花。
2♥：3-4张♥，否定了4张♠。
2NT：接力，否定5+♣。南家继续希望同伴有4张♥。
3♣：6+♣，依然可能有4张♥。
3♦：进一步接力。希望同伴叫出3♥。
3NT：没有4张♥和3张♠。可怜的南家，他这么累只是想知道同伴有没有4张♥。

Fantoni
♠ AT
♥ A753
♦ AQ98
♣ AKT

Nunes
♠ QJ9
♥ KQJ6
♦ 5
♣ J8532

西	北	东	南
			2♣
–	2♦	–	2♥
–	2N	–	3♠
–	4♦	–	4♥
–	4♠	–	5♥
–	5♠	–	6♥
–	–		

2♥：3-4张♥。

2NT：第二个接力，逼局，否认5+♠。

3♠：持牌3415。

4♦：设定♥（不代表♦有控制）。4♣是设定♣，北家否认了5+♠，所以也不可能是设定♠。

4♥：示弱。

4♠：扣叫。

5♥：奇数关键张，否认♣控制。

5♠：暗示关键张到齐，要求显示将牌Q。

6♥：有将牌Q，没有♣Q，示弱。

接力后开叫人没有三张以上高花

2♣-2♦-?

开叫人没有三张以上高花时有机会显示高低限。叫2NT表示高限单套；3♣表示低限单套或低限6♣4♦；3♦表示高限6♣4♦。后续叫牌自然发展。

```
Nunes                    Fantoni
♠ AQT7                   ♠ K
♥ T5                     ♥ K4
♦ AKT83                  ♦ 764
♣ J4                     ♣ AK87652
```

西	北	东	南
-	-	2♣	-
2♦	-	2N	-
3♦	-	3N	-
5♣	-	-	-

西家通过接力获悉同伴持高限6+♣，但他同时知道对方至少有9张♥。虽然同伴续叫3NT表示高花有牌力，因为♣可能要脱手，所以选择了5♣。

2♣-2♥/2♠：5+♥/♠邀请；2♣-2NT：5♠4♥邀请

以上进程绝不是为了改善定约，它的主要任务是减轻2♦接力的负担，所以调整后的牌力应该和开叫人相当。开叫人如果持高限牌，是要积极争取进局的，低限有支持的牌也要尽量维持叫牌。

西	北	东	南
-	2♣	-	2♥
-	3♥	-	-
-			

南家的牌实力一般，但成局仍有些许机会，所以勉强叫2♥邀请。北家♥有支持必须维持叫牌，南家自知是邀请的最低限，停在3♥。

62. 2♣开叫后的发展

```
Nunes              Fantoni
♠ JT7542           ♠ K98
♥ T2               ♥ KQ87
♦ JT75             ♦ 2
♣ Q                ♣ KT983
```

西	北	东	南
		2♣	—
—	2♦	—	3♣
—	3♦	—	3N
—			

即使同伴配合♠，西家也达不到邀请的牌力。不要试图为了改善定约叫2♠，虽然在本例中可能获利。

```
Fantoni
♠ K95
♥ A6542
♦ KJ92
♣ T

Nunes
♠ J73
♥ K
♦ Q83
♣ AK9863
```

西	北	东	南
		—	2♣
—	2♥	—	2N
—	3♦	—	—
—			

北家2♥是准确的邀请牌力，所以自然地叫第二套3♦不逼叫，没有叫3♣同时暗示了♣单缺。在北家准确的描述后，南家放过3♦并不困难。

	西	北	东	南
			—	2♣
	—	2♠	—	2N
		3♣	—	—

Fantoni
♠ Q98532
♥
♦ QJ4
♣ 9832

Nunes
♠
♥ KT73
♦ K752
♣ KQJ76

从北家的角度看，如果♠配合后，调整点也能达到10点。所以2♠是基于♠的邀请牌，而不是改善定约。北家胆大妄为的底气来自于他暗藏了♣配合的落脚点。

总结

我们只讨论第一、第二家的二阶花色开叫。2♣开叫后应叫人任意逼局和没有5张高花的邀请牌都用2♦接力。

如果应叫人是5张以上高花的准确邀请牌力，可以叫不逼叫的2♥/2♠。2♥/2♠也包括假定高花配合调整牌力后达到邀请的标准。2♣-2NT表示5♥4♠邀请，而5♥4♠邀请牌力简单地叫2♥即可，开叫人有4张♠时可以顺势叫出。

2♦接力后的叫牌围绕高花长度展开，2♣-2♦-2♥/2♠-2NT是第二个接力，也是个逼局进程，应叫人通常想知道同伴准确的高花长度。2♣-2♦-2♥/2♠-2NT-3♣-3♦是第三个接力，应叫人坚持询问高花长度。

2♣开叫占用了大量的空间，建设性叫牌的难度大大增加，应叫人做出正确的选择绝非易事。

赌博式2♦接力

2♣开叫后，应叫人如果觉得成局无望，可以不叫。但如果应叫人♣单缺并持有双高花，可以做赌博式接力，希望同伴不会回答2NT以上的叫品。

62. 2♣开叫后的发展

```
Nunes                Fantoni
♠ KQ                 ♠ T9742
♥ J43                ♥ A762
♦ Q7                 ♦ AJ4
♣ Q98543             ♣ 7
```

西	北	东	南
			—
2♣	—	2♦	—
2♥	—	—	3♦
—			

东家不愿意打2♣定约，看到自己持有双高花，不妨搏一搏。福尔维奥用2♦接力，幸运的是克劳迪奥没有回答2NT以上的叫品。

如果应叫人没有双高花，赌博的胜算太小，即使♣没有配合，也只能把同伴扔在自己的单缺花色上：

```
Nunes
♠ 8
♥ AJ73
♦ AT6
♣ A7643

Fantoni
♠ J7653
♥ KT6
♦ J932
♣ 9
```

西	北	东	南
	2♣	—	—
—			

南家很不情愿地不叫。实战中2♣宕一。另一桌北家开叫1♣，东家得以争叫1♠，最终西打2NT宕一。北家阻击的是对方完不成的定约。

是否逼局

同伴开叫2♣，你持：♠8543、♥K872、♦A6、♣AJT。

如果放过2♣，可能错失高花成局或者3NT，于是你叫2♦接力。同伴回答2♥表示3-4张♥，同时否认了4张♠。现在你需要在这样的局势下做出选择：

2♣-2♦-2♥-?

同伴♥张数和牌力都是模糊的，这是体系二阶开叫大量占用空间带来的致命弱点。你现在不逼叫的手段只有一个3♣，同伴低限4张♥一定不叫，可能错失4♥。如果你叫逼局的2NT做第二次接力询问♥准确张数，可能打牌力不足的3NT。幸运的是你们♣确定配合，你权衡利弊后感觉逼局处理胜算更大，因为♥不配合时3NT仍有机会。四手牌如下：

法国DN1赛

双方有局

Fantoni
♠ 8543
♥ K872
♦ A6
♣ AJT

Dechellette
♠ AT2
♥ T
♦ QT854
♣ K954

Combescure
♠ Q76
♥ J963
♦ KJ973
♣ Q

Nunes
♠ KJ9
♥ AQ54
♦ 2
♣ 87632

西	北	东	南
		—	2♣
—	2♦	—	2♥
—	2N	—	3♣
—	4♥	—	—

结果：南4♥宕二。另一桌：北4♥宕二。

北家决定逼局后用2NT二次接力，南家回答3♠表示持牌3415。福尔维奥更喜欢同伴回答3♦显示持牌1435，但已没有机会挑三拣四，只能叫4♥。

并不是所有类似的情形都做逼局处理，在下面的牌例中，福尔维奥持几乎相同的牌试图停在3♣：

西	北	东	南
2♣	—	2♦	—
2♠	—	3♣	—
3N	—	—	—

也许福尔维奥认为如果找不到♠配合，♥的强度不足以打3NT，但真实的想法不得而知。

2♣–2♦–2♥/♠–?

应叫人如果只有11点牌力，通常不适合逼局；13点则做逼局处理。12点时无论同伴所叫的高花是否有4张都需要猜断是否逼局。

叫品结构表

表62. 2♣开叫后的发展（第一、第二家）

2♣						10-13点5+♣非均型，非5422型
	2♦					接力，逼局的任意牌
						接力，否认5+M的邀请牌
		2♥				3-4张♥，可能3张♠，否认4张
			2♠			5+♠逼局
			2NT			接力，逼局
				3♣		6+♣
					3♦	接力问高花张数
					3♥	4张♥
					3♠	3张♠
					3NT	否认3张♠和4张♥
				3♦		持牌1345
				3♥		持牌1435
				3♠		持牌3415
			3♣			不逼叫
			3♦			5+♦逼局
			3♥			设定♥
		2♠				3-4张♠，♠比♥长
			2NT			接力，逼局
				3♣		6+♣
					3♦	接力问高花张数
					3♥	持牌4306

						3♠	4张♠
						3NT	否认3张♥和4张♠
				3♦			持牌3145
				3♥			持牌4315
				3♠			持牌4135
			3♣				不逼叫
			3♦				5+♦逼局
			3♥				5+♥逼局
			3♠				设定♠
		2NT					高限单套
		3♣					低限单套
							低限6♣4♦
			3♦				高限6♣4♦
			3♥				持牌0445
			3♠				持牌4045
		3NT					持牌4405
	2♥						5+♥邀请（10-13点）
							基于♥配合的邀请牌
	2♠						5+♠邀请
							基于♠配合的邀请牌
	2NT						5♣4♥邀请
		3♣					非邀请
		3♦					7+♦邀请
		3♥					7+♥邀请
		3♠					7+♠邀请

63. 2♦开叫后的发展

第一、第二家的2♦开叫显示10–13点，5+♦非均型，非5422型。

第一应叫

2♦–?

2♥	接力，逼局
	接力，4+♥邀请
2♠	4+♠邀请（10–13点），不逼叫
	基于♠配合的邀请牌
2NT	傀儡3♣，牌力不明的♣套
	傀儡3♣，5M332型逼局
	傀儡3♣，高花55型逼局
3♣	5♠4♥邀请
3♦	高花55型邀请，不逼叫
3♥	6+♥邀请
3♠	6+♠邀请

我们看到，除了高花55型和5M332型，所有的逼局牌都用2♥接力。邀请实力也可以用2♥接力，但应保证4+♥；2♦–2♠为4+♠邀请或基于♠配合的邀请，否认4+♥；2♦–2NT逼迫同伴叫3♣，准备不叫或显示特定类型的牌；2NT以上的叫品都是特定高花特征的邀请牌（注意2♦–3♦不是加叫）。

2♦-?

♠ 7542
♥ KT973
♦ 5
♣ QJ6

不叫。没有配合仍然不叫，不要试图改善定约。实战中对方以加倍重开叫被罚放，克劳迪奥持这手牌用再加倍求救，找到了♠44配合。

♠ AKJ7
♥ 963
♦ J
♣ KT985

叫2♠。4+♠邀请。12点无配合不足以逼局。但是没有4+♥，不能叫2♥接力。

♠ Q86532
♥ 753
♦ 8
♣ AKT

叫2♠。如果♠配合，完全具备邀请实力。这就是基于♠配合的邀请牌。

开叫人对2♥接力的回答

应叫人接力时经常有逼局实力，如果仅有邀请实力，一定有4+♥。应叫人偏爱得到关于♥的信息，但也不排除对♠仍有兴趣。2♦-2♥接力可以看成是关于♥的支持问叫，超过3♦的答叫均保证好牌型的4张♥，以便开叫人仅邀请牌力时4♥可打。开叫人回答如下：

2♦-2♥-?

2♠　　♥单缺

2NT　　单套无单缺，2-3张♥

　　　　5+♦4+♠，2-3张♥

3♣　　5+♦4+♠，♠单缺，2-3张♥

3♦　　6+♦，♠或♣单缺，2-3张♥

3♥　　持牌3451

　　　　持牌4450（少见）

3♠　　持牌1453

| 持牌0454 |
| 3NT | 6♦4♥ |

2♦-2♥-?

| ♠ K85
♥ 6
♦ KQJ962
♣ Q93 | 叫2♠。2♥可以看作关于♥的支持问叫，♥单缺一律叫2♠。 |

| ♠ 765
♥ K4
♦ AQJT32
♣ Q2 | 叫2NT。2NT包含两种形状，其中包括本例的无单缺单套。 |

| ♠ KT43
♥ A9
♦ KQ8743
♣ 8 | 叫2NT。这是2NT的另一种形状：5+♦4+♠，2-3张♥。 |

| ♠ 5
♥ JT3
♦ A6532
♣ KQT9 | 叫3♣。5+♦4+♣，♠单缺，2-3张♥。 |

| ♠ 7
♥ A98
♦ A86532
♣ KJ3 | 叫3♦。黑花色单缺的单套，2-3张♥，否认4张♠。 |

| ♠ AJ5
♥ AQ97
♦ QT987
♣ 7 | 叫3♥。持牌3451。这个叫品还可能是少见的持牌4450。 |

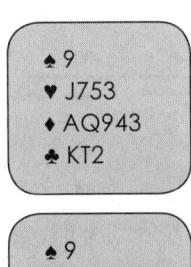

♠ 9
♥ J753
♦ AQ943
♣ KT2

叫3♠。持牌1453。这个叫品还可能是少见的持牌0454。

♠ 9
♥ KJ74
♦ AKT872
♣ 98

叫3NT。6♦4♥。

2♦-2♥-2♠：♥单缺

应叫人要马上做出是否逼局的决定。除了叫3♦试图停叫外，其他叫品均逼局。2♦-2♥-2♠-2NT是第二个接力，通常逼局。

2♦-2♥-2♠-2NT-?

3♣			4+♣
	3♦		接力问牌型
		3♥	持牌3154
		3♠	5♦5♣型
		3N	6♦4♣型
3♦			单套♦
3♥			5♦4♠
			持牌4054
3♠			6+♦4♠

我们看到，在开叫人回答3♣后，应叫人的3♦是第三个接力。

```
Fantoni
♠ A74
♥ 3
♦ AQJ62
♣ JT98

Nunes
♠ KQT5
♥ KT9876
♦ 5
♣ AK
```

西	北	东	南
—	2♦	—	2♥
—	2♠	—	2N
—	3♣	—	3♦
—	3♥	—	3N

2NT：接力，逼局。

3♣：5+♦4+♣，否认了4张♠（持4054叫3♥）。

3♦：接力问牌型。

3♥：持牌3154。

3NT：止叫。

2♦-2♥-2NT：无单缺的单套，或♠第二套

2NT是多义的，开叫人显示两种类型牌，但都否认4张♥。后续应叫人叫3♣是第二次接力，逼局，要求开叫人澄清多义。

2♦-2♥-2NT-3♣-?

3♦	6322型低限（10-11点）
3♥	5♦4+♣2+♥
3♠	6+♦4+♣2+♥
3NT	6322型高限

```
Nunes              Fantoni
♠ KQ               ♠ T852
♥ QJ2              ♥ A7
♦ K97642           ♦ QJ
♣ T7               ♣ AQ543
```

西	北	东	南
			—
2♦	—	2♥	—
2N	—	3♣	—
3♦	—	3N	—
—			

东家用2♥接力，西家2NT显示单套无单缺或♠第二套，东家用3♣第二次接力看看同伴是否有4张♠，获悉是低限6322型或7222型后选择3NT。

Fantoni
♠ T5
♥ T7
♦ AKT964
♣ KQ9

Nunes
♠ K76432
♥ AQ93
♦ Q7
♣ A

西	北	东	南
	2♦	—	2♥
—	2N	—	3♣
—	3N	—	4♠
—	—		

当北家叫2NT表示单套无单缺或第二套♠后，南家已经知道♠已经配合。南家继续接力，如果同伴持♠套，准备进行满贯试探。现在同伴显示单套，克劳迪奥满足于4♠。

2♦-2♥-3♣：5+♦4+♣，♠单缺，2-3张♥

开叫人在接力后没有叫♥单缺的2♠，又显示了54以上的低花，所以一定是♠单缺（持牌2254不能开叫2♦）。这一进程也否认4张♥。由于开叫人较准确地描述了形状，后续不需要第二次接力，应叫人再叫3♦自然不逼叫。

开叫人仍有可能有3张♥，所以应叫人叫3♥是5+♥逼局。而2♦-2♥-3♣-3♠应叫人叫到同伴的单缺，按照体系的逻辑是设定♥（开叫人有2-3张♥）。如果你少见地拿着独立将牌的♠，只好另想法子处理了。

```
            Nunes                          Fantoni
            ♠ AJ95                         ♠ 8
            ♥ QT93                         ♥ 642
            ♦ K6                           ♦ AQJ32
            ♣ QT5                          ♣ A732
```

西	北	东	南
		2♦	—
2♥	—	3♣	—
3N	—	—	—

西家持不错的中间张，在3♣后叫3♦示弱是明显的低叫，他的牌打3NT绰绰有余。

2♦-2♥-3♦：单套，♠或♣单缺，2-3张♥

开叫人持单套，并且有2-3张♥（没有在接力后叫2♠），也不是6322型和7222型（没有在接力后叫2NT），所以一定是黑花色单缺。这一进程也否认4张♥。

后续应叫人可以用3♥接力问单缺。由于同伴可能有3张♠，所以3♠是5+♠逼局。

2♦-2♥-3♦-?
3♥   接力问单缺
    3♠   ♣单缺
    3NT   ♠单缺
3♠   5+♠逼局

Nunes
♠ K972
♥ AKJ842
♦ 2
♣ Q9

Fantoni
♠ T
♥ 75
♦ AKT9653
♣ K72

西	北	东	南
—	—	2♦	—
2♥	—	3♦	—
4♥	—	—	—

东家叫3♦暗示有2-3张♥，西家直接叫4♥。

2♦-2♥-3♦-?

我们再分析这一进程背后的另一层含义。如果开叫人只有6张♦，无论哪门黑花色单张，一定是3张♥，否则开叫人在接力后会选择显示第二套的叫品而不是3♦。鉴于开叫人持7+♦的概率远远小于持6张，所以开叫人有3张♥的概率很大。

Fantoni
♠ K98
♥ 652
♦ AQ8753
♣ J

Nunes
♠ T3
♥ KT873
♦ KT
♣ AK94

西	北	东	南
2♦	—	2♥	—
3♦	—	3♥	—
3♠	—	4♥	—
—	—	—	—

东家在3♦后没有手段探查同伴是否有3张♥支持，因为3♥是接力，西家3♠回答♣单缺。克劳迪奥推理出同伴持3张♥的概率很大，直接叫4♥。

虽然这种基于概率的猜断长期可以获利，但偶尔也会失败。下面的牌例来自齐默尔曼和拉菲纳尔的俱乐部对抗赛，克劳迪奥用同样逻辑叫牌遭遇7IMP的损失：

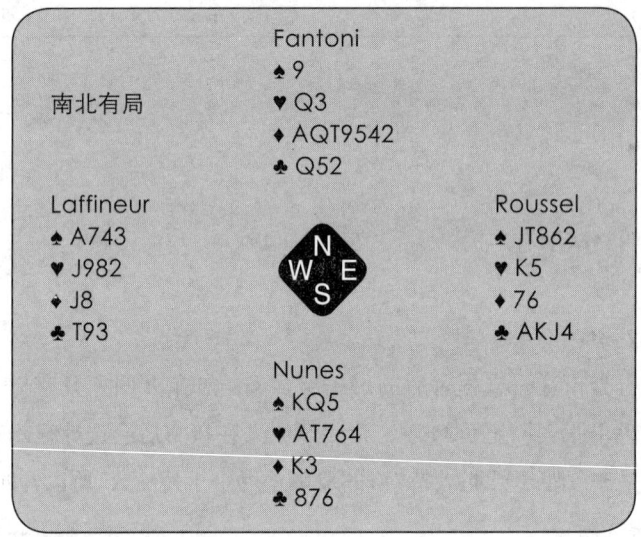

西	北	东	南
	2♦	—	2♥
—	3♦	—	4♥
—	—		

结果：南4♥宕四。另一桌：北3NT宕一。

克劳迪奥既没有手段探查同伴是否明确持有3张♥，也没有手段探查同伴高低限。依据上述推理，同伴持6张♦和3张♥的概率很大，干脆用临界的牌力赌博4♥。

2♦-2♥-3♥/及以上叫品：显示好牌型的4张♥

Nunes
♠ 754
♥ AK76
♦ A9
♣ 9743

Fantoni
♠ —
♥ JT94
♦ KQJ85
♣ KJ65

西	北	东	南
			2♦
—	2♥	—	3♠
X	4♥	—	—
—			

南家叫3♠显示持牌0454或持牌1453。牌力大增的北家牌叫4♥绰绰有余。

小结

2♦开叫后，应叫人大多数具逼局实力（逼局的5M332型和高花55型除外）和4+♥邀请实力时用2♥接力，这一接力可以看作关于♥的支持问叫，开叫人围绕♥张数回答，并适度兼顾♠信息。在2♦-2♥接力中剔除某些类型的邀请牌能减轻后续叫牌负担，但是问题来了，持♠套的邀请牌怎么办？答案是显然的，叫2♠，即使你只有4张♠。

2♦-2♠：4+♠邀请（10-13点）或基于♠配合的邀请牌，否认4张♥，不逼叫

"基于♠配合的邀请牌"指♠配合时调整点可以达到10-13点，♦有配合时点力可能更低。

2♦-2♠-?

2NT 0-2张♠

3♣ 4+♣，3张♠

3♦ 6+♦，3张♠

| 3♥ | 4张♥，3张♠ |
| 3♠ | 4张♠邀请 |

我们看到，开叫人的再叫围绕♠的支持情况回答，但应叫人可能只有4张♠，这使后续叫牌变得复杂。为什么要这么做呢？假设你是应叫人，持牌：♠K852 ♥KQT ♦JT53 ♣J2，如果同伴第二套是♠，你们就是双套配合，成局的机会是很大的，所以你不能不叫。但是你不够逼局实力，又没有4+♥，所以不能叫2♥接力，只有叫2♠。以下是四手牌：

2010年巴菲特杯赛

东西有局

Lall
♠ QJ9
♥ J6
♦ Q97
♣ KQ864

Nunes
♠ K852
♥ KQT
♦ JT53
♣ J2

Fantoni
♠ A74
♥ 9853
♦ A8642
♣ A

Hamman
♠ T63
♥ A742
♦ K
♣ T9753

西	北	东	南
		2♦	—
2♠	—	3♥	—
4♦	—	4♠	—
—			

结果：西4♠做成。另一桌：西2♠超一。

东家没有放过不逼叫的2♠表示不错的牌。叫3♥显示4张♥，3张♠。西家自知牌力不足，又挡不住♣，试图停在4♦上。虽然福尔维奥已经显示过非最低限牌，并且知道同伴只有4张♠，仍决定打4-3配高花成局。

西	北	东	南
		2♦	—
2♠	—	2N	—
3♣	—	5♣	—
—			

西家的3♣表示黑花色54以上，不逼叫。

西	北	东	南
	2♦	—	2♠
—	2N	—	—
—			

南家叫2♠是邀请成局，绝不是为了改善定约。从南家的角度看，虽然在失配时没有好的落脚点，但是叫2♠势在必行。实战中2NT宕一，但那是为了成局必须付出的代价。

其他情形

我们从2♦–2♥和2♦–2♠的进程中可以看出，设计者对应叫人仅持邀请牌力时如何显示高花信息下很大的功夫。2♦–2NT以上的应叫更是如此（见上文"第一应叫"）。

Fantoni
♠ —
♥ 753
♦ AQT86
♣ AQJT3

Nunes
♠ AQJ84
♥ A2
♦ J52
♣ K62

西	北	东	南
	2♦	—	2N
—	3♣	—	3♠
—	3N	—	—
—			

南家持5M332型逼局牌，按照体系的规则先用2NT转移到3♣再叫高花。南家虽然知道联手有低花配合，但看到打低花定约♠点力浪费，满足于3NT。这是体系阻击到自己的典型案例，实战中由于两门低花均有配合，福尔维奥错失了低花满贯。

Fantoni
♠ AJ765
♥ J7532
♦ 3
♣ K6

Nunes
♠ 9
♥ Q96
♦ AQJ984
♣ Q74

西	北	东	南
			2♦
—	3♦	—	3♥
—	—	—	

南家面对同伴的55高花邀请选择了低限停叫。2♦–3♦进程应叫人一定要控制牌力，因为同伴可能放过你的3♦。本例中北家的持牌属于这种进程的最高限。

西	北	东	南
—	—	2♦	—
3♥	—	3N	—
—	—		

应叫人在同伴2♦开叫后直接叫三阶高花邀请通常强调套的质量。东家如果是低限，一定放过3♥。略高的牌力给福尔维奥提供了额外的错误选项。实战中3NT宕二，另一桌打成3♥。

总结

应叫人2♥接力后的发展违背常规的视觉，但只要从♥支持的角度理解，加上适度的记忆，是不难掌握的。2♦–2♠应叫人可能只有4张♠，给判断最终定约增加了很大难度。2♦–2NT以上也多为人工叫品，应叫人显示具有高花特征的特定牌。2♦开叫的后续设计以探讨高花成局为主要目的，有时难免会以牺牲部分定约作为代价。

2♦开叫是体系最神秘的部分，其后续发展在体系的进化历史中做过最多次数的修改，足见其难度之大。福尔维奥曾经和他的朋友说过："2♦开叫后的发展足以写一本小说。"我们已经将"这本小说"逐章品读，探知了传说中的奥秘。

但是故事并没有结束。

我们前文介绍过，如果应叫人持不够逼局牌力的邀请牌，用2♥接力时保证4+♥。如果开叫人回答3♦以下的叫品，可以叫不逼叫3♥（♦有配合或略有配合）；开叫人超过3♦的叫品保证可4张♥，通常是要成局的，所以不用担心定约过高。

现在存在两个问题。一是应叫人没有4张高花的邀请牌没有邀请手段，二是应叫人持♦单缺的4+♥的邀请牌在开叫人回答3♦以下的叫品时没有合适的手段停在部分定约。这两种类型是体系难处理的情形，我们且看福尔维奥和克劳迪奥如何化腐朽为神奇。

应叫人持没有4张高花的邀请牌

这种局势下，应叫人无法用2♥接力或叫2♠邀请。面对开叫人的非均型，福尔维奥和克劳迪奥采取略微激进的逼局方式：12点有配合或13点略有配合即可逼局。

2♦-?

♠ J62
♥ A85
♦ KQ3
♣ QJT5

叫2♥。面对同伴的非均型，有配合时13点做逼局处理。

♠ A42
♥ Q6
♦ 6
♣ AQJT843

叫2NT。可能失配的13点，克劳迪奥准备通过转移停在3♣。

```
                  2010年世界桥牌系列赛
                      Fantoni
                      ♠ AQT
    东西有局           ♥ 983
                      ♦ A8
                      ♣ KT985
  Bates                              Wold
  ♠ J72                              ♠ 986543
  ♥ QJ654            N               ♥ A2
  ♦ 64             W   E             ♦ QT9
  ♣ AJ3              S               ♣ Q2
                      Nunes
                      ♠ K
                      ♥ KT7
                      ♦ KJ7532
                      ♣ 764
```

西	北	东	南
		—	2♦
—	2♥	—	3♦
—	3N	—	—
—			

结果：北3NT超一。另一桌：东2♠宕二。

北家没有4张以上高花，但持略有配合的13点应做逼局处理。碰到同伴低限，仍然完成了3NT定约。另一桌南家开叫弱二2♦，南北没有人想到成局。

应叫人持♦单缺的4+♥的邀请牌

如果应叫人持♦单缺的4+♥的邀请牌，当2♥接力后开叫人回答3♦以下的叫品时，没有手段停在部分定约。在下面的牌例中，福尔维奥在没有条件的情况下创造一个停在部分定约的机会：

法国DN1赛

东西有局

Fantoni
♠ AQ5
♥ JT9854
♦ —
♣ A632

Meyer
♠ T876
♥ AQ2
♦ Q83
♣ Q94

Lebel
♠ K92
♥ K763
♦ KT954
♣ 7

Nunes
♠ J43
♥ —
♦ AJ762
♣ KJT85

西	北	东	南
			2♦
—	2♥	—	2♠
—	2N	—	3♣
—	—		

结果：南3♣超二。另一桌：北3♣做成。

北家满怀信心地用2♥接力，只要同伴显示2-3张♥就准备进局。不幸同伴叫2♠表示♥单缺。福尔维奥继续叫2NT，这是逼局的接力，同伴回答3♣正中下怀，顺势不叫。

在下面的牌例中，福尔维奥拿着几乎和上例相同的牌故技重施，但结果让人有点哭笑不得：

第15届NEC杯决赛

双方无局

Fantoni
♠ AJ3
♥ Q87543
♦ —
♣ A985

Madala
♠ 9542
♥ AT92
♦ J8
♣ J73

Bocchi
♠ QT6
♥ J6
♦ KQ9654
♣ K2

Nunes
♠ K87
♥ K
♦ AT732
♣ QT64

西	北	东	南
			2♦
—	2♥	—	2♠
—	2N	—	3♣
—			

结果：南3♣超二。另一桌：南5♣做成。

下面的牌例是同样的局势。但由于同伴没有回答3♣，福尔维奥被迫打3NT：

```
                第41届百慕大杯赛
                    Fantoni
                    ♠ KQJ
    南北有局         ♥ Q9743
                    ♦
                    ♣ QJ764
    Versace                          Lauria
    ♠ 9743                           ♠ T62
    ♥ A6           N                 ♥ KJT52
    ♦ KJ73       W   E               ♦ Q62
    ♣ A53          S                 ♣ 82
                    Nunes
                    ♠ A85
                    ♥ 8
                    ♦ AT9854
                    ♣ KT9
```

西	北	东	南
			2♦
—	2♥	—	2♠
—	2N	—	3♦
—	3N	—	—
—			

结果：北3NT宕一。另一桌：南2♦做成。

在逼局的接力后"突然不叫"还可以应用到其他局势。在2011年天津"滨海杯"世界男子桥牌精英赛上，福尔维奥尽最大可能探查同伴的高低限：

63. 2♦开叫后的发展

西	北	东	南
			2♦
—	2♥	—	2N
—	3♣	—	3♠
—	3N	—	—
—			

北家用逼局的3♣接力。如果同伴叫低限的3♦，就突然不叫，否则就打3NT。

叫品结构表

表63　2♦开叫后的发展（第一、第二家）

2♦							10-13点，5+♦非均型，非5422型
	2♥						接力，逼局
							接力，4+♥邀请
		2♠					♥单缺
			2NT				接力，逼局
				3♣			4+♣
					3♦		接力问牌型
						3♥	持牌3154
						3♠	5♦5♣型
						3NT	6♦4♣型
				3♦			单套♦
				3♥			5♦4♠

							持牌4054
				3♠			6+♦4♠
			3♣				5+♠逼局
			3♦				不逼叫
		2NT					单套无单缺
							5+♦4+♠
			3♣				接力，逼局
				3♦			6322型低限（10-11点）
				3♥			5♦4+♠2+♥
				3♠			6+♦4+♠2+♥
					3NT		6322型高限
			3♦				不逼叫
		3♣					5+♦4+♣，♠单缺
			3♦				不逼叫
			3♥				5+♥逼局
			3♠				设定♥
		3♦					单套，♠或♣单缺
			3♥				接力问单缺
				3♠			♣单缺
				3NT			♠单缺
			3♠				5+♠逼局
	3♥						持牌3451
							持牌4450
	3♠						持牌1453
							持牌0454

		3NT					6♦4♥型
	2♠						4+♠邀请（10-13点），不逼叫
							基于♠配合的邀请牌
		2NT					0-2张♠
		3♣					4+♣,3张♠
		3♦					6+♦,3张♠
		3♥					4张♥,3张♠
		3♠					4张♠邀请
	2NT						傀儡3♣,牌力不明的♣套
							傀儡3♣,5M332型逼局
							傀儡3♣,高花55型逼局
		3♣					遵命
			3♦				接力,高花55型
				3♥			♥配合
				3♠			♠配合
				3NT			无配合
			3♥				5♥332型
			3♠				5♠332型
	3♣						5♠4♥邀请
	3♦						高花55型邀请,不逼叫
	3♥						6+♥邀请
	3♠						6+♠邀请

64. 2♥开叫后的发展

第一、第二家的2♥开叫显示10-13点5+♥,非5422型,非5332型,否认4张♠。

第一应叫

2♥–?

2♠	接力,邀请以上
2NT	5张♠邀请,♥单缺
	6+♠邀请以上,否认♥支持
3♣	6+♣逼叫
3♦	6+♦逼叫
3♥	非邀请
3♠	设定♠
3NT	4+♥支持,♣缺门
4♣	4+♥支持,♦缺门
4♦	4+♥支持,♠缺门

应叫人大多数邀请以上的牌都用2♠接力。叫2NT表示5+♠邀请以上:如果只有5张♠,则是准确的邀请牌力,并且♥单缺;6+♠时无此要求。

开叫人对2♠接力的回答

2♥–2♠–?

2NT	单套
3♣	4+♣
3♦	准确的4张♦

3♥   5+♥5+♦

如果开叫人持6♥4m型，应先回答低花，后续第二次接力可以问出64型。

2♥-2♠-2NT：单套，没有4张低花。

这种局势下，应叫人如果想停在部分定约，只能再叫3♥，其他再叫都逼局。

2♥-2♠-2NT-?

3♣   接力问单缺，逼局
  3♦   ♣单缺或无单缺
  3♥   7+♥
  3♠   ♦单缺
  3NT   ♠单缺
3♦   人为叫品，设定♥
3♥   不逼叫
3♠   准确的5张♠，逼局

我们看到，应叫人3♣是第二次接力，询问开叫人的单缺。请留意应叫人叫3♦是设定♥的人为叫品。

应叫人可能有5张♠：逼局实力时通常叫3♠，因为用3♣接力问不出同伴的3张♠；只有邀请牌力时一定有2张♥（否则会应叫2NT），所以可以叫不逼叫的3♥。

Fantoni
♠ 643
♥ AK8653
♦ KQ4
♣ 6

Nunes
♠ AJ752
♥ Q
♦ J62
♣ AQJ3

西	北	东	南
	2♥	—	2♠
—	2N	—	3♣
—	3♦	—	4♠
—			

南家用2♠接力后北家回答2NT表示♥单套，仍然可能有3张♠。南家应该叫3♠显示5张♠的逼局牌，实战中克劳迪奥错误地用3♣做第二次接力问单缺，福尔维奥回答3♦后♠长度依然模糊，克劳迪奥只能猜断地叫出4♠。

Fantoni
♠ Q74
♥ AQJT54
♦ 98
♣ K2

Nunes
♠ KT
♥ K2
♦ KQ643
♣ AJ83

西	北	东	南
	2♥	—	2♠
—	2N	—	3♣
—	3♦	—	4♥

2NT：单套。

3♣：第二次接力问单缺，逼局。

3♦：♣单缺或无单缺。

4♥：没有在2NT后直接叫4♥，现在表示温和的满贯邀请。

不叫：北家是3♦两个选项中较弱的一种。

2♥-2♠-3♣：4+♣

开叫人♣的长度是模糊的，而应叫人通常恰恰最关心它，第二次接力3♦可以澄清：

2♥-2♠-3♣-?

3♦		接力问牌型，逼局
	3♥	55型，后续3♠设定♥
	3♠	持牌3514
	3NT	持牌1534
		持牌0544
	4♣	64型
3♥		不逼叫
3♠		持牌5233逼局

应叫人可能有5张♠：只有邀请实力时叫3♥；如果有逼局实力，通过第二次接力可以问出同伴的3张♠，所以不使用第二次接力直接叫3♠可以用来表示更准确的持牌5233。

Fantoni
♠ —
♥ AT943
♦ J965
♣ KQT4

Nunes
♠ AK643
♥ Q2
♦ AQ3
♣ A62

西	北	东	南
	2♥	—	2♠
—	3♣	—	3♦
—	3N	—	—
—			

南家5张♠逼局牌用2♠接力。在北家显示4+♣后，如果南家无意满贯，可以叫3♠表示持牌5233逼局。现在南家有接近满贯的实力，使用第二次接力探查♣和♠张数。当北家表示持牌1534或持牌0544时，南家放弃满贯。

2♥-2♠-3♦：准确的4张♦

2♥-2♠-3♦-?

3♥	接力问单缺，逼局

3♠	持牌3541
3NT	持牌1543
4♣	人为叫品，64型
3♠	持牌5233逼局

应叫人可能有5张♠：如果有逼局实力，通过第二次接力可以问出同伴可能的3张♠，所以直接叫3♠描述更准确的持牌5233。只有邀请实力时不能叫3♥，因为那是接力，只能当逼局处理。所幸的是这种情况并不多见。

Fantoni
♠ J5
♥ AQJT94
♦ K952
♣ 6

Nunes
♠ AK872
♥ K
♦ AQ
♣ AQ984

西	北	东	南
—	2♥	—	2♠
—	3♦	—	3♥
—	4♣	—	6♥
—	—	—	

在南家的两次接力，北家显示6♥4♦型后，南家根据总体牌力直接选择高花小满贯。

2♥-2♠-3♥：5+♥5+♦

在这种局势下，即使应叫人有5张♠也基本没意义，所以3♠规定为人为叫品，表示设定♥，所以其他新花都是同意♦为将牌。

Fantoni
♠ KQ987
♥ QJT
♦
♣ AJ743

Nunes
♠ A5
♥ A98753
♦ QT762
♣

西	北	东	南
–	–	–	2♥
–	2♠	–	3♥
–	4♥	–	–
–			

北家显然应该把自己的牌理解成配合♥的逼局牌，所以用2♠接力。南家回答5+♥5+♦，北家看到♦失配，跳叫成局，而没有用3♠设定♥（人为叫品）。南北错失了联手23点的满贯。

2♥-2NT：♥单缺的5张♠邀请，或否认♥支持6+♣邀请以上

应叫人如果只有5张♠，一定是准确的邀请牌力并且♥单缺。所以开叫人再叫3♣/♦/♥都是♠单缺的自然警示叫，当然不逼叫。

2♥-2NT-?

3♣	4+♣，♠单缺，不逼叫
3♦	4+♦，♠单缺，不逼叫
3♥	6+♥，♠单缺，不逼叫
3♠	2张♠
3NT	3张♠

Fantoni
♠ 63
♥ K5432
♦ AKQT3
♣ 3

Nunes
♠ AJT987
♥ A8
♦ 6
♣ AK97

西	北	东	南
	2♥	—	2N
—	3♦	—	3N
—	4♠		

南家有6张♠，所以应叫2NT允许有2张♥。北家55型两小张♠更愿意先描述便宜的低花，而不是叫3♠，南家如果♣挡张不好可以叫3♥表示2张支持，同时暗示有6张♠。实战中克劳迪奥在叫3NT表示好的♣挡张。福尔维奥可以推理出同伴6张♠的概率很大，畸形牌愿意打有将定约。

第九届欧洲冠军杯半决赛

东西有局

Assael
♠ AJ7
♥ K5
♦ J6
♣ Q87532

Fantoni
♠ KT864
♥ 7
♦ K73
♣ AKT4

Nunes
♠ Q52
♥ AQJ982
♦ 95
♣ 96

Zorlu
♠ 93
♥ T643
♦ AQT842
♣ J

西	北	东	南
		2♥	—
2N	—	3N	4♦
X	—	—	—

结果：南4♦加倍宕四。另一桌：南3NT宕四。

西家叫2NT表示♥单缺的5张♠邀请或6+♠邀请以上，东家的3NT显示3张♠支持。

总结

2♥开叫后的发展相对简单。略微复杂的是应叫人持准确的5张♠和准确的邀请牌力。这时，应叫人♥单缺时从2♥–2NT起步，否则用2♥–2♠接力起步，这样处理接力时可以建议停在3♥。

叫品结构表

表64　2♥开叫后的发展（第一、第二家）

2♥				10–13点5+♥，非5422型，非5332型，否认4张♠
	2♠			接力，邀请以上
		2NT		单套
		3♣		接力问单缺，逼局
			3♦	♣单缺或无单缺
			3♥	7+♥
			3♠	♦单缺
			3NT	♠单缺
		3♦		人为叫品，设定♥
		3♥		不逼叫
		3♠		5张♠逼局
	3♣			4+♣
		3♦		接力问牌型，逼局
			3♥	55型，后续3♠设定♥
			3♠	持牌3514

				3NT	持牌1534
					持牌0544
				4♣	64型
			3♥		不逼叫
			3♠		持牌5233逼局
		3♦			准确的4张♦
			3♥		接力问单缺，逼局
				3♠	持牌3541
				3NT	持牌1543
				4♣	人为叫品，64型
			3♠		持牌5233逼局
		3♥			5+♥5+♦
			3♠		人为叫品，设定♥
	2NT				5张♠邀请，♥单缺
					6+♠邀请以上，否认♥支持
		3♣			4+♣，♠单缺，不逼叫
		3♦			4+♦，♠单缺，不逼叫
		3♥			6+♥，♠单缺，不逼叫
		3♠			2张♠
		3NT			3张♠
3♣					6+♣逼叫
3♦					6+♦逼叫
3♥					非邀请
3♠					设定♠
3NT					4+♥支持，♣缺门
4♣					4+♥支持，♦缺门
4♦					4+♥支持，♠缺门

65. 2♠开叫后的发展

第一、第二家的2♠开叫显示10-13点5+♠，非5422型，非5332型，否认4张♥。

第一应叫

2♠-?

2NT	接力，邀请以上
3♣	6+♥邀请以上，否认♠支持
3♦	6+♦逼叫
3♥	6+♣逼叫
3♠	非邀请
3NT	4+♠支持，♣缺门
4♣	4+♠支持，♦缺门
4♦	4+♠支持，♥缺门

应叫人大多数邀请以上的牌都用2NT接力。叫3♣表示6+♥邀请以上。5张♥邀请牌力时用2NT接力，不要用3♣显示♥套，这和2♥开叫后不同，原因是2♠-3♣后续开叫人无法显示低花（见后文介绍2♠-3♣后的发展），仅持5张♥时寻找低花配合的意义较大。

```
                    2010年意大利俱乐部团体赛
                         Fantoni
                         ♠ —
双方有局                   ♥ AJ952
                         ♦ KJ73
                         ♣ Q942
        Comella                           Buratti
        ♠ A987                            ♠ K64
        ♥ Q43              N              ♥ T86
        ♦ QT             W E              ♦ 985
        ♣ AJT3             S              ♣ K865
                         Nunes
                         ♠ QJT532
                         ♥ K7
                         ♦ A642
                         ♣ 7
```

西	北	东	南
			2♠
—	2N	—	3♦
—		—	

结果：南3♦超二。另一桌：北3NT宕一。

北家为邀请牌力，只有5张♥。如果也用3♣显示♥套，找不到♦配合（2♠-3♣-3♦表示2张♥）。用2NT接力最不利的情形是南家有6张♠和3张♥，可能在♥有配合时打3NT，但这种牌力分布的3NT机会未必比4♥小。

开叫人对2NT接力的回答

2♠-2NT-?

3♣	4+♣
3♦	准确的4张♦
3♥	5+♠5+♦

65. 2♠开叫后的发展

3♠　　　单套

如果开叫人持6♠4m型,应该先回答低花,后续第二次接力可以问出64型。

2♠-2NT-3♣: 4+♣

2♠-2NT-3♣-?

3♦		接力问牌型,逼局
	3♥	55型
	3♠	持牌5314
	3NT	持牌5134
		持牌5044
	4♣	64型
3♥		持牌2533逼局
3♠		不逼叫

我们看到,第二次接力可以准确地问出开叫人的3张♥,所以不使用第二次接力直接叫3♥用来描述更精确的持牌2533逼局。

Nunes
♠ AQ865
♥ KJ7
♦ 3
♣ Q984

Fantoni
♠ KJT943
♥ T93
♦ A
♣ KJ7

西	北	东	南
2♠	—	2N	—
3♣	—	3♦	—
3♠	—	4♠	—
—			

东家通过两次接力了解到同伴持牌5314,如果同伴答叫3NT显示持牌

5134，福尔维奥会有想法吗？

2♠-2NT-3♦：准确的4张♦

后续3♥是接力，同样可以了解开叫人准确的牌型。

2♠-2NT-3♦-?

3♥		接力问单缺，逼局
	3♠	持牌5341
	3NT	持牌5143
	4♣	64型
3♠		持牌2533逼局
3♠		不逼叫

2♠-2NT接力后，无论开叫人回答3♣还是3♦，如果应叫人在第二次接力后无法用3♥/3♠/4♦设定♠，那么4♣是设定♣的人为叫品，即使逻辑上存在♣的配合也不例外。

2♠-2NT-3♣-3♦（第二次接力）

3♥	55型，后续3♠设定♠，4♣设定♣，4♦设定♠的扣叫
3♠	持牌5314，后续4♣设定♣，4♦设定♠
3NT	持牌5134，后续4♣设定♣，4♦设定♦
	持牌5044
4♣	64型，后续4♦设定♠的扣叫

2♠-2NT-3♦-3♥（第二次接力）

3♠	持牌5341，后续4♣设定♠，4♦设定♦
3NT	持牌5143，后续4♣设定♠，4♦设定♦
4♣	64型，后续4♦设定♠

根据上述的约定，如果应叫人在第一次接力后就知道♣配合，应立即选择4♣来设定♣。

Fantoni
♠ K764
♥ A652
♦ Q
♣ AK94

Nunes
♠ QJ532
♥ 7
♦ AK73
♣ Q82

西	北	东	南
–	–	–	2♠
–	2N	–	3♦
–	3♥	–	3N
–	4♣	–	4♦
–	4♥	–	4♠
–	5♣	–	5♦
–	5♥	–	6♠
–	–	–	

3♦：准确的4张♦。

3♥：第二次接力，问单缺，逼局。

3NT：持牌5143。

4♣：设定♠的扣叫（如果♣没控制用4♥设定♠）。

4♦：扣叫。

4♥：扣叫。

4♠：示弱。

5♣：特博，奇数关键张，♣第一轮控制。

5♦：第二次扣叫♦，有可能是大满贯邀请，也可能是预防同伴一个关键张。

5♥：表示3个关键张。

6♠：止叫。

2♠-2NT-3♥：5+♠5+♦

后续3♠是设定♠，其他新花都是同意♦为将牌。

```
Nunes                    Fantoni
♠ AQT65                  ♠ 973
♥                        ♥ AJ6
♦ KQT42                  ♦ A93
♣ 962                    ♣ T854
```

西	北	东	南
2♠	—	2N	—
3♥	—	4♠	—
—			

一个简单却看似不走运的选择。但北家持♣AK双张无法兑现第三轮♣，4♠轻松做成。

2♠-2NT-3♠：♠单套

现在没有空间做任何问叫了，应叫人在四阶叫低花是设定♠的扣叫。

```
Nunes                    Fantoni
♠ AKT542                 ♠ Q96
♥ J73                    ♥ A
♦ 7                      ♦ QJ8542
♣ J76                    ♣ AQ9
```

西	北	东	南
			—
2♠	—	2N	—
3♠	—	4♣	—
4♦	—	4♥	—
4♠	—	—	—

东家显示配合♠并开始扣叫，西家适时示弱，停在4♠。

2♠-3♣：6+♥邀请以上牌力，否认♠支持

2♠-3♣-?

3♦	2张♥
3♥	♥单缺
3♠	高限6+♠，♥单缺
3NT	3张♥

开叫人叫3♦显示2张♥时仍有可能停在3♥。而开叫人叫3♥反而显示♥单缺。应叫人如果牌力不足可以不叫，或停在3♠。

西	北	东	南
		2♠	—
3♣	—	3♥	—
3N	—	—	—

东家如果有高限牌力，可以叫3♠。现在福尔维奥只能叫3♥警示同伴♥单缺。西家要决定叫3♠还是叫3NT。因为3♠不逼叫，克劳迪奥选择了3NT，东西错失了♠配合。

2♠-3♦/3♥：6+♦/♣逼叫一轮

应叫人并不承诺再叫，也不逼局。这种机制使应叫人得以在牌力较弱时显示他的单套。如果应叫人有逼局实力，通常意在强调质量较高的单套。

```
Nunes                    Fantoni
♠ —                      ♠ KQT754
♥ A763                   ♥ KQ8
♦ AQ5                    ♦ J4
♣ AKJ732                 ♣ 54
```

西	北	东	南
—	—	2♠	—
3♣	—	3♠	—
3N	—	—	—

西家用6+♣逼叫后，东家显示他的第六张♠。从西家的角度，可能黑花色均失配，所以持强牌仍然只满足于3NT。不走运的是即使♣配合，3NT仍然宕一。北家持：♠9　♥JT4　♦T9873　♣QT96　并首攻♦10。克劳迪奥进入明手飞♣时已回天乏术。

叫品结构表

表65　2♠开叫后的发展（第一、第二家）

2♠				10-13点5+♠，非5422型，非5332型，否认4张♥
	2NT			接力，邀请以上
		3♣		4+♣
			3♦	接力问牌型，逼局
			3♥	55型
			3♠	持牌5314
			3NT	持牌5134
				持牌5044
			4♣	64型

65. 2♠开叫后的发展

					含义
				3♥	持牌2533逼局
				3♠	不逼叫
		3♦			准确的4张♦
			3♥		接力问单缺，逼局
				3♠	持牌5341
				3NT	持牌5143
				4♣	64型
			3♥		持牌2533逼局
			3♠		不逼叫
		3♥			5+♠5+♦
		3♠			单套
3♣					6+♥邀请以上，否认♠支持
	3♦				2张♥
	3♥				♥单缺
	3♠				高限6+♠,♥单缺
	3NT				3张♥
3♦					6+♦逼叫
3♥					6+♣逼叫
3♠					非邀请
3NT					4+♠支持，♣缺门
4♣					4+♠支持，♦缺门
4♦					4+♠支持，♥缺门

66. 二阶花色开叫被干扰后的处理

我们只讨论第一、第二家二阶开叫后的情形，第三、第四家二阶开叫是同伴不叫过的纯破坏性开叫，不需要做特别说明。

表66 二阶开叫被干扰后的处理

2x	（Dble）		（对方技术性加倍）
		Pass	10点以下，没有建设性叫品
		Rdbl	10+点，保证2x可打。后续叫新花逼叫一轮但不逼局
		新花	自然不逼叫
		2NT	x单缺的自然邀请
		3+x	想打：阻击或到位
		3x+	自然逼局
		3NT	想打
	（2y）		（对方自然争叫）
		Dble	排除性
		新花	逼叫一轮，如不叫过则是7-11建设性
		2NT	自然邀请
		3x	非邀请
		3y	扣叫，配合x，不完全逼局
		跳新花	弱牌

Fantoni
♠ A8543
♥ 5
♦ A985
♣ K52

Nunes
♠ T
♥ KT9
♦ QT73
♣ AJT83

西	北	东	南
		-	2♣
X	XX	2♥	-
-	2♠	-	2N
-	3♣	-	-
-			

北家再加倍后叫2♠表示10+点5+♠逼叫一轮，既不逼局也不承诺再叫。南家已经想好了落脚点，在♠没有得到支持时叫3♣。

Fantoni
♠ Q85
♥ T7
♦ AT8762
♣ AT

Nunes
♠ A7
♥ Q62
♦ J5
♣ KQJ863

西	北	东	南
	2♦	X	3N
-			

对方加倍后直接叫3NT是想打，即使开叫二阶高花也一样（不表示高花有支持）。

Fantoni
♠ 6
♥ Q932
♦ KQ72
♣ AJT6

Nunes
♠ KQJT942
♥ T65
♦ 3
♣ K2

西	北	东	南
			2♠
X	XX	-	3♠
-			

北家的♠单张，所以他的再加倍并不合格，叫2NT更符合他的牌。南家考虑如果放过，对手一定寻找配合，不如提前阻碍他们交换信息，3♠恰到好处。

67. 2NT开叫

2NT开叫显示21-22点均型或20-21点5M332型。

傀儡斯台曼

开叫人可能有5张高花，应叫人可以用傀儡斯台曼3♣探查。

2NT-3♣-?

3♦	至少1个4张高花，否认5张高花
3♥	无高花
3♠	5张♠
3NT	5张♥

如果斯台曼遭遇对方加倍，开叫人再加倍表示有♣A；不叫表示♣有挡（后续应叫人再加倍还是斯台曼）；其他叫品保持原意，但♣无挡。

如果斯台曼遭遇对方争叫三阶高花，开叫人的加倍是技术性的，应叫人的加倍是惩罚性的。如果对方争叫3♦，任何一方加倍都是技术性的。

```
    Nunes              Fantoni
    ♠ AQT42            ♠ 9763
    ♥ QJ               ♥ A73
    ♦ AKJ6             ♦ 8542
    ♣ K7               ♣ J3
```

西	北	东	南
2N	—	3♣	X
—		XX	—
3♠		4♣	—
—			

东家的斯台曼遭遇南家加倍，西家不叫表示♣有挡。后续东家再加倍要求同伴继续斯台曼进程，西家回答5张♠，东家找到配合用高花进局。

2NT-3♣-3♦：至少1个4张高花，否认5张高花

应叫人如果只有一门4张高花，可以叫另一门高花，就像拉动傀儡的绳子，开叫人叫出配合的高花成为庄家或没有配合时叫3NT。应叫人两门高花时可以采用人为叫品4♣/♦。

应叫人低花温和满贯兴趣也从斯台曼起步，2NT-3♣-3♦后用4♥/♠表示♣/♦，后续开叫人直接叫5阶将牌示弱，其他叫品都是扣叫或特博（斯台曼其他回答后低花温和满贯的叫牌逻辑与此相同）。

2NT-3♣-3♦-?

3♥	♠套
3♠	♥套
3NT	寻找5张高花未果，止叫
4♣	高花44，满贯兴趣
4♦	高花44，无满贯
4♥	♣的温和满贯试探
4♠	♦的温和满贯试探

Fantoni
♠ J9
♥ T42
♦ J9873
♣ Q65

Nunes
♠ AKQ6
♥ AJ5
♦ 654
♣ AKJ

西	北	东	南
–	–	–	2N
–	3♣	–	3♦
–	3N	–	–
–			

北家没有4张高花，但同伴可能有5张♥，所以用傀儡斯台曼探查。南家3♦否认了5张高花，北家停在3NT。

2NT-3♣-3♥：无4张以上高花

开叫人无高花时叫3♥而不是3NT，这么处理可以让应叫人再叫3NT显示5♠4♥逼局，从而使开叫人成为高花定约的庄家。

2NT-3♣-3♥-?

3♠	逼叫3NT
3NT	5♠4♥
4♣	♣的温和满贯试探
4♦	♦的温和满贯试探
4♥	转移4♠，6♠4♥，无满贯兴趣
4♠	6♠4♥，温和满贯兴趣

Fantoni
♠ JT93
♥ Q976
♦ T32
♣ 82

Nunes
♠ A85
♥ A8
♦ K97
♣ AKQT5

西	北	东	南
–	–	–	2N
–	3♣	–	3♥
–	3♠	–	3N
–	–	–	

北家用傀儡斯台曼寻找4张以上高花，同伴回答3♥表示无4张以上高花后，北家不能直接叫3NT，必须用3♠逼叫3NT。

2NT-3♣-3♠/3NT：5张♠/♥

开叫人回答5张高花。如果开叫人显示5张♥，应叫人想打4♥时应该通过转移使开叫人成为庄家。

2NT-3♣-?

3♠	5张♠
4♣	♣单套的温和满贯试探

	4♦　　　　　♦单套的温和满贯试探
3NT	5张♥
	4♣　　　　　♣单套的温和满贯试探
	4♦　　　　　逼叫4♥
	4♠　　　　　♠单套的温和满贯试探

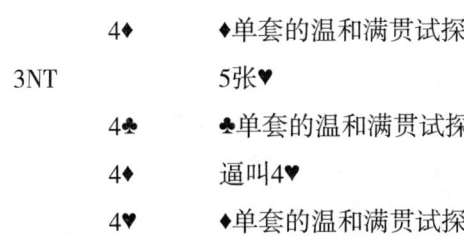

Nunes
♠ AT4
♥ AKQJ5
♦ K76
♣ A4

Fantoni
♠ 98
♥ 9732
♦ Q2
♣ KQT83

西	北	东	南
—	2N	—	3♣
—	3N	—	4♦
—	4♥	—	—
—			

南家获悉同伴5张♥后用4♦逼叫4♥。

2NT-3♦：转移到♥

应叫人通常有逼局实力，保证5+♥。开叫人叫3♥简单接受转移，3♠否认♥配合转而描述自己的4+♠，3NT是3张♥适合打无将的牌，其他叫品都是4+♥的超转移。

如果应叫人持5♥4♠，先用3♦转移到♥，再叫3NT，保证有高花配合时开叫人成为庄家。应叫人用3♦转移后再叫3♠是让同伴选择3NT或4♥。

如果3♦遭遇对方指示性加倍，开叫人将原先简单转移的牌分为不叫（2张♥）和3♥（3张♥），其他叫品的含义不变。

2NT-3♦-?

3♥	简单接受转移，非极好配合
3♠	人为叫品，让同伴选择3NT或4♥
3NT	5♥4♠

4♣	第二套，逼局
4♦	第二套，逼局
4♥	6张♥的温和满贯兴趣
3♠	2张♥，4+♠
3NT	3张支持的超转移，点力分散
4♦	再次转移
4♣	4+♥超转移，好牌，扣叫
4♦	再次转移
4♦	4+♥超转移，好牌，扣叫
4♥	4+♥超转移，中性牌

Fantoni
♠ 6
♥ A8762
♦ T985
♣ QT3

Nunes
♠ KJ43
♥ KJ
♦ AJ2
♣ AK54

西	北	东	南
			2N
–	3♦	–	3♠
–	3N	–	–
–			

南家有4张♠没有简单接受转移，叫3♠显示2张♥和4+♣。北家对♠挡张不再担心，放心叫出3NT。

Nunes
♠ AQJ
♥ A6
♦ KJ8
♣ AQJ82

Fantoni
♠ T653
♥ K9874
♦ Q2
♣ 96

西	北	东	南
			–
2N	–	3♦	–
3♥	–	3N	–
–			

东家在同伴简单接受转移后叫3NT表示5♥4♠。西家均无配合，就地选择3NT。

2NT-3♥：转移到♠

应叫人通常持5+♠的逼局实力，后续发展和2NT-3♦类似。

Fantoni
♠ AJ
♥ KJ5
♦ KQJ4
♣ AKT4

Nunes
♠ QT96543
♥
♦ T5
♣ 9873

西	北	东	南
	2N	–	3♥
X	–	4♥	4♠
–	–	–	

北家放过西家的指示性加倍表示没有3张♠。南家持薄弱的长♠，不再有任何想法。

Fantoni
♠ KQJ
♥ KQ8
♦ AK983
♣ A9

Nunes
♠ T8432
♥ AT9
♦ T5
♣ K86

西	北	东	南
			–
–	2N	–	3♥
–	3♠	–	3N
–	4♦	–	4♠
–	–	–	

北家的点值很好，对♠又有很好的支持。他不愿意歪曲♠张数超转移，也不愿在3♥后叫3NT表示点力分散的3张支持。先简单接受转移后再显示新花就能表示这样的牌。

2NT-4♥/♠：设定♣/♦

这个进程的后续发展和常规的满贯叫牌不同，双方应假设每门花色均有控制，要求开叫人立即显示关键张个数，除非：

2NT-4♥后开叫人♣没有第二轮以上的控制叫4♠；

2NT-4♠后开叫人♣没有第二轮以上控制且奇数关键张时叫5♣；

开叫人显示关键张个数的方式为：
叫4NT显示偶数关键张；
叫5阶将牌显示奇数关键张（抢庄）。

后续双方叫新花均涉及K（例外：2NT-4♠-4NT-5♣不表示有♣K，只是预防关键张不足，却不能叫5♦抢庄）。

Fantoni
♠ AJ
♥ AK8
♦ KQ6
♣ AJ943

Nunes
♠ 53
♥ J6
♦ AJT5432
♣ Q5

西	北	东	南
–	2N	–	4♠
–	4N	–	5♣
–	5♥	–	5N
–	7♦	–	–

4NT：偶数关键张。

5♣：预防关键张不足（不能叫5♦抢庄），与♣K无关。

5♥：高限个数（4个而不是2个）关键张，有♥K。

5NT：关键张到齐，没有♣K，通常没有♣K和将牌Q。

7♦：搏杀大满贯（♣K飞不中而失败）。

总结

2NT开叫后的设计在如何使开叫人成为高花定约的庄家上做足了文

章。特别地，应叫人持54高花的情形更加耐人寻味。

应叫人5♠4♥从傀儡斯台曼起步，在开叫人回答3♦表示无高花后再叫3NT表示5♠4♥。应叫人5♥4♠时先叫3♦，在开叫人简单转移到3♥后叫3NT表示5♥4♠。上述处理可以使开叫人成为高花定约的庄家。这样，应叫人如果想打3NT就必须叫3♠，让同伴来叫3NT。

运筹帷幄

同伴开叫2NT，你持：♠7 ♥AT8765 ♦J752 ♣86，你如何叫牌？

你可以直接采用南非德克萨斯4♣转移到4♥成为最终定约。你也可以先用3♦转移到♥然后叫4♥表示温和的满贯兴趣，等待同伴发起满贯进程。第三种方式是福尔维奥的选择：

用3♦转移，在同伴叫3♥后再叫3♠让同伴选择3NT或4♥。福尔维奥计划如果同伴叫3NT，就用4♥停叫；如果同伴叫4♥表示支持♥，就发起满贯邀请。福尔维奥的方式可以把叫牌主动权掌握在自己手里。

以上三种方式你将选择哪种？牌例如下：

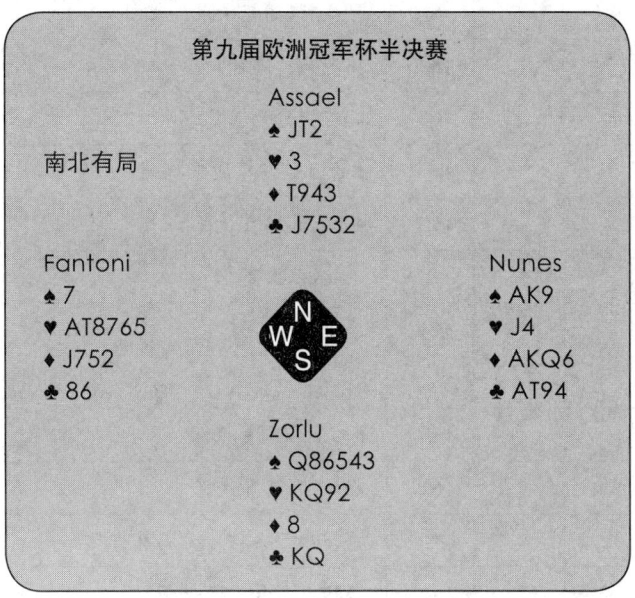

西	北	东	南
—	—	2N	—
3♦	—	3♥	—
3♠	—	3N	—
4♥	—	—	—

结果：东4♥超一。另一桌：东4♥超一。

叫品结构表

表67　2NT开叫后的发展

2NT				21-22均型，或20-21点5M332型
	3♣			傀儡斯台曼
		3♦		至少1个4张高花，否认5张高花
			3♥	♠套
			3♠	♥套
			3NT	寻找5张高花未果，止叫
			4♣	高花44，满贯兴趣
			4♦	高花44，无满贯
			4♥	♣的温和满贯试探
			4♠	♦的温和满贯试探
		3♥		无4张以上高花
			3♠	逼叫3NT
			3NT	5♠4♥
			4♣	♣的温和满贯试探
			4♦	♦的温和满贯试探
			4♥	转移4♠，6♠4♥，无满贯兴趣
			4♠	6♠4♥，温和满贯兴趣

		3♠		5张♠
			4♣	♣单套的温和满贯试探
			4♦	♦单套的温和满贯试探
		3NT		5张♥
			4♣	♣单套的温和满贯试探
			4♦	逼叫4♥
			4♥	♦单套的温和满贯试探
	3♦			转移到♥
		3♥		简单接受转移，非极好配合
			3♠	接力，让同伴选择3NT或4♥
			3NT	5♥4♠
			4♣	第二套
			4♦	第二套
			4♥	6张♥的温和满贯兴趣
		3♠		2张♥，却有4张♠
		3NT		3张支持的超转移，点力分散
			4♦	再次转移
		4♣		4+♥超转移，好牌，扣叫
			4♦	再次转移
		4♦		4+♥超转移，好牌，扣叫
		4♥		4+♥超转移，中性牌
	3♥			转移到♠
		3♠		简单接受转移，非极好配合
			3NT	让同伴选择3NT或4♠
			4♣	第二套
			4♦	第二套

			4♥	5+5+高花逼局
			4♠	6张♠的温和满贯兴趣
		3NT		3张支持，点力分散
			4♥	再次转移
		4♣		4+♠超转移，好牌，扣叫
			4♥	再次转移
		4♦		4+♠超转移，好牌，扣叫
			4♥	再次转移
		4♥		4+♠超转移，好牌，扣叫
		4♠		4+♠超转移，中性牌
	3♠			双低花
	4♣			转移到4♥
	4♦			转移到4♠
	4♥			设定♣
	4♠			设定♦

68. 3NT开叫

范托内斯体系的3NT开叫是纯粹赌博，表示想打。可以在任何形式的比赛中，在任何局况下的任何位置，以任何牌力和牌型开叫3NT。大多数专家对这种做法不屑一顾，因为把桥牌等同于赌博游戏并且很少收益。但却是福尔维奥和克劳迪奥的真实处理方式，在IMP制的双人赛上经常使用。

绝大多数情况下应叫人被禁止叫牌，除非持有7张以上高花。这时，应叫人可以用4♣/♦转移到4♥/♠；或者在想自己做庄时直接叫4♥/♠。

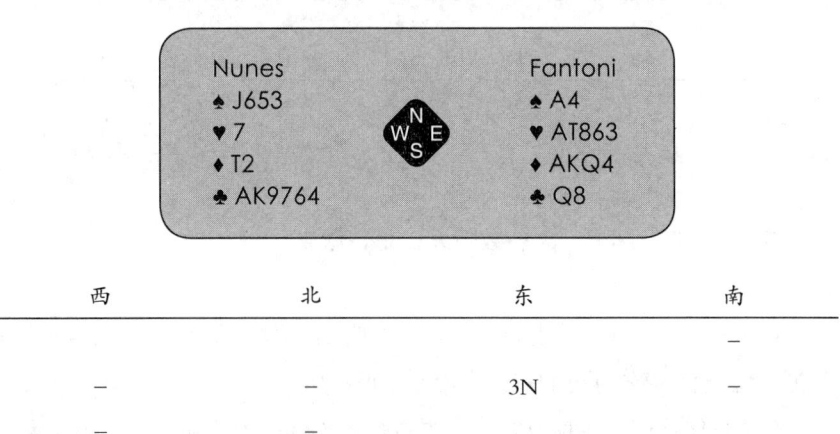

西	北	东	南
			—
—	—	3N	—
—			

结果：东3NT超二。另一桌：东6♣超一。

在智运会上对抗荷兰队，福尔维奥第四家开叫，如果把剩余的21点牌平均给其余三位牌手，同伴大约有7点，这正是3NT定约所需要的。直接开叫3NT可以封锁所有信息并期待获益。但实战中错失了满贯。

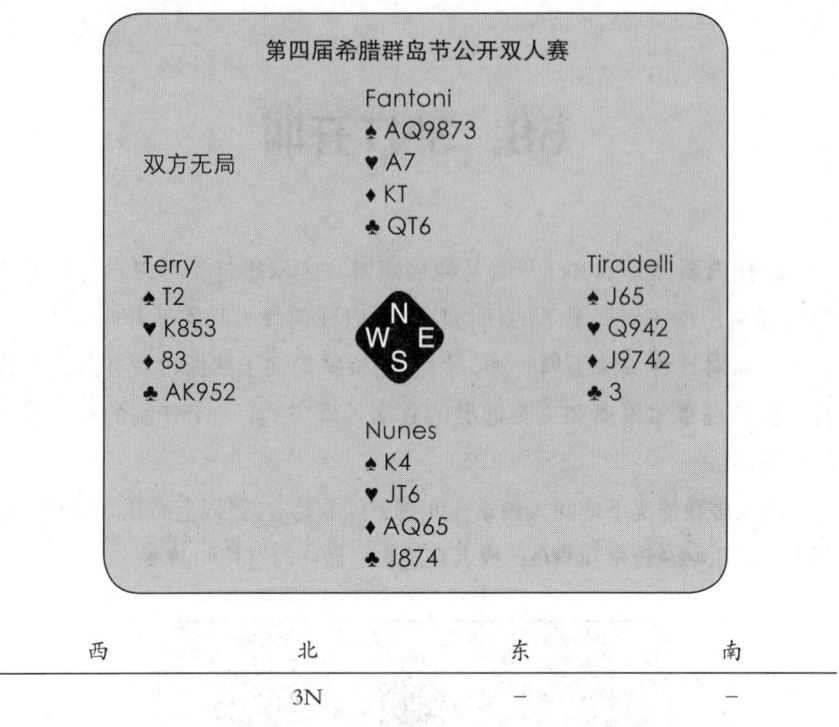

西	北	东	南
—	3N	—	—
—			

结果：北3NT超一。大多数牌桌：北4♠做成。

北家第一家开叫3NT成为最终定约并吃到10墩。大多数牌桌的4♠防守方获得♣将吃，福尔维奥的双人赛策略获得成功。

在第11届欧洲冠军杯决赛上，克劳迪奥连续两副牌在第一、第二家开叫3NT，给比赛增添的许多幽默气氛：

西	北	东	南
			—
3N	—	—	—

结果：西3NT超一。

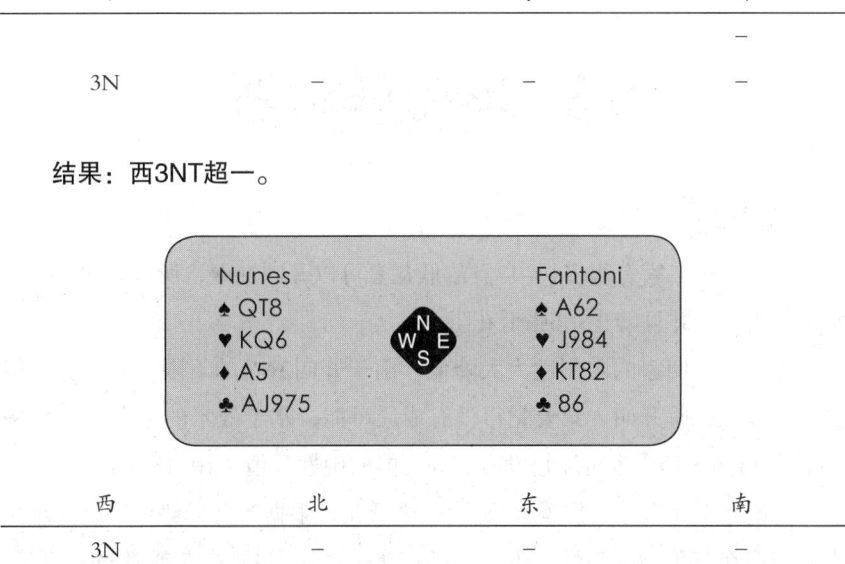

西	北	东	南
			—
3N	—	—	—

结果：西3NT宕一。

表68　3NT开叫后的发展

3NT		任意局况下任意位置的任意牌型牌力
	4♣	转移到4♥
	4♦	转移到4♠
	4♥	想打
	4♠	想打

69. 抢先花色开叫

3♣/♦开叫

第一、第二家有很多10-13点的低花套可以开叫2♣/♦，所以开叫3♣/♦一定是阻击叫，并且禁止用6张低花阻击。

第三、第四家的限制性大大降低。由于开叫2♣/♦的下限大幅放宽，很多牌可以在二阶开叫。只要觉得没有成局可能，基于战术的考虑，开叫3♣/♦可以只有6张套，也可以是没有成局可能的中性牌值（10-13点）。

无论处于什么开叫位置，只要有7张低花，根据当前局势可以以任意牌力和牌型在三阶做战略性阻击，不必在意是否还有4张高花或者另一门5张低花。

♠ 6
♥ T943
♦ KQT7654
♣ K

（第一家，双方有局）
叫3♦。不必在意另有4张高花。

♠ 97
♥ J
♦ AKQJ53
♣ J932

（第三家，双方有局）
叫3♦。第三家既可能是中性牌值，也可能是好的6张套，只要不会丢局，也可以兼而有之。

♠ 2
♥ Q6
♦ KJT98765
♣ 82

（第一家，双方有局）
叫3♦。8张也可以在三阶阻击，特别是我方有局不敢在四阶开叫时。

对3♣/♦的应叫

没有不叫过的应叫人所有叫品都是自然的，成局以下的新花逼叫一轮；如果应叫人曾经不叫过，叫新花是支持开叫花色的指示首攻，3NT是有单张花色的鼓励牺牲。加叫同伴花色是根据当前局势制定的战略行为。如果开叫人的下家在3♣/♦后马上加入叫牌，无论他采用什么方式，应叫人上述叫品的含义不变。

西	北	东	南
—	—	3♣	—
3N	—	—	—

西家没有不叫过，所以3NT是自然叫。如果西家曾经不叫，他不可能想打3NT定约，那就是有单缺花色的非邀请加叫。

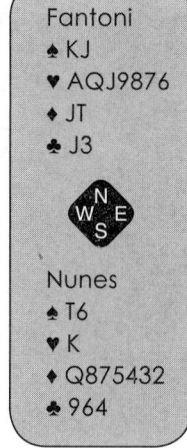

西	北	东	南
—	—	—	3♦
X	3♥	—	—
3♠	4♦	4♠	—
—			

西家在阻击后立即加入叫牌，北家的3♥仍然是自然地逼叫，和西家没有叫牌时一样。

3♥/♠开叫

无论在什么位置,抢先开叫3♥/♠都是阻击叫。中性牌值即使第三、第四家也不允许叫3♥/♠,因为容易丢局。

♠ AKJ9842
♥ 976
♦ 93
♣ A

(第四家,我方有局)

开叫4♠。中性牌值不能开叫3♠,容易丢局。

有时候,8张高花的弱牌也可以开叫3♥/♠。在2009年圣保罗杯赛上,克劳迪奥在双方有局时持:♠ ♥A9875432 ♦852 ♣86 开叫3♥。如果多一个K,就应该开叫4♥,避免丢局。

第三、第四家也可以用6张套开叫3♥/♠,福尔维奥持♠97 ♥KJT832 ♦3 ♣9753在局况有利时第三家凶悍地用3♥阻击。但是我们不建议这么做,除非你想改变不舒服的比赛进程。事实上,即使持更好的6张套,做三阶阻击风险依然巨大:

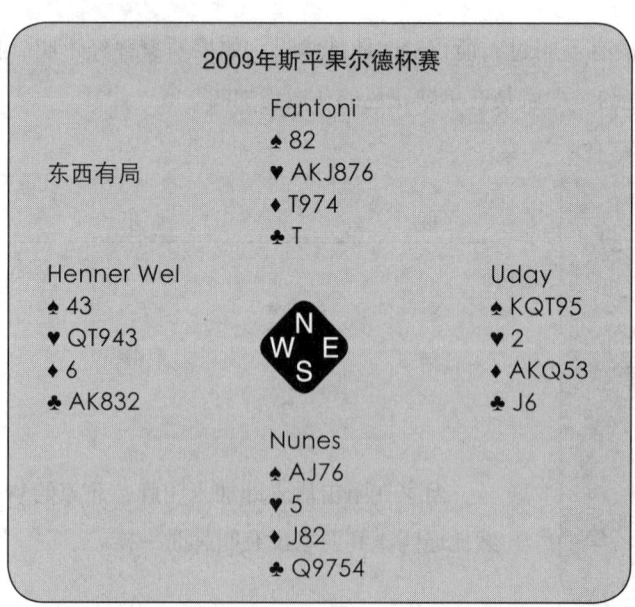

2009年斯平果尔德杯赛

东西有局

Fantoni
♠ 82
♥ AKJ876
♦ T974
♣ T

Henner Wel
♠ 43
♥ QT943
♦ 6
♣ AK832

Uday
♠ KQT95
♥ 2
♦ AKQ53
♣ J6

Nunes
♠ AJ76
♥ 5
♦ J82
♣ Q9754

西	北	东	南
			—
—	3♥	X	—
	—		

结果：北3♥加倍宕三。另一桌：东3♠做成。

北家6张套开叫3♥，虽然♥质量不错而且局况有利，却遭受500分和8IMP的损失。

对3♥/♠的应叫

没有不叫过的应叫人3♥-3♠自然逼叫；3♠-4♥/3NT想打；四阶低花总是扣叫。如果应叫人曾经不叫过，3♠自然不逼叫，3NT是有支持的鼓励牺牲，四阶新花（包括3♠-4♥）是指示首攻的加叫。加叫同伴花色总是根据当前局势制定的战略行为。如果开叫人的下家在3♥/♠后立即加入叫牌，无论他采取什么方式，上述叫品含义不变。

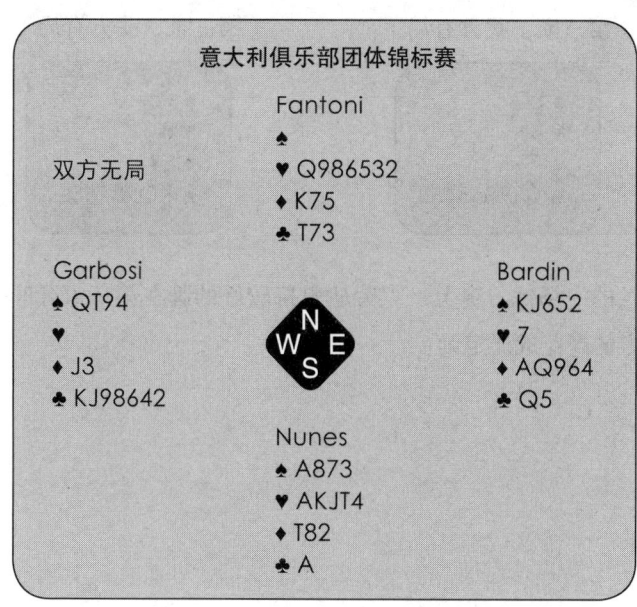

西	北	东	南
	3♥	3♠	4♥
4♠	—	—	5♥
5♠	—	—	6♥
—	—	X	—
—			

结果：北6♥加倍宕一。另一桌：南6♥加倍宕一。

东家在阻击叫后立即加入叫牌，南家的4♥和东家没有叫牌时含义一样，都是想打或加深阻击。克劳迪奥一直竞叫到满贯。

4♣/♦开叫

无论什么位置，开叫4♣/♦都是8张低花的自然阻击。以下两手牌都开叫4♣：

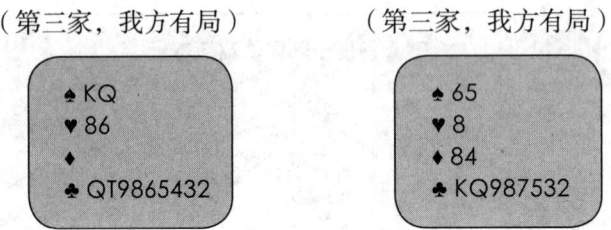

在荷兰的一场练习赛上，克劳迪奥持较好的牌在第三家开叫4♦，成功封杀了对方的高花成局定约：

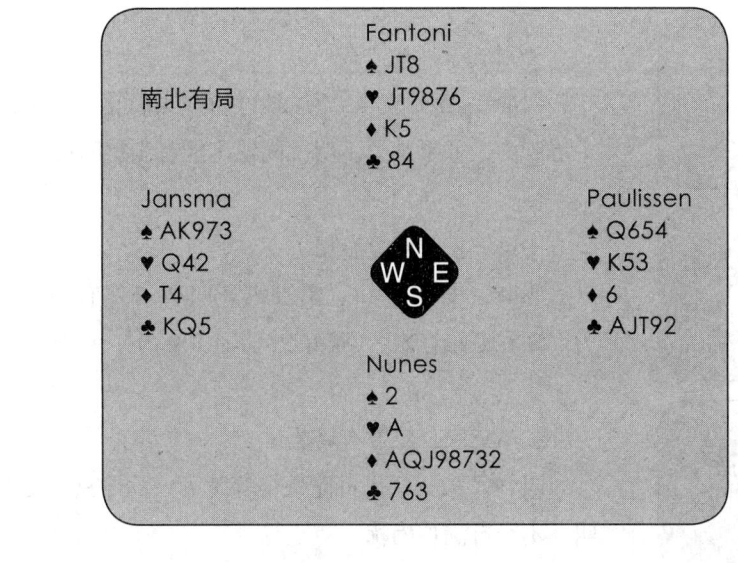

西	北	东	南
—	—	—	4♦
—	5♦	—	—
—			

结果：南5♦宕一。另一桌：北3♦做成。

克劳迪奥有很好的实力，但还是冒着丢局的危险阻击4♦。另一桌北开叫转移性阻击3♦，南家不叫。西家以为南家忘记了同伴叫品的含义，试图不叫获利。

4♥/♠开叫

第一、第二家开叫4♥/♠不是阻击而是想打，开叫人通常是中等实力（10-13大牌点）的7张套，或不足牌力的8张好套。第三、第四家开叫即使有中等实力，也不会有满贯，所以开叫4♥/♠可能想打，也可能是更少牌力的7张阻击。

♠ AKJT876
♥ 7
♦ 7
♣ QT52

（第二家，我方有局）

叫4♠。第一、第二家如果只有7张高花，一定是中等牌力。如果牌力不明，同伴可能有满贯困扰。

♠ 984
♥ AK98654
♦ 86
♣ 2

（第三家，对方有局）

叫4♥。如果第一、第二家开叫4♥必须有中等牌力。现在是第三家，7张好套可以叫4♥。

♠ Q9
♥ AKQT872
♦ J
♣ J52

（第三家，双方有局）

叫4♥。第三家也可能是中等牌力，同伴只需要不叫，不会有满贯困扰。

♠ 3
♥ KQJ86543
♦ 653
♣ 7

（第一家，对方有局）

叫4♥。8张好套接近中等牌力，可以在第一、第二家开叫四阶高花。

叫品结构表

表69　抢先花色开叫

3♣/♦（第一、第二家）		阻击
	3♥/♠	逼叫
	3NT	想打
3♣/♦（第三、第四家）		阻击或中性牌值
	3♥/♠	指示首攻的加叫
	3NT	鼓励牺牲
3♥/♠（第一、第二家）		阻击
	3♠	逼叫
	3NT	想打
	4♥（3♠后）	想打
	4♣/♦	有支持的扣叫
3♥/♠（第三、第四家）		阻击
	3♠	自然不逼叫
	3NT	鼓励牺牲
	4♣/♦/4♥	指示首攻的加叫
4♣/♦		阻击
	4♥/♠	想打
4♥/♠（第一、第二家）		中性牌值
4♥/♠（第三、第四家）		阻击或中性牌值
对抢先开叫的加叫		战略性

70. 设定将牌

我们只介绍一些原则和方法论，因为每个满贯叫牌逻辑不尽相同，不能一概而论。

在叫牌过程中某一方以特定的形式设定将牌，表示同伴间已经达成将牌的默契，然后开始一系列扣叫，在扣叫的过程中通过特博传达关键张信息，达成最终定约。设定将牌，扣叫和特博是满贯叫牌中的三种典型行为。

由于关键张包含将牌K，所以双方达到将牌的默契是满贯叫牌的前提。设定将牌是这种默契的标志，同时也是开始扣叫的标志。

设定将牌的简单情形

最简单的将牌设定是在逼局的局势下加叫高花到三阶，加叫低花到四阶。

西	东
	1♥
2♣	2♠
3♥	继续叫牌

1♥：14+点5+♥或11-13点5+♥4+♠。
2♣：多义，尚未逼局。
2♠：4+♦逼局。
3♥：设定♥。

70. 设定将牌

西	东
1♣	2♣
3♣	4♣
继续叫牌	

1♣：14+点非均型或15+点均型。
2♣：10+点，非均型5+♦逼局。
3♣：♣单套，0-2张♦。
4♣：设定♣。

如果高花在二阶能达成将牌共识，即使是逼局局势，三阶将牌以下的叫品仍是自然地交换信息，并未进入扣叫进程，所以二阶支持虽同意了将牌，但仍不能算是设定将牌：

Fantoni
♠ Q76
♥ 52
♦ KQJ42
♣ K92

Nunes
♠ K9843
♥ 8763
♦ A98
♣ A

西	北	东	南
			1♠
—	2♦	—	2♥
X	2♠	—	3♦
—	4♠	—	—
—			

北家二盖一逼局后在二阶支持同伴的高花。虽然将牌已经得到了默契，但南家的3♦不能理解设定♠的扣叫（更不表示♣没有控制），在低阶需要交换更多的信息：3♦应首先理解成支持同伴花色。

下面的进程也是在二阶达成高花将牌共识：

西	东
	1♦
2♥	2N
继续叫牌	

东家的2NT是人为叫品，表示3张♥，但并未设定♥。所以如果开叫人继续叫3♣/3♦，应首先理解为自然地交换信息。

同样的逻辑也适合在三阶支持低花，后续的新花首先应理解成试探3NT：

西	东
1♠	2♦
3♦	3♥
继续叫牌	

1♠：14+点5+♠，或11+点5+♣4+♥。

2♦：10+点5+♦非均型或5♦3♠32型，逼局。

3♦：5♠4♦。

3♥：试探3NT或提前扣叫。

上面进程中的3♥应首先理解成试探3NT，如果后续应叫人主动突破3NT，才能确定前期的3♥是提前扣叫，并且3♦已经设定将牌。

有时候为了寻找配合或进一步探明同伴信息，这种设定将牌的加叫是延迟的：

	西	北	东	南
	—	1♠	—	2♣
	—	2♦	—	2N
	—	3♥	—	3♠
	—	4♣	—	4♥
	—	4N	—	6♠
	—			

Fantoni
♠ AJT7542
♥ AQ65
♦ 7
♣ 2

Nunes
♠ KQ
♥ KT8
♦ 6543
♣ AQ94

北家显示了两门高花，南家通过DAG获悉同伴有6张♠后有空间在三阶设定♣。

通过推理设定将牌

以加叫的方式设定将牌相对简单，实际情况要复杂很多，需要通过推理找出隐藏的将牌配合。下面这一进程推理非常简单：

西	东
1♥	2♦
3♥	继续叫牌

在应叫人2♦逼局后，开叫人如果有6+♥，无论什么牌力都可以叫2♥（2♥还可能是其他含义），所以开叫人跳叫3♥是单方面设定♥的独立套（参见第42节）。

当两门花色可能成为将牌时，如果能更便宜地设定某一花色，那么其他叫品都是设定另一花色。

在2012年斯平果尔德杯赛上，克劳迪奥没有留意上述理念，随意的4♦错过了最佳6♣定约：

```
                        2012年斯平果尔德杯赛

                              Nunes
                              ♠ KQ2
            双方无局            ♥ AKT7
                              ♦ T3
                              ♣ Q976

      Martel                                          Zia
      ♠ T7                         N                  ♠ 986543
      ♥ QJ986                   W     E               ♥ 53
      ♦ KJ65                       S                  ♦ 42
      ♣ J3                                            ♣ T42

                              Fantoni
                              ♠ AJ
                              ♥ 42
                              ♦ AQ987
                              ♣ AK85
```

西	北	东	南
	1N	—	2♣
—	2♥	—	3♦
—	3N	—	4♣
—	4♦	—	4♠
—	5♣	—	6♦
—			

结果：南6♦宕一。另一桌：北6NT宕一。

南家斯台曼后叫3♦逼局，并在同伴3NT后叫4♣显示第二套。现在北家有机会叫4♦设定♦，所以他的其他叫品是设定♣的扣叫，4NT是自然叫。如果克劳迪奥果真叫出设定♣的4♥（不可能是5张♥想打4♥），将叫到机会很好的6♣定约。

从上面的牌例可以看出，你需要有足够的注意力来推理将牌的设定，

再看以下两个进程:

（一）		（二）	
西	东	西	东
1N	2♣	1N	2♣
2♠	3♣	2♥	3♣
3♠	4♣	3♥	4♣
继续叫牌		继续叫牌	

第一个进程的3♣是接力，当开叫人3♠回答5♠332型后，应叫人再叫4♣是设定♠的扣叫，因为叫牌过程只显示一门♠花色。

第二个进程的3♣是5+♣逼局，开叫人自然地显示5张♥，应叫人再叫4♣是设定♣为将牌，如果他想设定♥，必须叫4♦（最后一班车，不一定♦有控制）。

下面两个牌例诠释了上述理念：

西	北	东	南
1N	—	2♣	—
2♠	—	3♣	—
3♠	—	4♦	—
4♥	—	5♣	—
5♦	—	6♠	—
—			

因为3♣是接力，所以叫牌过程只显示了一门♠花色。福尔维奥的4♦应该理解成设定♠的扣叫，并且♣没有控制（叫4♣也是设定♠，同时扣叫♣）。

西	北	东	南
			1N
—	2♣	—	2♥
—	3♣	—	3♥
—	4♣	—	4♦
—	4♥	—	4♠
—	4N	—	5♣
—	6♣	—	7♣
X	—	—	—

Fantoni
♠ KQ832
♥
♦ AQ
♣ KQJT65

Nunes
♠ A7
♥ KQJT3
♦ K5
♣ 9874

因为北家的3♣是自然的，所以下次再叫4♣是设定♣，不是设定♥。我们不知道克劳迪奥是否已经看到这一点，因为实战中叫到缺少将牌A的大满贯。

有时候，叫牌前期有机会设定一门花色却没这么做，那么后期的扣叫是设定另一门花色：

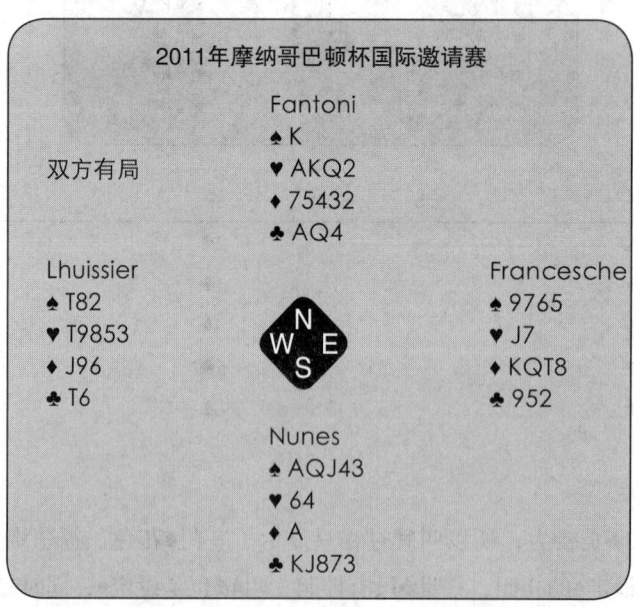

2011年摩纳哥巴顿杯国际邀请赛

双方有局

Fantoni
♠ K
♥ AKQ2
♦ 75432
♣ AQ4

Lhuissier
♠ T82
♥ T9853
♦ J96
♣ T6

Francesche
♠ 9765
♥ J7
♦ KQT8
♣ 952

Nunes
♠ AQJ43
♥ 64
♦ A
♣ KJ873

西	北	东	南
			1♠
—	2♦	—	3♣
—	3♥	—	4♣
—	4♥	—	4♠
—	4N	—	5♦
—	7♣	—	—

结果：两桌南家都打成7♣定约。

1♠：14+点5+♠或11+点5+♠4+♥。

2♦：5+♦逼局。

3♣：自然。

3♥：第四花色等待。

4♣：5+♣。

4♥：前期有机会叫3♠却没这么做，所以4♥是设定♣的扣叫。

4♠：扣叫。

4N：特博，偶数关键张。

5♦：暗示关键张到齐的大满贯试探。

7♣：全手都是关键牌张，直达目标。

下面的例子和上例有异曲同工之处，应叫人有机会用其他方式在前期显示配合，他没有这么做，那么后期的扣叫是设定另一门花色：

Fantoni
♠ A6
♥ AQ9632
♦ KQJ5
♣ J

Nunes
♠ KQ42
♥ T5
♦ A973
♣ KQT

西	北	东	南
			1N
–	2♣	–	2♠
–	3♥	–	3N
–	4♣	–	4♦
–	4♥	–	4♠
–	4N	–	5♣
–	6♥	–	–
–			

如果北家配合♠，他一定不会叫3♥，而是在2♠后用3♣接力，再伺机设定。所以福尔维奥的4♣是设定♥的扣叫。

下面的牌例中推理更加讲究：东家在四阶加叫♣并没有设定♣，西家4♦才真正地设定♣：

意大利俱乐部团体锦标赛

双方有局

Bocchi
♠ 87
♥ AT964
♦ 832
♣ 972

Nunes
♠ 5
♥ K5
♦ AK974
♣ AT865

Fantonic
♠ AKQT943
♥ 7
♦ QT
♣ KJ3

Madala
♠ J62
♥ QJ832
♦ J65
♣ Q4

西	北	东	南
			—
1♦	—	2♠	—
3♣	—	3♠	—
3N	—	4♣	—
4♦	—	4♥	—
4♠	—	4N	—
6♣	—	—	—

结果：西6♣做成。另一桌：东4♠超二。

1♦：14+点5+♦非均型。

2♠：5+♠逼局。

3♣：5♦4+♣。

3♠：6+♠好套，否认4张♣支持。双方显示了三门花色后如有配合会立即显示。

3N：想打。

4♣：3张好♣支持与额外牌力，并未设定♣。

4♦：设定♣的扣叫。

4♥：扣叫。

4♠：扣叫。

4N：特博，偶数关键张。

6♣：止叫。

即使是世界级大师，在设定将牌的过程中有时候也会被假象迷惑：

Fantoni
♠ QJ742
♥ K5
♦ KQJT
♣ K3

Nunes
♠ T
♥ AQT642
♦ A9852
♣ 6

西	北	东	南
—	1♠	—	2♥
—	2♠	—	3♦
—	3♥	—	4♣
—	4♦	—	4♥
—	5♣	—	5♦
—	6♦	—	6♥
—	—		

如果北家有3张以上♥，他不会叫2♠，而是叫2NT（3张♥）或3♥（4张♥），所以实战中北家的3♥不是设定♥，而是描述两张带大牌的支持。在这种逻辑下，克劳迪奥的4♣反而是设定♥的扣叫。福尔维奥忽略了这一逻辑，导致叫牌失误。

无将定约中设定将牌

如果没有配合，最终的满贯定约可能是无将。你可以暂时设定某门花色（通常你希望探查这门花色的K）为将牌并控制叫牌进程，因为最后总是可以停在无将满贯。

Nunes
♠ 952
♥ A982
♦ AK
♣ K752

Fantonic
♠ AKQT
♥ KQ6
♦ QJ4
♣ AQ4

西	北	东	南
1N	—	2♣	—
2♥	—	2♠	—
3♣	—	4♣	—
4♥	—	4♠	—
4N	—	5♥	—
6♦	—	7N	—
—			

2♠：接力。

3♣：高限，4-5张♣，否认5张♥。

4♣：暂时设定♣，可以探查♣K。如果想探查♥K，可以叫3♦/♥设定♥。

4♥：特博，奇数关键张（♣为将牌时4♦是特博，见72节）。

4♠：显示关键张后继续扣叫试探大满贯（同伴高限牌不可能只有1个关键张）。

4N：♦有控制。

5♥：扣叫。

6♦：越过5NT显示关键K。

7N：就等♦K叫大满贯了。

DAG局势下的将牌设定

如果有一方在2NT以下显示了两门花色，逼局时就形成DAG局势，另一方可以叫2NT启动DAG，探明同伴的信息。DAG局势下的满贯叫牌经常发生，是否启动DAG关系到将牌设定问题，个中颇有玄机。

如果两门低花都可能成为将牌，很容易在四阶设定低花。如果有一门高花和一门低花可能成为将牌，由于可以在四阶设定低花，所以其他叫品是设定高花的扣叫。

西	东
	1♦
2♣	2♠
2N	3♦
3♥	3♠
4♣	继续叫牌

1♦：14+点，4+♦非均型。

2♣：多义，10+点逼局。

2♠：5+♦4♣。

2N：DAG。

3♦：低限（14–17点）5431型。

3♥：接力问单缺。

3♠：♣单缺。

4♣：因为可以叫4♦设定♦，所以4♣是设定♠的扣叫。

DAG的一个通用法则是双色套的同伴如果持另一门未明确显示过的单套，并且同伴花色没有配合，是不允许启动DAG的。所以上面的进程中应叫人6+♣（未明确显示过♣）且同伴花色没有配合时必须在2♠后叫3♣，否则后期无法设定♣。

如果两门高花都可能成为将牌，可能出现无法通过逻辑来设定将牌。当出现这种情况时，规定人为叫品4♣设定♥，4♦设定♠。

西	北	东	南
	1♠	—	2♣
—	2♦	—	2N
—	3♦	—	3♥
—	3♠	—	4♦
X	XX	—	4♥
—	5♦	—	6♣
—	6♠	—	—

北家显示了两门高花，在DAG后南家无法用逻辑设定将牌，所以南家的4♦是人为叫品设定♠（4♣是人为叫品设定♥）。

西	北	东	南
		—	1♠
—	2♣	—	2♦
—	2♠	—	3♥
—	4♣	—	4♦
—	4♥	—	6♥
—	—		

北家前期的2♠可能只有2张支持，所以两门高花均可能是将牌。但北家可以叫3♠设定♠，所以4♣不是人为叫品，而是在设定♥的同时显示♣控制（北家叫4♦也是设定♥的扣叫，但是♣无控制）。

如果叫牌显示三门花色都可能成为将牌，并且有条件启动DAG，情况看似复杂，处理却相对简单：高花配合时不启动DAG，而是立即在三阶设定高花。

```
Nunes              Fantonic
♠ K                ♠ Q732
♥ Q65              ♥ AKT98
♦ AT753            ♦ J2
♣ KQJ6             ♣ A3
```

西	北	东	南
–	–	1♥	–
2♦	–	2♠	–
3♥	–	3N	–
4♣	–	4♠	–
5♦	–	6♥	–
–	–		

前三个叫品显示了三门花色，西家有配合不能启动DAG，必须立即叫3♥设定将牌。

西	北	东	南
1♥	—	2♦	—
2♠	—	3♠	—
3N	—	4♣	—
4♦	—	4♥	—
4N	—	5♣	—
5♦	—	5♥	—
6♠	—	—	—

西家叫2♠时双方已经显示了三门花色，东家♠配合应尽快设定。如果东家启动DAG，后续可能无法设定♠。

如果三门花色都可能成为将牌，启动DAG承诺高花没有"立即"配合。你启动DAG后如果同伴没有叫3♥/♠显示高花额外长度，高花已经不存在配合，你的未成局花色都是设定低花；同伴显示高花额外长度时，3♠和未叫花色（不能叫3♠设定♥时未叫花色是人为叫品）是设定额外长度的高花。

下面的牌例在第42节引用过。南家启动DAG为了寻找♦的支持，但局势没有想象的那么简单：

西	北	东	南
			—
1♥	—	2♦	—
2♠	—	2N	—
3♣	—	3♦	—
3N	—	4♣	X
—	—	XX	—
4♠	—	4N	—
6♥	—	6N	—
—			

前面三个叫品双方显示了三门花色。东家启动DAG承诺同伴5♥4♠型时高花没有配合，如果西家显示64型，那么：

1♥-2♦-2♠-2NT-3♥（低限64型）-?

3♠ 　　设定♥的扣叫

4♣ 　　设定♥的扣叫，♠没有控制

4♦ 　　设定♦

1♥-2♦-2♠-2NT-3♠（高限64型）-?

4♣ 　　人为叫品设定♥

4♦ 　　设定♦

实战中西家没有显示第6张♥，高花配合被排除。所以福尔维奥的4♣应理解成设定♦的扣叫。然而从叫牌过程看出，双方未就此类进程的细节达成默契。

雁过留声

下面的牌例来自福尔维奥•范托尼的官网：

70. 设定将牌

```
        ♠ QJ9              ♠ A
        ♥ AK432            ♥ QJ98
        ♦ 732              ♦ Q5
        ♣ 75               ♣ AKQT64
```

西	北	东	南
—	—	—	—
—	—	1♣	—
1♦	—	1♥	—
2♣	—	2♦	—
2♥	—	2♠	—
2N	—	?	

1♣：14+点5+♣，或15+点均型。

1♦：4+♥（西家没有"规范地应叫2NT"）。

1♥：4张♥支持，或23+点均型。

2♣：短门试探，4–5张♥。

2♦：接力，逼局。

2♥：5张♥。

2♠：最后的接力，后续无接力。

2N：5332型。

现在东家需要设定将牌（可能有满贯）。

叫牌进程显示只有♥和♦（开叫人持23+点5♦332型时）可能成为将牌。因为用3♦设定♦更便宜，所以其他叫品均为设定♥。

在西家叫2NT后，东家不同叫品的含义如下：

3♣：扣叫♣，同时设定♥。

3♦：设定♦（开叫人持23+点5♦332型）。

3♥：设定♥。因为3♣也能设定♥，所以越过表示♣没有控制。

3♠：设定♥。越过3♣表示♣没有控制，越过3♥表示♠有第一轮控制。

3N：想打。

所以东家接下来的叫品应该是3♣，后续发展如下：

西	北	东	南
			—
—	—	1♣	—
1♦	—	1♥	—
2♣	—	2♦	—
2♥	—	2♠	—
2N	—	3♣	—
3♥	—	4♥	—
—			

3♣：扣叫♣，同时设定♥。

3♥：越过3♦表示♦没有控制。

4♥：知道守不住♦，满足于成局定约。

我们看到，如果多个叫品都可以设定同一门花色，那么越过的花色表示没有控制；越过将牌花色设定将牌表示所叫花色有第一轮控制。

71. 扣叫

设定将牌后，继续叫牌已经达到成局水平。这时叫新花通常是扣叫，显示第二轮以上的控制，并开始试探满贯的可能性。

西	北	东	南
		1♥	—
3♣	—	3♠	—
4♣	—	4♦	—
4♥	—	4♠	—
4N	—	5♠	—
—			

1♥：14+点5+♥，或11+点5+♥4+♠。

3♣：10–14点♣♣55型。

3♠：设定♠。

4♣：扣叫，鼓励（没叫低限3NT）。

4♦：扣叫。

4♥：扣叫。

4♠：示弱。

4N：特博，偶数关键张（0，2，4个）。

5♠：预防同伴2个关键张，同伴4个关键张会再叫牌。

如果二阶显示高花配合，不逼局时再叫新花不是扣叫，而是成局邀请。如果已经逼局，三阶将牌之下再叫新花可能是提前扣叫，但还是应该首先理解成自然叫。二阶或三阶显示低花配合后叫新花也可能是提前扣叫，但也应该首先理解成无将试探。

扣叫中显示牌力

在扣叫过程中适时显示牌力是意大利牌手的基本素养。除了高花配合可以使用低限3NT控制牌力外，区分并合理利用响应性和鼓励性扣叫更为重要。

如果同伴扣叫并且牌力无上限，你被强制在成局水平以下扣叫，这种扣叫是响应性的。同伴的牌力一旦被限制，你的扣叫通常表示鼓励。

西	北	东	南
	1♠	—	2♦
—	2♥	—	3♥
—	3♠	—	3N
—	4♣	—	4♥
—			

南家叫3♥设定将牌时，双方牌力均无上限。北家有义务响应性扣叫3♠。现在南家叫低限3NT示弱，北家在同伴限制牌力后继续扣叫表示鼓励，南家叫4♥再度示弱并同时暗示♦没有第二轮以上的控制。如果南家♦有控制，应该在4♣之后响应性扣叫4♦。

Nunes
♠ JT92
♥ KJ6
♦ —
♣ AQJ862

Fantoni
♠ AK
♥ 73
♦ AKQJ53
♣ 954

西	北	东	南
—	2♣	—	2♦
—	2♠	—	2N
—	3♣	—	4♣
—	4♦	—	4♠
—	6♣	—	—
—			

2♣：10-13点5+♣非均型，非5422型。

2♦：接力。

2♠：3-4张♠，♠比♥长。

2N：接力，逼局。

3♣：6+♣。

4♣：设定♣。

4♦：同伴无上限，所以是响应性扣叫。

4♠：同伴限制性牌力，所以扣叫是鼓励性的。

6♣：受到鼓励做出的选择。

越过某门花色

越过某一门花色暗示没有第二轮以上的控制，这时，同伴如果没有及时停在成局将牌而继续扣叫，暗示被你越过的花色有控制。扣叫自己先前越过的花色表示有Q或双张，并且没有其他额外实力。

```
Nunes                    Fantoni
♠ AJ763                  ♠ Q85
♥ T                      ♥ AK742
♦ KQJ6                   ♦ 2
♣ Q75                    ♣ AK98
```

西	北	东	南
–	–	1♥	–
2♠	–	3♠	–
4♦	–	4♥	–
4♠	–	4N	–
5♠	–	–	–

东家3♠设定将牌。西家越过♣扣叫4♦，表示♣没有第二轮以上的控制，东家没有马上叫4♠，而是继续扣叫4♥，暗示♣有控制。

不要扣叫同伴长套的单缺

```
Fantoni
♠ AJ87
♥ 4
♦ AQ54
♣ AKQJ

Nunes
♠ QT9
♥ QJ32
♦ KT762
♣ 8
```

西	北	东	南
–	1♣	–	1♦
–	1♠	–	2N
–	3♦	–	4♦
–	4♠	–	5♣
–	6♦	–	–

南家4♦设定将牌后，北家不能扣叫4♥显示控制，因为那是同伴长套的单张。

对方指示加倍

在设定将牌或扣叫时如果遭遇对方指示加倍，任何一方的再加倍表示被加倍的花色有第一轮控制：

Fantoni
♠ AQJ9
♥ 53
♦ J64
♣ A753

Nunes
♠ KT76
♥ AK8
♦ AQ987
♣ J

西	北	东	南
		–	1♦
–	2♣	–	2♠
–	2N	–	3♦
–	3♥	–	3♠
–	4♣	X	–
–	XX	–	4♦
–	4♠	–	5♥
–	5♠	–	6♦
–	6♠	–	–
–			

南家显示双色套，北家完成DAG接力后叫4♣设定高花（因为可以叫4♦设定♦），东家指示加倍。虽然北家的4♣不是扣叫，但再加倍也和对方对扣叫加倍的处理方式一样，表示♣有第一轮控制。

最后一班车

如果成局以下只有一个叫品，同时有被越过的花色，那么叫这一叫品是最后一班车，仅仅表示先前被同伴越过的花色有控制，与叫品本身代表的花色无关。

```
            41届世界桥牌团体锦标赛
                    Fantoni
                    ♠ AK
      双方无局        ♥ J
                    ♦ J2
                    ♣ KJT97642

   Versace                        Lauria
   ♠ 753                          ♠ QT8642
   ♥ KQ97          N              ♥ 842
   ♦ Q863        W   E            ♦ 974
   ♣ 83            S              ♣ Q

                    Nunes
                    ♠ J9
                    ♥ AT653
                    ♦ AKT5
                    ♣ A5
```

西	北	东	南
	1♣	—	2♦
—	3♣	—	4♣
—	4♥	—	4♠
—	4N	—	5♦
—	7♣	—	—

结果：两桌北家均做成7♣。

1♣：14+点5+♣或15+点均型。

2♦：5+♥逼局。

3♣：6+♣。

4♣：设定♣。

4♥：越过♦的扣叫。

4♠：最后一班车，只表示越过花色♦的控制，和♠无关。

4N：特博，偶数关键张。

5♦：继续扣叫显示大满贯兴趣。

7♣：一蹴而就。

我们看到，体系的最后一班车扣叫（LTTC）较为简单，也没有必要使用类似Lackwood的约定叫。

第四花色

如果叫牌显示三门花色，在四阶叫第四花色不是扣叫，而是设定同伴的高花，与所叫花色无关：

Fantoni
♠ Q8
♥ AQ987
♦ AKJ9
♣ T9

Nunes
♠ AKJ732
♥ K
♦ T764
♣ 76

西	北	东	南
—	1♥	—	2♠
—	3♦	—	3♠
—	4♣	—	4♥
—	4♠	—	—
—			

前三个叫品显示了三门花色，北家扣叫第四花色4♣是设定♠，与♣控制无关。

72. 特博

特博（Turbo）由问关键张转变为报关键张。设定将牌后在扣叫过程中非跳叫的4NT表示有偶数（0，2或4）关键张，越过4NT继续扣叫表示有奇数（1，3或5）关键张。

Fantoni
♠ K983
♥ 3
♦ 73
♣ K98543

Nunes
♠ AT42
♥ AKT2
♦ AJ
♣ AJT

西	北	东	南
			2N
–	3♣	–	3♦
–	3♥	–	3♠
–	4♣	–	4♦
–	4♥	–	4N
–	6♠	–	–
–			

在傀儡斯台曼后南家3♠设定将牌。在扣叫的过程中南家叫4NT显示偶数关键张。北家知道同伴不可能是0或2个，直接叫到小满贯。

预防关键张个数不足

特博显示的关键张个数是模糊的，所以关键张可能不足时不要超过五阶将牌：

Fantoni
♠ KQ873
♥ A2
♦ Q7
♣ KQ96

Nunes
♠ 4
♥ K4
♦ AKJ642
♣ JT54

西	北	东	南
	1♠	—	2♦
—	2♠	—	3♣
—	3♥	—	3N
—	4♣	—	4♦
—	4♥	—	4♠
—	4N	—	5♣
—	—	—	

1♠：14+点5+1♠或11+点5+1♠4+♥。

2♦：10+点5+♦非均型或5♦3♠32型，逼局。

2♠：低限或不限牌力的单套。

3♣：5♦4♣。

3♥：第四花色试探3NT或提前扣叫。

3N：同伴3♥首先理解成试探3NT。

4♣：突破3NT设定将牌，澄清前期的3♥是提前扣叫。

4♦：扣叫。

4♥：扣叫。

4♠：特博前的最后一班车，逼迫同伴显示关键张。

4N：偶数关键张。

5♣：关键张可能不够，不能超过5♣，同伴4个关键张会继续叫牌。

一个通用的原则是主动越过成局定约持有的关键张个数不能是0或1个。

```
Nunes              Fantoni
♠ AKQ632          ♠ T74
♥ J864            ♥ 9
♦ A               ♦ QJ87
♣ 53              ♣ AK742
```

西	北	东	南
		2♣	—
2♦	—	2♠	—
3♠	—	3N	—
4♦	—	4♥	—
5♦	—	6♠	—
—			

东家扣叫4♥显示控制，同时表示同伴越过的♣也有控制。西家主动越过成局定约的特博不可能只有一个关键张，所以东家直接叫6♠。

即使根据上述原则或其他叫牌进程推理出同伴持有高限个数的关键张，你在五阶将牌以下的叫品仍然应该首先理解成预防关键张个数不足，这是条件允许时的容错机制。

```
Fantoni
♠ AJ
♥ KJ986
♦ T32
♣ AQ8

Nunes
♠ K652
♥ A72
♦ AQJ86
♣ 5
```

西	北	东	南
		—	1♦
—	2♥	—	2N
—	3♣	—	3♠
—	4♣	X	4♦
—	4♥	—	4♠
—	5♣	—	5♥
—	6♣	—	—

南家主动越过4♥叫4♠逼迫同伴显示关键张，自身至少持有两个。北家5♣是显示奇数关键张的扣叫。由于北家曾经越过低限3NT扣叫4♣，所以南家可以推理出北家一定是三个关键张。但南家的5♥仍然应该理解成预防关键张不足，北家三个关键张加叫到小满贯。

4♠逼迫特博

在上一个牌例中，南家的4♠不是扣叫，是逼迫同伴显示关键张。事实上，如果♠不是将牌，而且在前期某一方扣叫过♠，那么4♠是逼迫同伴显示关键张，和♠上的实力无关。如果前期没有扣叫过♠，4♠则是正常的扣叫。

Fantoni
♠ A8
♥ AKQ8643
♦ AK8
♣ 7

Nunes
♠ 6
♥ J97
♦ QJ96
♣ KT986

西	北	东	南
			–
–	1♥	–	2N
–	3♣	–	3♦
–	3♠	–	4♣
–	4♦	–	4♥
–	4♠	–	4N
–	6♥	–	–

北家前期扣叫过♠，所以4♠是逼迫同伴显示关键张，与♠上的实力无关。

Fantoni
♠ QJ6
♥ A742
♦ T952
♣ 62

Nunes
♠ AK
♥ KQT85
♦ 8
♣ AK974

西	北	东	南
—	—	1♥	—
2N	—	3♣	—
3♠	—	4♣	—
4♥	—	4♠	—
5♥	—	6♥	—

东家4♠是正常的扣叫，因为前期没有人扣叫过♠（3♣是回答接力：7-9点4+♥）。

非寻常跳叫和排除特博

范托内斯体系没有斯普林特（Splinter）约定叫，非寻常跳叫通常表示缺门。如果显示了缺门，无论哪一方特博显示的关键张个数都不包括缺门花色。

```
Nunes                    Fantoni
♠ AKQT7                  ♠ J8643
♥ AKT92        N         ♥ —
♦ K7         W   E       ♦ 542
♣ Q            S         ♣ AJ532
```

西	北	东	南
1♠	—	4♦	—
4N	—	5♣	—
5♦	—	5♥	—
6♠	—	—	—

1♠：14+点5+♠，或11+点5+♠4+♥。

4♦：4+♠，♥缺门，2-3个控制。

4N：排除特博，不包括♥的偶数关键张。

5♣：五阶将牌下继续扣叫首先理解成担心关键张个数。

5♦：继续扣叫表示不是零个关键张，这时直接叫6♠更加简单明了。

5♥：无用的等待叫。

6♠：还是叫6♠。

显示关键张后继续扣叫

显示关键张后在五阶将牌以下继续扣叫有两种含义：一是预防关键张不足，二是关键张到齐的大满贯邀请，但应首先理解为前者。如果你持有低限个数的关键张，应该叫五阶将牌警示，继续扣叫表示持有高限个数的关键张。任何一方超过在五阶将牌继续扣叫总是大满贯邀请。

Fantoni
♠ J95
♥ AKQJT8
♦ AKJ
♣ A

Nunes
♠ AKQ4
♥ 32
♦ 8542
♣ K43

西	北	东	南
–	1♥	–	2♣
–	3♥	–	3♠
–	4♣	–	4♥
–	4N	–	5♣
–	5♦	–	5♠
–	6♣	–	7♥
–	–		

1♥：14+点5+♥或11+点5+♥4+♠。

2♣：10+点多义，未逼局。

3♥：单方面设定♥。

3♠：响应性扣叫。

4♣：扣叫，鼓励。

4♥：♦没有控制，示弱。

4N：特博，偶数关键张，♦有控制。

5♣：继续扣叫。同伴虽然积极试探满贯，但仍应理解成担心关键张不足。

5♦：扣叫，显示4个关键张。

5♠：扣叫，确认进入大满贯叫牌。

6♣：单方面设定将牌通常有将牌Q，越过5NT扣叫更加确认这一点。

7♥：凭借♠的额外牌力叫大满贯绰绰有余。

西	北	东	南
1♥	—	2♦	—
2♠	—	3♠	—
3N	—	4♣	—
4♦	—	4♠	—
4N	—	5♣	—
5♦	—	5♥	—
6♠	—	—	—

东西两家都曾示弱过。西家4NT后东家知道联手只有三个关键张，但有缺门仍不甘心而继续扣叫5♣，西家同样的思维扣叫5♦，现在东家叫五阶将牌能确认关键张不足。西家知道同伴在关键张不足的情况下连续扣叫的♣是缺门，叫到并打成6♠。

多义5NT

如果没有确认过关键张到齐，任何一方叫5NT都表示关键张到齐的大满贯邀请。如果已经确认过关键张到齐，5NT涉及将牌Q：触碰5NT在大多数局势下暗示没有将牌Q，但越过5NT继续扣叫不一定表示有将牌Q，可能有更值得显示的特征。

Fantoni
♠ K64
♥ AK
♦ T854
♣ AT94

Nunes
♠ AQ953
♥
♦ AKQ32
♣ J52

西	北	东	南
			1♠
–	2♣	2♥	3♦
–	3♥		4♣
–	4♦		4♥
–	4♠		5♥
–	5N		7♦
–	–		

北家4♦设定将牌后双方开始扣叫，南家5♥是显示第一轮控制的特博，从叫牌进程看显然是三个关键张，北家的5NT表示关键张到齐的大满贯邀请，与将牌Q无关。南家直接叫大满贯。

Fantoni
♠ AK53
♥ 43
♦ AQJT8
♣ J8

Nunes
♠ 4
♥ AJ7
♦ K9765
♣ AK76

西	北	东	南
–	1♦	–	2♣
–	2♠	–	2N
–	3N	–	4♦
–	4♠	–	5♣
–	5♠	–	5N
–	7♦	–	–
–			

南家4♦设定将牌后开始满贯叫牌。由于北家达到小满贯阶次的5♠是关键张到齐的大满贯邀请，所以南家的5NT是涉及将牌Q的大满贯邀请，北家强大的将牌当然接受邀请。

Fantoni
♠ KQJ2
♥ AJ
♦ KJ9642
♣ A

Nunes
♠ AT74
♥ T5
♦ AQT
♣ 9872

西	北	东	南
—	1♦	—	2♣
—	2♠	—	2N
—	3♠	—	4♣
—	5♣	—	5♦
—	5♥	—	6♦
—	7♠	—	—

南家在同伴的6张套中有很强的实力，所以在北家5♥后没有叫5NT，而是忽略将牌Q用6♦做大满贯邀请，北家得以凭借强大的将牌叫出大满贯。

Fantoni
♠ KT8
♥ K53
♦ K9
♣ K7632

Nunes
♠ AJ6
♥ AJ9642
♦ AQT6
♣

西	北	东	南
			1♥
—	2♣	—	2♠
—	3♥	—	3♠
—	3N	—	4♣
—	4♦	—	4♠
—	5♣	—	5♦
—	5♠	—	6♥
—	—	—	

南家在北家3NT示弱后依然试探满贯意味着不错的实力，从北家的角度，同伴的5♦不可能只有两个关键张，一定是大满贯邀请。北家突破五阶将牌显示♠K，南家可以叫5NT告诉同伴有将牌Q就上大满贯，但考虑同伴的关键张可能是♣A和整体实力，及时停叫。

72. 特博

在将牌Q已经明确的情况下，如果已经明确过关键张到齐，5NT表示扣无可扣或不愿意超过6阶将牌的鼓励，具体是哪种含义需要通过推理确定：

Fantoni
♠ AJT532
♥ AQ42
♦ 7
♣ K6

Nunes
♠ K86
♥ 9
♦ AKQ9832
♣ AJ

西	北	东	南
–	1♠	–	2♦
–	2♥	–	3♦
–	3N	–	4♦
–	4♥	–	4♠
–	4N	–	5♣
–	6♣	–	7♦

南家4♦单方面设定将牌通常有将牌Q，在这种局势下5♣显然是大满贯试探。北家显示关键的♣K。如果北家的额外实力不是♣K，可以叫5NT表示有高花K却不愿意超过6♦。

Fantoni
♠ 85
♥ A53
♦ KJ932
♣ 532

Nunes
♠ AKQJT963
♥
♦ A4
♣ AQJ

西	北	东	南
–	–	–	1♠
2♥	X	–	3♠
–	4♠	–	4N
–	5♦	–	5♥
–	5N	–	6♣
–	6♠	–	–

和上一个牌例类似，南家单方面设定♠，这意味着以后的叫牌没有必要关心将牌Q。北家在同伴显示关键张后继续扣叫5♦首先理解为担心关键张不足，南家的5♥确认三个关键张。北家用5NT邀请大满贯暗示扣无可扣，因为如果他还有♥K，完全可以用6♥邀请。

低花将牌Q

如果低花将牌有条件在四阶将牌之前被设定（这种情况并不多见），那么四阶将牌花色涉及将牌Q，越过的扣叫表示持有将牌Q，触及四阶将牌表示没有将牌Q。

Fantoni
♠ QJ
♥ Q8432
♦ A8763
♣ Q

Nunes
♠ T52
♥ AK
♦ KJ94
♣ AKJ9

西	北	东	南
—	2♥	—	2♠
—	3♥	—	4♣
—	4♦	—	4♥
—	5♣	—	5♦
—	—	—	

3♥：5+♥5+♦。

4♣：设定♦（3♠是人为叫品设定♥）。

4♦：没有将牌Q。

4♥：扣叫。

5♣：越过♠的特博，奇数关键张，♠没有控制。

5♦：止叫。

♣是将牌时4♦为特博

如果♣是将牌，4♦是特博，而不是4NT。作为替代，4NT表示扣叫♦。这种方式好处是♣为将牌时需要在更低的阶次显示关键张，但有时候会妨碍显示♦控制。福尔维奥和克劳迪奥后期才开始使用这种方式，你是否使用需要和同伴共同商定。

西	北	东	南
			1♣
—	2♣	—	3♣
—	4♣	—	4♥
—	4♠	—	6♣
—			

北家用4♣设定将牌时双方都没有显示过牌力的上限，南家扣叫4♥是特博，表示奇数关键张。北家继续扣叫4♠等待，如果南家只有1个关键张，他应该叫5♣，现在南家持3个关键张的好牌，自然直接叫小满贯。如果不使用4♦特博的方式，南家就必须在4♠后有勇气叫已经达到满贯阶次的5♠显示3个关键张和不错的牌。

5NT排除特博

如果显示缺门的非寻常跳叫到达5阶，那么5NT是排除特博。叫5NT表示偶数关键张，越过5NT的扣叫表示奇数关键张。

```
Nunes              Fantoni
♠ 7                ♠ AK52
♥ AQJT86           ♥ K2
♦ A98532           ♦ QJT
♣                  ♣ 7652
```

西	北	东	南
			—
1♥	—	2♣	—
2♠	—	2N	—
3♥	—	3♠	—
5♣	—	5♠	—
5N	—	6♦	—
7♥			

2♠：14+点5+♥4+♦。

2N：DAG。

3♥：64型，牌力不限。

3♠：设定♥的扣叫（叫4♦设定♦）。

5♣：♣缺门。

5♠：越过♦二次扣叫♣。

5N：排除♣偶数关键张。

6♦：关键张到齐，再叫曾经越过的花色表示有Q。

7♥：搏杀大满贯（失败）。

速达原则

传统的速达原则指如果较低阶数的同一花色叫品已经是逼叫，那么跳叫进局则为弱牌，即使同伴的牌力没有上限。

上述原则并不完全适合本体系。如果是高花定约，可以使用更高效的低限3NT，有些进程还可以用DAG控制牌力，所以很少使用传统意义的速达。以下的牌例来自2012年范特比尔德杯赛，东西方的满贯呼之欲出：

```
         Nunes                  Fantoni
         ♠ QT5                  ♠ AKJ862
         ♥ K7                   ♥ A6
         ♦ 93                   ♦ AT42
         ♣ AJ9863               ♣ T
```

西	北	东	南
	—	1♠	—
2♣	—	2♥	—
2♠	—	3♠	—
4♠	—	—	—

1♠：14+点5+♠或11-13点5+♠4+♥。

2♣：多义，尚未逼局。

2♥：5+♠4+♦，牌力不明。

2♠：西家低限，没有跳叫4♠，因为他知道后期"低限3NT"可以控制牌力，在同伴牌力无上限时速达浪费了巨大空间。

3♠：东家的整体牌力应看成高限，但即使他是低限，也不会跳叫4♠，因为同伴牌力不明。

4♠：现在西家可以叫低限3NT或更弱的4♠。克劳迪奥选择最弱的叫品。

体系在同伴牌力没有限制时跳叫成局除了显示传统意义的低限外，还暗示没有其他可描述的特征。有些专家把传递特定信息的跳叫称为"图像式叫牌（Picture Bid）"，体系的跳叫成局通常展示一幅点值分散、牌型平均的画像（并不表示未叫花色无控制）。

Fantoni
♠ Q
♥ KT96
♦ A854
♣ QJ93

Nunes
♠ AKJ64
♥ Q3
♦ KQJ7
♣ K8

西	北	东	南
			1♠
	2♣		2♥
	3N		4N
	6♦		—

在第15届NEC杯上，福尔维奥跳叫3NT表示非常适合打无将的低限（10-12点）牌，在同伴用4NT示量后直奔目标。

Fantoni
♠ K965
♥ AKJ542
♦ 3
♣ 64

Nunes
♠ J3
♥ Q76
♦ KT762
♣ AQT

西	北	东	南
	1♥	—	2♦
—	2♠		4♥
—			

南家跳叫4♥显示没有其他可描述特征的低限（10-12点）牌，通常点力分散，牌型平均。

罗马关键张问叫

体系在使用特博发现关键张的同时，并没有完全摒弃罗马关键张问叫。在特定的持牌和局势下，可以跳叫4NT表示罗马关键张问叫，但这种情况非常少见，一年仅用到一两次。

```
                Fantoni
                ♠ 9
                ♥ AT64
                ♦ K63
                ♣ AKQJ8

                Nunes
                ♠ Q52
                ♥ KQJ9
                ♦ AQ8
                ♣ T74
```

西	北	东	南
	—	1N	—
2♣	—	2♥	—
2♠	—	3♥	—
4N	—	5♠	—
6♥	—	—	—

西家在斯台曼后继续用2♠接力，东家显示高限4-5张♥。受鼓励的福尔维奥直接启动罗马关键张，叫到小满贯。

2010年范特比尔德杯赛

东西有局

Fantoni
♠ A
♥ AQ754
♦ KJ9532
♣ 7

Helgemo
♠ K842
♥ T83
♦
♣ J98653

Helness
♠ J97
♥ J962
♦ A84
♣ AKT

Nunes
♠ QT653
♥ K
♦ QT76
♣ Q42

西	北	东	南
			—
—	1♥	—	1♠
—	2♦	—	3♦
—	4N	—	5♣
—	5♦	—	

结果：两桌北家均做成5♦。

北家的持牌非常适合直接用罗马关键张问叫，所以直接跳叫4NT检查关键张个数。南家5♣表示0或3个关键张，福尔维奥停在5♦。